改变，从阅读开始

漢唐陽光 · HTYG

没有回家的士兵

孙春龙 著

四川人民出版社

图书在版编目（CIP）数据

没有回家的士兵 / 孙春龙著. -- 成都 ：四川人民出版社，2017.1

ISBN 978-7-220-09998-4

Ⅰ. ①没… Ⅱ. ①孙… Ⅲ. ①纪实文学－中国－当代 Ⅳ. ①I25

中国版本图书馆CIP数据核字(2016)第283332号

MEIYOU HUIJIA DE SHIBING

没有回家的士兵

孙春龙/著

责任编辑	吴焕姣　江　澄
责任校对	蓝　海
责任印制	王　俊
出版发行	四川人民出版社（成都槐树街 2 号）
网　　址	http://www.scpph.com
E-mail	scrmcbs@sina.com
新浪微博	@ 四川人民出版社
微信公众号	四川人民出版社
发行部业务电话	（028）86259624　86259453
防盗版举报电话	（028）86259624
印　　刷	北京玺诚印务有限公司
成品尺寸	140mm × 210mm
印　　张	12
字　　数	230 千
版　　次	2017 年 1 月第 1 版
印　　次	2017 年 1 月第 1 次
书　　号	ISBN 978-7-220-09998-4
定　　价	46.00 元

中美部队乘坐橡皮冲锋艇和竹筏、木筏横渡怒江。为了过江，所有的部队、驮物资的牲口、军火和供应都必须从西岸通过渡口过河到达战场，中国军队在卫立煌上将的领导下对山上日军坚固的工事发起进攻。目标就是在一个地方和由约瑟夫·W. 史迪威将军（Joseph W. Stilwell）领导的中国驻印军合作，重新打通滇缅公路。橡皮艇一次仅仅可以搭乘 12 人，弗兰克·多恩（Frank Dorn）将军（左二）和中国军官一同在视察装载。

5 英里处的中国军队阵亡将士墓地中的简易墓碑群。1945
年 5 月 21 日。

李占宏（音 Lee Chan-Hon）刚刚年满 13 岁，尽管已经在中国军队里服役两年，仍然是稚气十足，面对镜头做微笑状。1944 年 11 月 23 日。

中国军队的士兵们被运往印度之前，在自己的土地上吃最后一顿饭。1944 年。

在印度蓝姆枷的中国步兵训练中心，中国士兵练习跪姿掷手榴弹。1943 年 12 月 9 日。

在沿列多公路某处的康复营地里，史迪威将军脱帽对着一群中国退伍军人讲话。战争遗留下的伤残军人先在此学习新的生存技能——铁匠、编织、木工等，然后离开军旅回到平民生活。这个营地现在由中美共同管理经营，大约有两百多名退伍士兵（全都有不同程度的伤残）。1944 年 7 月 15 日。

离缅回国。在变化莫测的飞行气候里，高高地飞翔在“驼峰”航线上。一架第 1 航空大队的巨型运输机满载着中国驻印军队从缅甸飞回祖国。

每年清明节，云南腾冲的中国远征军老兵胡自坤都要前往国殇墓园，去看望自己的战友。（杜江 / 摄）

老兵闵尚志。（袁永君 / 摄）

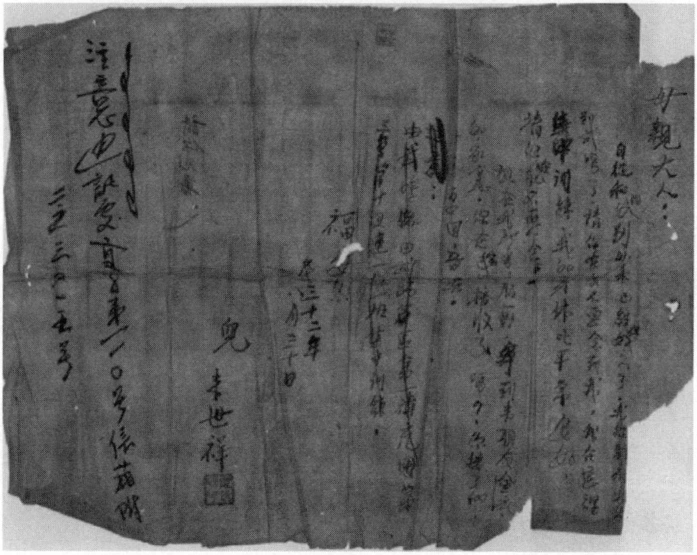

广西籍老兵韦世祥写给母亲的信。

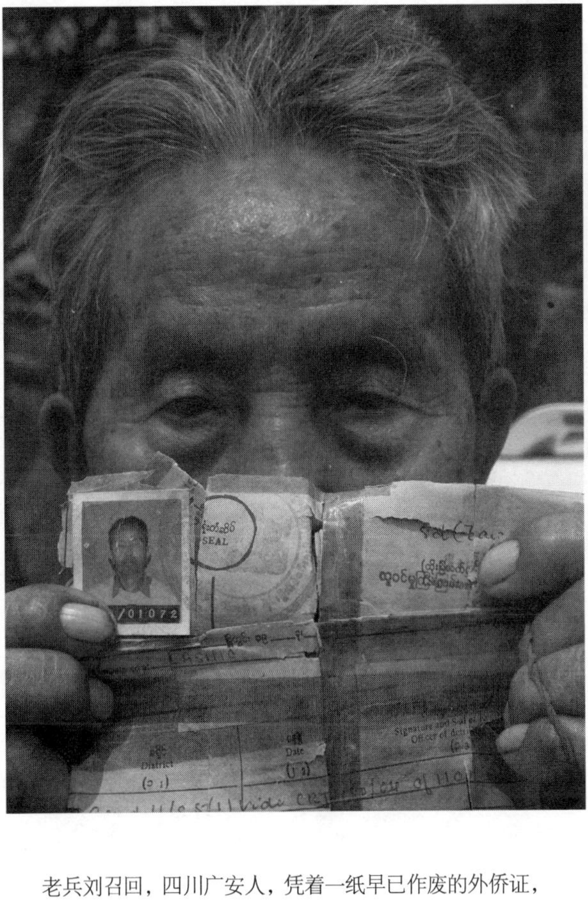

老兵刘召回，四川广安人，凭着一纸早已作废的外侨证，在缅甸生活了半个多世纪。2009 年 5 月底，回到四川广安与亲人团聚。（孙春龙 / 摄）

生活在缅甸密支那的老兵杨建达说，他最大的心愿就是得到“认同”。2011 年 9 月 4 日，杨剑达回到广东梅县探亲，9 月 14 日返回缅甸，10 月 9 日于密支那去世。（孙春龙 / 摄）

目 录

引 言

“妈妈，我回来了。”89 岁的李锡全喃喃自语。

这句发自肺腑的呼唤，早已与泥土融为一体的妈妈再也听不到了。这是 2008 年 10 月 21 日的清晨，秋雨如砾，独自撑着雨伞的李锡全，站在母亲的坟前，不停地重复着这一句话。他试图弯腰扒开墓碑前高耸的蒿草，给母亲下跪，但僵硬的身板已不听使唤，趔趄着险些摔倒。

远处的田野，晚稻已经金黄，只等雨后即可开镰。

70 年前，同样是这个季节，等家里的稻谷入仓后，19 岁的李锡全怯怯地告诉母亲：“妈妈，我要去当兵。”正在做晚饭的母亲愣了一下，停下手中的活，沉默了许久之后，轻轻应了一声：“好吧。”言语中，有太多的辛酸和无奈。

就在一年前，卢沟桥事变之后，这位母亲的两个孩子，也就是李锡全的四哥和五哥已经走上战场，再也没有消息。

“我是家里的老幺，妈妈舍不得我走，但是没办法，收成不好，当兵最起码能混口饭吃。”2008 年 4 月，我在缅甸密支那见到李锡全时，他说。

作为抗战初期组建的第一支机械化部队，第二〇〇师功绩卓越，在入缅作战之前，昆仑关攻坚战一役已闻名遐迩。

在同古火车站的钢梁上，还能找到许多当年留下的弹孔。位于缅甸南部的同古，距仰光260公里，16世纪上半叶，东吁王朝在此兴起，建立了统一的缅甸王国。这座古城，在1942年的那场战役中，毁于一旦。

已故的第二〇〇师老兵李希刚生前接受访问时说，有一次正在瓢北军部开会时，突然日本飞机来轰炸，大家迅速躲到桌子下面，轰炸结束后，大家发现，在轰炸中掉落的吊扇，将一位姓谢的上校的脑袋削去一半。这亲眼目睹的一幕，让李希刚一生难忘，后来，他曾在昆明大街上遇到了这位上校的夫人，对方认出他，主动上前来和他打招呼，李希刚扭头就跑，他不知道该如何告诉她，她的丈夫遇难的这个细节。

在同古战役最为激烈的时候，李希刚曾被派去接任第二〇〇师第六〇〇团牺牲的三营营长的职务，镇守皮尤河。在河边修筑阵地时，因为河边的沙地过于松软，他命令将阵地后撤。结果第二〇〇师步兵指挥官兼第五九八团团长郑庭笈大骂："谁叫你后撤的？老子毙了你！"

李希刚是国民党元老李根源的儿子。若干年后，当李希刚给别人讲起这段往事时，旁人会不解地问，你是李根源的儿子，他敢枪毙你吗？

"那是打仗，我是士兵，他是长官，他敢的。"李希刚非常肯定地回答。

2013 年 3 月，我曾前往皮尤河寻访当年战争的遗迹，被炸断的桥墩还在，旁边的一座寺庙里，70 多岁的老和尚提到当年的那场战斗，谈及更多的细节只是和日军有关，在寺庙临河的一片空地上，曾经是日军阵亡官兵的墓地，后来有日本人将这些遗骨带回了日本。每年，会有很多日本人到这里祭祀。这座寺庙，则由日本人捐建。

第二○○师步兵指挥官兼第五九八团团长郑庭笈在回忆文章中提到，3 月 18 日拂晓，敌人搜索队约 200 人，骑着摩托车沿公路向同古前进，我摩托化骑兵团及第五九八团步兵第一连进入公路两侧伏击，此次前哨战，击毙敌人 30 多人，缴获步枪 20 支，这是日军侵缅战争以来，第一次遭到的失利，不但杀了日本侵略军的威风，也转变了英军对中国“草鞋兵”的轻视。

但此后的形势开始逆转。第二○○师野战医院中校院长李颖忆在回忆文章中提到，“由于中英、中美间的矛盾，指挥上的混乱。局势出现了危急。异国作战，远征军粮食、弹药有限，没有向导。没有缅甸地图和盟军配合，久战不利”。

生活在云南大理的贵州籍老兵王兆祥介绍，当时他在第二○○师军需处，负责管放黄牛和山羊，同古激战到最后时刻，战局对第二○○师已极为不利，有全师覆灭的危险，“副师长高吉人和一个姓苏的参谋长大声号哭”。

危难之际，第二○○师师长戴安澜召开营以上军官会议，以沉重而沙哑的声音立下遗言：“余奉命固守同古，誓与城共存亡。余战死，以副师长代理；副师长战死，参谋长代理。”

同时，他未忘给爱妻写下家书：

亲爱的荷馨：

余此次奉命固守东瓜（同古），因上面大计未定，其后方联络过远，敌人行动又快，现在孤军奋斗，决以全部牺牲以报国家养育！为国战死，事极光荣……

安澜

民国三十一年三月二十二日

这封家书，一语成谶。

与日军激战 12 天后，第二〇〇师奉命回撤。据在台湾出版的《抗日战史》记载，第二〇〇师在此次战斗中伤亡 2343 人。

这场战争结束近 70 年后，我曾两次乘坐汽车从仰光北上缅甸中部城市曼德勒，对于很多研究这段历史的爱好者来说，沿途的许多地名都不陌生，同古，叶达西，斯瓦，标贝，密铁拉……或许很多人会有疑惑：中国远征军第一次入缅作战，10 万名精锐部队，为什么会一败涂地？当亲临这个地方的时候，你就会明白，在一望无际的缅甸南部的大平原上，轻装前进仓促应战的中国士兵，如何能抵挡得了日军的机械化部队！

同样，两年之后由英军主导的缅甸南部的反攻，在坦克和飞机的狂轰滥炸之下，无处藏身的日军亦仓皇逃窜，伤亡惨重。从仰光到曼德勒，沿途有很多日本人修建的纪念碑。对于更多当地的缅甸人来说，他们对这里曾经发生的战斗的记忆似乎只有后者，而第一次入缅作战的中国部队在这里曾经的牺牲，鲜有人知。

二

贵州省普安县三板桥小学退休教师施仲珍，曾是第二〇〇师的文艺兵，她的丈夫杨致道则是第二〇〇师政治部一科中校科长。

1942 年 3 月 18 日，二〇〇师同日军正式交火。施仲珍的任务，主要是张贴抗日标语、帮助士兵写家书，以及参与护理伤员。之后不久，师政治部下令宣传队和部分伤员乘火车先撤回国。没想到，火车开出后不久，因缅奸破坏，脱节的十几节车厢在惯性的作用下挤成一堆。

施仲珍和丈夫杨致道坐在后面的车厢，只是受了些皮肉伤，但衣服已经被剐得成了布条，无奈之下，她和丈夫扒下路边死去多日的老百姓的衣服，换在自己身上，衣服上满是腐臭的味道。施仲珍回忆，之后他们和一群伤兵边走边寻找大部队，因为好几天没有吃东西，她饿昏在路旁，有士兵给她喝了半碗米汤，才活了过来。

有一天晚上，日本兵趁着夜色摸进施仲珍藏身的寺庙里，打死了穿着军装的 10 多名伤兵。因为施仲珍夫妇穿着老百姓的衣服，躲过一劫。后来日本兵用刺刀逼着两人，让他们把伤兵的尸体拖到悬崖边推下去，又让夫妻俩为他们烧火煮饭。借着找柴火之机，夫妇两人从庙门旁的一个豁口逃了出去。

这段经历，成了施仲珍一生的噩梦。晚年的时候，她的脑海里不停地蹦出一个又一个名字：张秋、冯玉珍、曾庆茹……那是当年和她一起出征的战友，每每想到他们，她就泣不成声，她越想忘记，记忆却越清晰。

第二〇〇师第五九九团第三营第九连的黄志超排长回忆，当初到达缅甸时，在各大火车站，侨胞们手拿小旗，满面笑容地拥挤在月台两旁，对来自祖国的军队表示亲切慰问。第二〇〇师回撤后，于4月23日到达棠吉外围，翌日便与日军展开激战。但在25日晚又接到撤退命令，坏消息也一个接一个传来，曼德勒失守，腊戍告急，“第二〇〇师从棠吉大撤退，标志着中国远征军总崩溃的开始”。

幸存老兵王兆祥回忆，在棠吉，4月25日晚，师长戴安澜曾满怀信心地向第五军军长杜聿明致电：明天早上8点钟，要在棠吉缴日本人的枪，要活埋日本人，要给同古前线阵亡的将士报仇。但接到的回电却是：中央来电，情况火急，日军已抵达怒江惠通桥，中央命令必须在早上7点前全部退出战场。

“特别是跟随回国的侨胞，因传染病而死亡的更超过部队的伤亡，在行进的道路两旁，每隔三五十公尺就有一个倒在路旁的尸体，回忆入缅时华侨欢迎的盛况，无不感到万分惭愧。路途中病死和因病而丢掉的士兵，超过战场伤亡的两倍。”黄志超在回忆文章中说。

当时驻扎在滇西的第六十九兵站医院院长高生厚回忆，他的医院就收容了许多败退的第二〇〇师官兵，他从来没有见到过这样悲惨的士兵：“蓬头垢面、衣衫褴褛，一些士兵见了吃的，狼吞虎咽，结果被胀死。由于控制饮食，他们就去田地里抓田鼠吃，抓到田鼠就活生生地塞到嘴里咽下去。”

郑庭笈称，突围战中，给养困难，路途艰险，官兵 90% 患了疟疾，第五九八团第八连，有一天竟有 8 名战士死亡，“出国时全师官兵有一万人左右，回国后，只剩下约 4600 人”。

而王荷馨收到丈夫戴安澜的家书时，她已经得到了丈夫阵亡的消息。拆开信，每一句话都让她刺心地痛：“你们母子今后生活，当更痛苦。但东、靖、篱、澄四儿，俱极聪俊，将来必有大成。你只苦得几年，即可有福，自有出头之日矣，望勿以我为念。我要部署杀敌，时间太忙，望你自重，并爱护诸儿，侍奉老母。”

“东”是戴安澜的大儿子戴覆东。父亲牺牲时，他正在贵阳读初中。有一天，他正在操场上玩双杠，有同学跑过来气喘吁吁地说，广播里说他的父亲戴安澜在缅甸打仗死了。听到这个消息，戴覆东从双杠上掉了下来，坐在地上哇哇地哭。但是放学回家时，他擦干了眼泪，没敢把这个消息告诉母亲。后来他才知道，母亲当天也知道了消息，也瞒着他没有说。

根据郑庭笈的回忆，5 月 18 日，第二〇〇师撤退通过西保到抹谷公路时，遇敌第五十六师团的两个大队兵力，戴师长在混战中负伤，胸部和腹部各中一弹。第五九九团团长柳树人和第六〇〇团副团长刘杰阵亡，遗体都没有找到。

“缅甸已入雨季，戴师长终日躺在大担架上，雨淋日晒，又没有药可换，伤口已经化脓，到了 5 月 26 日下午 7 时，在缅甸茅邦村光荣殉国。”郑庭笈回忆，工兵赶制棺材，夜间将戴师长遗体入殓，29

日，因天气炎热，戴师长遗体流脓水发臭，决定火化，将火化后的遗骨用绸布包好，装在木箱里，送回国内。

“弥留之际，他总是把师部几个人叫到身边，询问行军路线、军纪、生活等情况，唯一没有提及过孩子、夫人，没有留下一句安排后事的话。”第二〇〇师野战医院中校院长李颖忆说，戴将军牺牲两天后，遗体散发出异味，师部研究决定：实行秘密火化，带骨灰回国，“在一个不知名的小山村，我和几名医护人员给戴将军换穿上干净的军衣。我们把砍伐的树木劈成段儿，堆积起四五尺高的柴垛，然后把将军的遗体放置其上”。

幸存老兵王兆祥曾参与运送师长骨灰回国，副师长安排他背了6天。在戴师长负伤时，五九九团去向不明，当时戴师长还清醒，王兆祥曾听见师长说，“我老戴这次不死的话，一定先斩后奏，先把五九九团团长柳树人杀掉，再把参谋主任和炮兵营副营长枪毙。”

而戴安澜至死不知道的是，身为五九九团团长的柳树人，已先于他而殉国。

第二〇〇师回到云南保山后，师部派人打好棺木，重新装殓了戴将军的骨灰，并派一个排的兵力，护送戴将军的灵柩回昆明。灵车上，赫然竖起一根高高的竹竿，竿首高挑着将军殉难时的血衣。

被称为“澄”的儿子戴澄东现居南京，曾任江苏省水利厅副厅长、中共江苏省委统战部副部长等职。父亲牺牲时，他还不到一岁。

对于父亲，戴澄东没有任何记忆。直到他考大学那年，有一天母亲突然悻悻地说，你父亲牺牲这么多年了，也没有托一个梦给她。母亲的话，让戴澄东心里一惊，他也从来没有梦到过父亲，问几个哥哥，同样都没有做过这样的梦。戴澄东觉得，要为父亲去做一些事情了，他随即开始搜集整理父亲的资料。直到退休之后，戴澄东又开始谋划前往缅甸，带父亲的亡灵回家，并计划在父亲牺牲的茅邦村修建一座佛塔，纪念父亲以及所有二〇〇师阵亡在缅甸的官兵。

“母亲非常的坚强。她知道父亲对教育非常重视，在父亲去世第二年，就把全部抚恤金捐献出来，在广西全州开办私立安澜高级工业职业学校。”戴澄东说，1949年，国民政府派人到我家，要母亲带着孩子们跟他们撤离，母亲回绝：“我的丈夫葬在哪里，我一辈子就带着孩子在哪里，决不离开他。”

1971年，王荷馨去世，一生没有改嫁。子女们将她的骨灰移至安徽芜湖，和丈夫合葬。

令人庆幸的是，缅甸茅邦村的原始森林保护完好。戴澄东在当地村民的带领下，经过比对，找到了当年父亲牺牲的地方。茅邦村的村民都知道，这里牺牲了一位来自中国的将军，有司机开车经过，会主动按几声喇叭。

2013年，在中国外交部以及当地华侨的努力下，戴澄东向缅甸当局提出希望在茅邦村为阵亡的二〇〇师官兵以及父亲修建佛塔一事获得批准。茅邦村因距离缅甸的宝石产地抹谷很近，外国人被限制进入。佛塔修好后，戴澄东挖了两小袋土，带回安徽芜湖撒在了父亲的墓前。

三

同古会战，以中国远征军的撤退而结束。对于这场战役，中日双方均宣称“取得重大胜利”，对于日军来说，攻占了北上的一个军事要地，对于远征军来说，则是阻滞了日军的凶猛攻势。

在第一次入缅作战期间，对于中国部队来说，真正称得上全胜的，只有仁安羌战役。1942 年 4 月中旬，日军三十三师团为歼灭西线英军，开始发起进攻，并以迅速迂回的方式占领仁安羌油田区附近，切断英军后路，将英缅军一师包围。英军向中国部队发出支援请求，新三十八师一一三团受命前往。

湖南株洲的老兵黎模达曾参与了那场战役，因为战斗激烈，时为少尉文书的黎模达也不得不拿起武器。他清楚记得，进攻那天仁安羌天气不好，一片雾蒙蒙的，先头部队趁此将日军的岗哨拿下。冲锋的号角响起时，官兵们已顾不得枪林弹雨，端着枪一个劲地往前冲，前排的士兵倒下了，后面的就踩着尸体继续向前。

仁安羌被攻下的时候，黎模达记得，有很多外国士兵，包括很多被围困的背着照相机的外国记者，激动地上前和他们拥抱。此役，解救出被日军围困的 7000 多名英缅军及随军记者、传教士等。

一一三团也为此付出了惨重的代价，有200多位官兵阵亡。

对于此次战斗，美联社、《泰晤士报》、《纽约时报》等均给予了中国军队大幅报道和称赞，在整个二战中，中国军队获得如此高规模、密集的国际赞许，为数不多。

日本东京《朝日新闻》日刊刊载陆军报道班关于此次战役的描述中说："皇军仁安羌被袭，英军唯一依赖的是重庆军。"

重庆军，指的就是中国远征军新三十八师，其前身为财政部税警总团。成立于1930年的税警总团，原为缉拿走私盐贩，并非正式的部队，太平洋战争爆发后，中国部队兵力不足，税警总团奉命编入中国远征军。这支临时充军的部队，入缅未久，即缔造了"仁安羌大捷"，让西方国家刮目相看。

英军总司令亚历山大将军经此一役，对中国部队也有了新的认识。在其回忆录中，一开始时认为中国远征军"入缅时并无适当医护人员及军需，他们也期望我们能够喂饱他们"，甚至出言不逊，认为中国部队是"寄生虫"。而仁安羌大捷之后，亚历山大将军专门致函孙立人，称赞中国部队的英勇并对解救英军表示致谢。

孙立人在回忆录中也提到，英军一向自恃优越，对于中国的看法，始终保持在辛亥革命前腐败无能的清朝时期，甚至认为中国部队每次对外作战都是"兵败如山倒"。在后来新三十八师败退印度时，英军以为这支部队经过长途跋涉，一定是狼狈不堪，甚或是成了无纪律的溃军，会对当地的治安造成影响，本打算将新三十八师缴械，但发现这支部队依然军容整齐，管理有序，加上亚历山大将军的力保，新三十八师得以在印度保持装备。

对于这次战斗取得胜利的关键，曾任新三十八师一一三团团长的刘放吾在暮年时回忆说，他是湖南人，当时招募来的士兵大多是邻里乡亲，彼此就像兄弟或父子，感情上互相扶持照顾，打起仗来也是同心同德，而当时练兵也采取曾国藩治湘军的方式。

仁安羌大捷后，新三十八师师长孙立人获得英帝国司令勋章及美国丰功勋章，扬名中外，而率领一一三团直接参与战斗的团长刘放吾却很少有人提及，以至于 1963 年，在香港发生了冒充一一三团团长刘放吾的“真假将军”事件。

在被中国远征军解救的英军中，有一位名叫菲士廷的团长，后来晋升中将，并在 20 世纪 50 年代出任英军驻香港三军司令。有一天，一位名叫林彦章的人找到司令部，告诉哨兵，他是在仁安羌战役中解救出菲士廷的恩人，要求见菲士廷。哨兵不敢怠慢，而得知消息的菲士廷亲自出门迎接。

菲士廷就职香港之后，一心想找到当年的救命恩人，也多方找人打探，如今恩人找上门来，自然是激动万分。在听了林彦章的讲述后，菲士廷更加确信无疑，之后利用自己的职权，多次关照林彦章。甚至香港总督在菲士廷的带领下，也前往看望了林彦章。林彦章也凭借这层关系，做了不少生意。直到 1963 年，林彦章计划募资 1000 万元修建一座菲士廷新村的消息公布后，引起了警方的注意，并最终被警方发现破绽而逮捕。

经警方的调查，林彦章曾经参加过对日作战，但并没有参加入缅作战，他只是听朋友讲起仁安羌解救英军一事，又听说菲士廷正在寻找当年的恩人，就制造了这场震惊香港的大骗局。

这场大骗局引起当年参加入缅作战的一些人士关注，曾跟随孙立人的方宁随即在香港出版《孙立人将军与缅战》一书，明确指出，营救英军的中国军队，是孙立人将军指挥的新三十八师的第一一三团，团长叫刘放吾。方宁认为，菲士廷要寻找的“恩人”应该是刘放吾。

媒体顺着线索，找到在台湾的刘放吾，才发现他为了养家，还蹬着三轮车卖煤球。在媒体的报道下，有热心人士支持刘放吾做起液化煤气的生意，才让他们全家的日子慢慢好过起来。

刘放吾的儿子刘伟民回忆，父亲生性木讷、不善言谈，很少在子女面前提到仁安羌的光辉岁月。但有一件事情让刘伟民印象深刻，有一天，父亲看完反映诺曼底登陆第一天所发生的事件的著名电影《最长的一日》，回家后独自闷坐在屋里，他探头去问，发现父亲眼里闪着泪光，长长地叹了一口气。刘伟民说，那时他才觉察，父亲内心深埋着很多的委屈，从那时起，他才开始详细了解仁安羌战役。

1992 年，英国首相撒切尔夫人访问美国，时值仁安羌大捷 50 周年，撒切尔拜访了移居美国的刘放吾。撒切尔说，她代表英国政府与人民对刘放吾表示深深的感谢与敬佩。坐在轮椅上的刘放吾挺直了身板说：“我是军人，打仗是我的职责。英军是并肩作战的友军，友军遇危难，援救友军是分内之事，不能列为战果。”

1992 年 7 月 27 日，美国总统布什致函刘放吾：“我愿代表国家感谢你解救 500 多名美国记者、传教士及数千名英军的英勇行为。”

在刘伟民等人的努力下，台湾“国防部”也重新制作模具，为刘放吾补发了陆海空军甲种一等奖章。

在刘放吾将军已 94 岁高龄的时刻，他终于等来了这份迟到了整整半个世纪的荣誉。

两年后，刘放吾在美国去世。

不过，刘伟民一直隐隐约约觉得，父亲虽然实至名归，但他内心的疙瘩并没有解开，那些跟随他出征的乡亲或兄弟，尤其是那些战死沙场的亡灵，依然飘零异域，无法找到回家的路。

四

仁安羌战役后，日军大部队步步逼近，新三十八师不得不分批转赴印度，在此期间，副师长齐学启失踪。

后来，一位死里逃生的伤兵述说，他们这些受伤的官兵在第五军野战医院里治伤时，听说部队要撤退，但没有车辆，大家不由惊慌失措。就在绝望之际，副师长齐学启突然出现，安抚大家，伤兵们悲喜交加，请求副师长带着他们一起走。

当时的情况已经万分紧急，部下劝说齐学启先行离开，但齐学启不忍舍弃大家不管，他吩咐士兵找来几头牛，让重伤者伏在牛背上，轻伤者相互搀扶步行，一直带大家到了缅印边境的钦敦江边，然后又做了几个竹筏，让大家顺流而下。

5 月 19 日，官兵们乘坐的竹筏漂到缅甸霍马林以南 8 英里处，忽然遇到一股日军骑兵部队。日本兵在岸边用机枪扫射，齐学启当场中枪重伤，倒在筏上，被俘。

在刘放吾之子刘伟民 1995 年出版的《刘放吾将军与缅甸仁安羌大捷》一书中，曾提到一个细节，第一次入缅作战失利后，刘放吾经历千辛万苦退至印度，此前已抵达印度的孙立人闻讯亲自赶往迎接。刘伟民在书中描述：父亲说他积劳成疾，由担架抬着，见到师长，高兴地挣扎着想坐起来，但师长劈头盖脸说：你懵了头，为什么跑不出来？没有勉励，没有安慰，更没有喜悦，父亲听完，眼泪流了下来，营长说，“团长，您看，师长的勋章已经挂满在胸前”。

刘伟民认为，事后，孙立人虽然专门为父亲请医生治病，但依然怪罪他没有保护好师长齐学启，齐学启是孙立人的清华同窗，留美后又同时转学军事。

从美国回国后，齐学启曾任宪兵六团团长，参加淞沪抗战，后来又到浙江大学任教。税警团成立时，齐学启重新入伍，任参谋长，而团长就是孙立人。4 年后，中国组建远征军入缅作战，税警团更名为新编三十八师，齐学启任副师长。

孙立人心有怨气的是，身为一一三团团长的刘放吾，未能保护副师长齐学启撤退。

齐学启被俘后，被日军关进仰光的战俘营，最终在抗战胜利前夕遇害。1947 年，孙立人电请英军派专机将齐学启的遗骸空运回国，于当年 9 月归葬湖南长沙的岳麓山下。“文革”期间，齐的墓地被毁。

台湾开放老兵回乡探亲之后的 1989 年 4 月，孙立人委托回乡探亲的旧部三件事：一是将筹集来的 6000 元美金，交由湖南的相关部门，在长沙重修齐学启墓地，并亲笔写下《重修齐学启将军墓园记》；二是在仁安羌战役中牺牲的一一三团副团长兼三营营长张琦，曾获得英国皇家银星勋章，这枚纪念章一直由孙立人保存，将这枚纪念章经由湖南省祁阳县政府转交给张琦烈士的女儿张锦兰；三是到他的家乡安徽庐江代为祭祖。

在 1932 年，孙立人的父亲和岳母同时去世后，时任税警团团长的孙立人回乡奔丧，此后再也没有回过故乡。代为祭祖的旧部为他带回了几张旧居的照片，让孙立人感慨良久。

在台湾，由于孙立人曾被认为试图发起“兵谏”而被软禁。

毕业于清华大学的孙立人，去美国深造期间，投笔从戎，报考了弗吉尼亚军校。在缅甸战场，孙立人率领的新三十八师以及后来的新一军，几乎没有打过败仗。1955 年，因部属所谓“共谍案”，孙立人在台湾被软禁，直至 1988 年解禁，成了第二个张学良。

1990 年 11 月，孙立人溘然辞世。

在缅甸采访时，曾看到很多华人的家里，挂着齐学启的像，和蒋介石、孙立人、史迪威、昂山素季等人的头像并排。齐学启在狱中宁死不屈的事迹，也被包括很多缅甸人传颂。

1996 年，一直研究缅甸战场的历史学家戈叔亚无意中发现一封英文信件，这封信件是一位美国老兵写给一位中国飞虎队老兵的女儿的，这位名叫约翰·W. 博伊德（John W. Boyd）的老兵曾是仰光日军战俘营的一名战俘，他的描述让我们知道了齐学启在战俘营里很多不为人知的细节。

亲爱的先生：

我是一个第二次世界大战时被日本人关押在缅甸仰光 21 个月的战俘。我正在写一本有关中缅印战区和仰光战俘营的书。这里的战俘都是美国人、英国人、中国人和印度人。

这里的战俘营里有许多高尚的人，其中一位就是中国少将齐学启。他是1942年上旬在缅甸战役中指挥一个师作战时不幸被俘的。那时他们驾驶一条小船渡河逃走，但是他被对岸敌人机枪击中负伤，在这次行动中，只有将军和一个士兵是幸存者。

齐将军原在美国和日本接受教育，他的英语有一点口音。他可以用英语和日语阅读、书写和与人交流。他是战俘营各国战俘的灵魂人物。

日本人要齐将军保证今后不再越狱，同时企图要他在电台上做叛国宣传。齐将军平静而断然地拒绝了。后来The Kempei Tei（日本的宪兵组织）也来威胁他，长时间不给他食物，最后甚至断水。面对这一切，齐将军一直保持平静和自信。在监狱里，难友们都传说齐将军和蒋介石有特殊关系，说蒋将军的前妻和齐将军的妻子是亲姐妹，她们都姓普（Po）。

有一次，日本人的傀儡——南京汪精卫政府派员拜访齐将军。他们的目的是希望齐将军站到他们一边。有难友说亲眼看见一个南京高级官员来找齐将军。他们把他带到外面一个城市里，请齐将军洗澡并用上等菜肴款待他，然后和他谈话。他们说他们来是为了请齐将军加入在“仁慈的”日本人领导下的中国新政府。要求齐将军签署一个协议，他就自由了。将军淡淡地拒绝了。有意思的是将军在拒绝之前很客气地说感谢他们的来访和这些酒菜。这时那些来访者挂在脸上的微笑慢慢地变成了恼怒。将军脸上自始至终保持着轻蔑的笑容，表明他在观赏这场闹剧中得到了很大的享受。从那以后，将军就遭受到无数次毒刑拷打。

不久一个晚上，将军被他手下的一个士兵刺伤了。这个士兵被南京傀儡政权收买成了叛徒。在战俘们的强烈抗议下，日本人最后同意由麦肯齐（Mackenzie）中校军医为齐将军进行手术，试图挽救齐将军的生命。但是，齐将军还是在 36 个小时后牺牲了。

在我的回忆录中将更加详细地描述这位不同寻常的人，我的书将在 1996 年 6 月或者 7 月出版。我希望找到齐将军的亲属，告诉他们这位中国军人是怎样的一个人。齐将军有着令人着迷的魅力和自始至终为自己的祖国效力的精神。他谦虚的品格和流畅幽雅的英文风格表现在当年他给英国陆军准将霍布森（Hobson）的一封信中。这封信是齐将军对 B. N. 萨达（B. N. Sudan）上尉和其他几位印度军医为他看病所表示的感谢。这封信的复印件也附录在我的书中。

如果有人愿意将这封信的复印件提供给中国报纸或者是给齐将军的亲属，让人们知道他对仰光战俘营的所有难友的所作所为我是非常感激的。

此致

敬礼！

约翰 · W . 博伊德（John W. Boyd）

1996 年 5 月 3 日

2013 年 5 月，我和同事专程前往岳麓山祭拜齐将军，问了山脚下中南大学的几个学生，都不清楚这个墓地的存在。

最终在一位志愿者的带领下，我们终于在山腰的一片丛林之中，找到了将军的栖身之地。墓前的祭台上，有几枝干枯的菊花，很显然，有人不久前来过。墓侧的挽联，由孙立人撰写，殷红如血：“九载同窗，同笔砚，同起居，情逾手足。彪勋震蛮域，威名撼寰宇。君酬壮志，功垂青史，湘水湘云存浩气。十年共事，共生死，共患难，倚若股肱。杀身惊天地，成功泣鬼神。我迎忠骸，泪洒红叶，秋风秋雨悼忠魂。”

五

从同古战役到仁安羌大捷，中国部队付出了惨重的代价。而在滇缅公路的要塞腊戍失守之后，中国远征军则是陷入了惨绝人寰的大败退。其中二〇〇师突破敌人封锁线经南坎返回云南，第九十六师则绕道高黎贡山返回云南。新三十八师师长孙立人和第五军军长杜聿明则在撤退路线上发生分歧，前者经曼西向西，与史迪威、罗卓英等人经霍马林到印度，后者带领的第五军直属部队及新二十二师则由曼西往北试图穿越野人山撤回国内，后因环境恶劣在有大量官兵非战斗死亡之后，又不得不折转印度。

向西，还是向北。前者基于现状，为了尽可能地减少损耗；后者基于命令，唯命是从，军人的天职。

在许多老兵的回忆中，均提到曼西这个地方，这个被称为“公路尽头”的地方，成为中国远征军噩梦的开始。

时任第五军新二十二师第六十五团第二营第六连连长的邱中岳在由台湾“国防部史政编译局”印制、1999 年 6 月出版的《抗战时期滇印缅作战》一书中称：曼西，仅有一条南北向长长的街道，打从（1942 年 5 月）12 日天光时分起，三五成群的男男女女，无所事事地闲步街头。从他们纯洁的神态与天真的表情看得出，他们懵然不知将要穿越不毛之地，历千山涉万水，也浑然不知将要与淫雨烟瘴挣命，抗毒蛇、搏猛兽，如末日将至的命运。

“14 日黄昏时分，第五军军司令部与第六十五团主力到达莫的村宿营，军直属部队及各部队伤患 1500 余人进驻莫的村东南边的村子里。”

“15 日，第五军分别在莫的村开设补给站，遵照杜军长指示，将运输来的粮食、罐头、药品、被服和轻兵器弹药，尽量分发各部队携带，余粮一律交新二十二师。”

前面是遮天蔽日的原始森林，后面是如狼似虎紧跟其后的敌兵。一个现实的问题摆在了眼前：汽车无法前行，伤兵怎么办?

邱中岳的文章中有一段记载：第五军工兵团以一个营，在当地民众的协力下，利用佛塔东侧空地，用砍伐来的竹木和从汽车上拆下的篷布搭盖简陋的兵舍，野战医院则以佛塔附近的五六间只有顶盖的草棚子为医疗站，收容了各部队重伤患 1500 余人。各级部队队长应充分发扬“爱护袍泽”的军人本色，劝导尚能勉强行动的伤患，由连队派人扶助随队行动，重伤患一律进入收容站。军野战医院酌留必要医护人员与必需药品及食物，负责照顾。依《万国红十字会公约》，悬挂白底红十字旗于收容站外，以保障伤患及工作人员的安全。

2012 年去世的湖南洞口县的原新二十二师六十六团一营重机枪连联络兵黄瑞祥说，他亲眼看到一种处理重伤员的办法：装在卡车上连不能带走的装备一起沉到江里，“好多伤员不知道，以为坐着车要回国了，有些轻伤员还抢着上了车。”

提到这段经历，黄瑞祥心有余悸，那时他也是一名伤兵，在一次突围过程中，部队遭到日军伏击，一颗子弹击穿了他的下颌骨，又从右肩部穿过。枪伤的痕迹，尤其是右肩后侧，子弹穿出后留下的凹陷，至死都赫然在目。

邱中岳的回忆文章则记载了处置伤员的另外一种方式：原先留在莫的村，或为战伤或因重病不能跟随部队长途跋涉的 1500 余中华儿女，咸以生为中国人，死为中华魂的志节，宁为烈士死，不作降虏生的决心，慨然于 5 月 21 日凌晨 1 时引火自焚，含恨而终！

邱中岳称，傍晚，杜军长警闻此讯，不禁恻怆动怀难以自已，踉跄步出帐外，面对西南莫的村方向，俯首肃立、默哀致敬，而后仰视苍穹，朗朗而誓：“光庭（杜聿明字），只要一息尚存，誓灭日寇，报此仇雪此恨，以慰诸烈士在天之灵！”

个别幸存老兵，也提到 1500 名伤病员自焚一事，目前身在安徽合肥的原第五军新二十二师卫生兵刘桂英回忆说，她是随后续部队抵达莫的村的，“在村子外面山脚下的一块平地上，搭着几个棚子，看到有工兵在掩埋被焚烧后的尸骨。尸骨不是集中埋葬，大的坑会多一些，小的少点，都是好多人在一起”。

刘桂英曾听说了关于伤病员自焚的一些细节，“有军官把伤兵集中起来问他们，现在我们无路可走了，你们跟我们走也是死路一条，你们走不动，事情已经到了这个地步了。你们自己想个法子处理吧。后来伤兵讲，你留一点汽油，你们走吧”！

“看到那么多伤兵自焚而死，我们趴在地上哭起来。”刘桂英说，

“是哭他们，也是哭我们，谁也不知道自己还能不能活下来，出国打仗，怎么能败成这样子。”

已故的第九十六师士兵董祠兴在生前接受采访时说，他们的部队是断后，等到莫的村时，伤病员已经被烧死了，现场还留下很多痕迹，能看出来，伤病员不是集中到一个地方烧死的，而是被分为好几块，在烧毁的汽车上也有遗骨，“伤病员应该不是直接被烧死的，而是自己先开枪自杀，死了后战友再用汽车将其焚烧”。

1500 条生命，对伤亡 300 余万名中国军人的抗战来说，并不会很起眼。但是，这种惨烈的死亡方式，却绝无仅有。

20 世纪 80 年代，杜聿明曾写过两万多字的回忆文章《中国远征军入缅对日作战述略》，仅一句话提到部队途经曼西，对烧毁汽车和 1500 余名伤病员“自焚”只字未提。

有关 1500 余名伤病员“集体自焚”留下的文字记载，也仅在邱中岳个人著作中有百余字的描述。真相如何，或许永远成谜。

六

直至69年之后，关于1500名伤病员“集体自焚”一事的田野调查才第一次展开。

2011年3月，时任《瞭望东方周刊》记者的我，和二战史研究专家戈叔亚、作家邓康延、摄像师黄睿、企业家高飞、常博一行来到莫的村。

莫的村村民乌亚麻清楚地记得，在1942年的5月，那时雨季刚刚到来，“一下子来了很多汽车，有大卡车，也有小吉普车，有很多很多的中国军人，他们看起来很狼狈，有很多是伤兵”。

“部队撤到莫的村之前，曼西政府的人就到我们村，要求老百姓帮助修路，以便部队撤退。”乌亚麻说，“但当时修的路只有6英尺宽，车根本过不去，英军把村长抓去要枪毙，后来村长求情，说自己有两个孩子，一个女儿可以给军官当老婆，才逃过一命。”

乌亚麻说，中国兵到莫的村那年，他还很小，但他清楚地记得“人很多，陆陆续续走了很多天”，他还看到中国兵在村子里捣谷子，然后每人背一袋米离开。

从曼西往北，沿途多个村子里年长的人，都亲眼看到过中国兵撤退时的情景。

南进村年龄最长的村民乌巴莫说，那时他只有 3 岁，父母后来告诉他，当年是英国兵先到，英国兵让村子里的人赶快离开，说后面来的日本兵会拉你们去做夫，“父母带着我躲进了旁边的山上，从山上看下去，到处都是当兵的，后来来了很多中国兵，还有女的，中国兵到莫的村之后，就把汽车扔掉了，沿河有一两英里长，都是被扔掉的汽车。最后到的是日本兵，日本兵到了后，把能开走的汽车都开走了”。

“中国兵很慌乱，但没有干扰当地老百姓，就是会拉我们的大人去做夫，不过会给钱，后来这些当夫的都被放了回来。”乌巴莫回忆说，“日本兵到了后，用枪杀了我们很多牛，然后吃掉。日本人应该赔偿我们。”

乌巴莫和父母在山上住了两年多，“天上经常有飞机，见到人就轰炸”。

莫的村村长乌普江已经 75 岁了，知道有许多中国兵死在这里，“很明显能看出来，中国兵衣服不整齐，我还问家人这些兵干什么，父亲说是逃跑。后来追来很多日本兵，穿戴就非常整齐”。

有一天晚上，躲在山上的乌巴莫一家听到村子里连续响起巨大的爆炸声，“家里人都哭了起来，以为是中国兵炸掉了我们的房子，第二天有人偷偷下山去看，才发现中国兵是烧毁了他们的汽车，不是房子”。

邱中岳的回忆文章也讲到，当时部队从莫的村步行撤退前，拆掉了汽车的内胎，取走火炮的瞄准具，还把剩余炮弹、不必要的公文、多余的装备等都集中到一起，四周堆上柴草。

时任第五军军部作战参谋的邹德安在生前接受访问时，也提到了烧毁汽车一事，“没有路了，只好把车辆和大炮烧毁，我从曼德勒带来的两支‘詹姆斯兄弟牌’猎枪和在路上捡到的一辆美国小吉普车也烧了。记得当时有一名点火的小兵差点把自己烧死，火‘砰’的一点燃，把这名小兵困在了里面，旁边的人赶快把他救出来。最让人心疼的，是杜军长最新款的林肯轿车也被烧了，当时火把汽车线路烧短路了，喇叭突然‘嘀嘀嗒’地叫起来……”

时任第五军政治部干事的李明华在回忆文章中提到，自从 1942 年 5 月初，在缅北一个不知名的大村落中，全体官兵奉军部命令毁掉全部重武器、装备、车辆，开始徒步进入布满原始森林的山区，从此补给中断，全凭个人自行谋生。

52 岁的莫的村村民色敖说，他小的时候，经常和小伙伴到被丢掉的汽车、大炮上玩，直到十几年前，这些东西都还在，再后来，有人拆掉汽车零部件拿去卖，一些卖不掉的，则被村民拿去炼铁，一些好的钢材，被打制成各种刀具，“现在附近开金矿的人越来越多，好多汽车、大炮的零部件都被他们拿去炼制工具了”。

从曼西北上到莫的村，我们在沿途多个村子的老百姓家里，均发现了当年遗留下来的一些汽车零部件，在南进村的池塘里，村民还说，有一部大卡车至今还掩埋在池塘的烂泥里。莫的村有 20 多户人家，村民们用来喂猪的器皿，竟然是美国十轮大卡车的轮毂。在一户人家，还发现了一个炮弹的弹头。

缅甸曼德勒的华侨王玉顺曾开过大卡车，他是我们此次考察的向导，那时他经常到曼西附近的英多县购买旧的汽车零部件，“大多是十轮大卡和道奇车的零部件，还有修理好能开的威利斯越野车。”

威利斯越野车 1940 年由美国威利斯汽车公司研制，车速快，主要用来输送步兵营装备的轻武器，且可作通信、侦察和指挥车。十轮大卡、道奇车和威利斯越野车，都是二战时美国援助中国的主要车型。

在缅甸曼德勒、密支那等大城市的街道上，至今还能看到这些车辆的踪影。

在莫的村村民的带领下，我们经过两天的寻访，在附近幽暗寂静的原始森林里，发现了许多锈迹斑斑的铁皮，被淹没在厚厚的枯叶之下，已与泥土一色。

在莫的村，我们进行了三天的寻访，访问了当地十多位年长的村民，均知道中国部队在此烧毁了许多的汽车，但对 1500 余名伤病员“自焚”一事，并不知晓。

对这一事件留下唯一文字记载的邱中岳，已在台湾去世多年。他在文章中称，当时收容伤病员的野战医院，位于“佛塔东侧空地”，我们在莫的村发现了一座早已失修的佛塔，旁边已长满了树木，没有任何发现。

而更令人愧疚的是，莫的村村长乌普江告诉我们：“你们是在战争结束后，第一批来到这里的中国人。”

七

向西！向北！

一条是选择较近的路去往异国印度，命运不得而知，一条是翻越野人山回到自己的国家。身为第五军军长的杜聿明，听从重庆的命令，选择了后者，一条让跟随他的万千军民死伤盈野的不归路。杜聿明后来在《中国远征军入缅对日作战述略》一文中提到这次决议时说："我召集各部队长及参谋长商讨后，决心仍照蒋介石命令向国境撤退，当时各将领均无异议。"

根据邱中岳的记载，直至5月15日，蒋介石令驻守昆明的空军司令王叔铭，与杜聿明恢复无线电通信后，告知可前往印度，但这份电报迟迟于一周后的5月23日才被杜聿明收到，"这时第五军已深深陷进了明京山脉的茫茫林海和崇山峻岭之中，既同外界联络中断，一切生活来源也彻底断绝，全军身处绝境之中"。

野人山，又名克钦山区，位于中国、缅甸、印度交界处，缅甸语意为"魔鬼居住的地方"。相传诸葛亮曾靠日本鬼灯檠躲避野人山瘴疠的攻击，在野人山七擒七纵孟获。这里山峦重叠、林莽如海，每到雨季，则沼泽绵延、疟疾横行。

5 月，正是雨季的开始。但是在遮天蔽日的原始森林里，并不会看到如织的雨滴，雨滴打在层叠的树叶上，顺着树干哗哗地流下来。地上是腐烂的树叶，踩一脚，连膝盖也没入其中。

最大的困难，则是军粮告罄。骡马被吃掉了，甚至连野外的芭蕉，也被先行部队摘得一干二净。到最后，士兵们连树上的猴子也打下来吃。

生死关头，让时任第五军军部作战参谋的邹德安有太多的感触：“除了食品，其他任何值钱的东西都没用了，钞票除了擦屁股、卷烟抽之外，没有任何用处。”

邹德安最好的朋友谢竹亭，饿得走不动了，靠着大树就“睡”了过去，“还有军部绘图员，名字记不清了，广西人，家里很有钱，经常穿的夹袄是那种带暗花的黑缎子绸料，结果他也躺在地上死掉了，手上抓着一把草，脚上的皮鞋也被人拿走了”。

皮鞋不是被别人拿去穿了，而是吃掉了。

邹德安说，部队到了最后，已经整个崩溃了，“队伍里出现自杀的人，把枪口对准下巴，用大脚指头扣动步枪的扳机。后来自杀的人，因为把枪都扔了，就上吊，尸体在树上，挂得到处都是”。

士兵们累得筋疲力尽，但是对睡觉有很大的恐惧。有很多人，躺下之后，就再也没有醒来。从野人山幸存归来的士兵，几乎都有过一个经历：早上醒来，发现自己睡在一排排整齐的死人中间，尸体已经膨胀，上面爬满了蛆和红色的蚂蚁。对于幸存者，根本没有时间和精力去掩埋那些死去的战友，顶多摘一片硕大的树叶，盖在他们未能瞑目的脸上。

后面的部队，经常会看到先行部队死去的士兵，已经被蚂蚁吃得仅剩下白骨和钢枪。

湖南邵阳的原新二十二师士兵邓星乾回忆："我们连刚上战场时有 140 人左右，战死 20 多人，而走出野人山后，连里只剩下 20 多人，连长王多也被活活饿死。驮物资的战马都杀掉吃了，后来连皮鞋、皮带、手枪套都吃了，再后来，只能吃草根。"

中国远征军第五军军长杜聿明于 1960 年在公开发表的《中国远征军入缅对日作战述略》一文中，曾提到这段逃亡的经历：

> 自 6 月 1 日以后至 7 月中，缅甸雨水特大，整天倾盆大雨。原来旱季作为交通道路的河沟小渠，此时皆洪水汹涌，既不能徒涉，也无法架桥摆渡。我工兵扎制的无数木筏皆被洪水冲走，有的连人也冲没。加以原始森林内潮湿特甚，蚂蟥、蚊虫以及千奇百怪的小虫到处皆是。蚂蟥叮咬，破伤风病随之而来，疟疾、回归热及其他传染病也大为流行。一个发高热的人一经昏迷不醒，加上蚂蟥吸血，蚂蚁侵蚀，大雨冲洗，数小时内就变为白骨。官兵死亡累累，前后相继，沿途尸骨遍野，惨绝人寰。我自己也曾在打洛患了回归热，昏迷两天，不省人事。全体官兵曾因此暂停行军，等我被救治清醒过来时，已延误了二日路程。我急令各部队继续北进，而沿途护理我的常连长却因受传染反而不治。

在文中，杜聿明称，据当时初步统计，由于指挥错乱，致各部队被敌杀伤、落伍、染病死亡的，比在战场上与敌战斗而死伤的还多数倍。计中国远征军动员总数约 10 万人，至此仅余 4 万人左右。

终于有一天，邹德安看到了飘着白云的天空，阳光刺得眼睛都睁不开，他们终于走出了原始森林。让他们更惊喜的是，他们听到了飞机的嗡嗡声，抬头看去，是美军的。大批的食物开始空投下来，还有药品、短裤、发报机和刮胡刀。

不过，死亡还在继续。有很多士兵，吃得太多，被撑死了。

有士兵捡到美军飞机空投下来的地图交给邹德安，打开来看，是下一步行走的路线，以及补给站的位置。

终于有一天，在翻越一座大山时，邹德安听到了火车的鸣叫声，山的那一边，是印度的雷多。从曼西往北试图回中国，到中途无奈又转往印度，杜聿明所带的第五军总共用时 114 天。而孙立人经由曼西往西前往印度，仅用了 18 天。

雷多，这是一年多之后开始修筑的史迪威公路的起点。中国驻印军一边修路一边反攻，而沿途的一排排中国军人的白骨，成了他们的指路牌。大家只有一个念头，打到密支那，为死去的兄弟报仇。

毕业于西南联大外文系的穆旦，于 1942 年 2 月投笔从戎，以中校翻译官的身份随第五军进入缅甸战场，亲历野人山大溃退。1945 年 9 月，他以此为背景创作的著名诗篇——《森林之魅——祭胡康河上的白骨》，至今读来依然让人心碎：

森林：

没有人知道我，我站在世界的一方。

我的容量大如海，随微风而起舞，

张开绿色肥大的叶子，我的牙齿。
没有人看见我笑，我笑而无声，
我又自己倒下去，长久的腐烂，
仍旧是滋养了自己的内心。
从山坡到河谷，从河谷到群山，
仙子早死去，人也不再来，
那幽深的小径埋在榛莽下，
我出自原始，重把密密的原始展开。
那飘来飘去的白云在我头顶，
全不过来遮盖，多种掩盖下的我
是一个生命，隐藏而不能移动。

人：
离开文明，是离开了众多的敌人，
在青苔藤蔓间，在百年的枯叶上，
死去了世间的声音。这青青杂草，
这红色小花，和花丛中的嗡营，
这不知名的虫类，爬行或飞走，
和跳跃的猿鸣，鸟叫，和水中的
游鱼，路上的蟒和象和更大的畏惧，
以自然之名，全得到自然的崇奉，
无始无终，窒息在难懂的梦里。
我不和谐的旅程把一切惊动。

森林：

欢迎你来，把血肉脱尽。

人：

是什么声音呼唤？有什么东西
忽然躲避我？在绿叶后面
它露出眼睛，向我注视，我移动
它轻轻跟随。黑夜带来它嫉妒的沉默
贴近我全身。而树和树织成的网
压住我的呼吸，隔去我享有的天空！
是饥饿的空间，低语又飞旋，
像多智的灵魂，使我渐渐明白
它的要求温柔而邪恶，它散布
疾病和绝望，和憩静，要我依从。
在横倒的大树旁，在腐烂的叶上，
绿色的毒，你瘫痪了我的血肉和深心！

森林：

这不过是我，设法朝你走近，
我要把你领过黑暗的门径；
美丽的一切，由我无形的掌握，
全在这一边，等你枯萎后来临。
美丽的将是你无目的眼，
一个梦去了，另一个梦来代替，

无言的牙齿，它有更好听的声音。
从此我们一起，在空幻的世界游走，
空幻的是所有你血液里的纷争，
你的花你的叶你的幼虫。

祭歌：
在阴暗的树下，在急流的水边，
逝去的六月和七月，在无人的山间，
你们的身体还挣扎着想要回返，
而无名的野花已在头上开满。
那刻骨的饥饿，那山洪的冲击，
那毒虫的啮咬和痛楚的夜晚，
你们受不了要向人讲述，
如今却是欣欣的树木把一切遗忘。
过去的是你们对死的抗争，
你们死去为了要活的人们的生存，
那白热的纷争还没有停止，
你们却在森林的周期内，不再听闻。
静静的，在那被遗忘的山坡上
还下着密雨，还吹着细风，
没有人知道历史曾在此走过，
留下了英灵化入树干而滋生。

八

从曼西往西前往印度，这条路依然充满险恶。在这条路上，除了士兵之外，还死了很多的缅印难民。

二战期间，缅甸南坎医院的 19 名护士在医生西格雷夫的带领下，成为中国远征军的野战医疗队，从入缅的第一仗同古战役，到退往印度，再到后来从印度反攻直至密支那，都有他们的身影。

如今，90 多岁的埃丝特已经是这支医疗队唯一的幸存者。

身为护士的埃丝特，永远也难以忘记在跟随中国远征军撤退时看到的一幕：在一条到处都是尸骨的河边，有一家三口的尸骨，从遗骸的大小、头发和残存的衣服可以认出，那是爸爸、妈妈和孩子。他们的手，还紧紧地拉在一起。

埃丝特已经记不清这条河的名字，根据她的描述以及当时的行军路线，这条河很有可能是缅甸西部的钦敦江。迈过这条江，再翻过那加山脉，就是印度的英帕尔。

发生在印度边境的英帕尔战役，是二战时盟军反攻缅甸时最为著名的一场战役，正如一年多前的盟军大溃败，日军也在这里丢下了约 5 万具士兵的尸体。加上从这条小道上逃命而死去的数不清的难民，以及中、美、英军的士兵，这条小路在当地有了一个让人毛骨悚然的专有名称：白骨街道。

霍马林是在缅甸钦敦江边的一个重镇，2011 年 3 月，我们来到这里访问。

康地县南呆寨子的傣族老人岩坎告诉我，当年中国兵过钦敦江时，死了上千的人，“我们用木船渡他们过江，汉人兵不会坐船，身上又背着很重的东西，他们抢着上船，结果一船一船地翻，汉人兵不怕死，船翻了，人冲走了，我们把船拉回来，还是抢着上船”。

在缅甸西北部的曼西镇南进村，村长乌巴莫告诉我，离村子约莫 20 公里的地方有一条河，是乌尤江的上流，在那里，有一个地名，叫“地由乌”。乌巴莫边说边用手模仿擦眼泪的动作。陪同我们的翻译惊叫起来，“地由乌，翻译成汉语，是中国人哭的意思，那是二战结束后，缅甸人专门因为中国人起的一个地名。”

乌巴莫进一步解释说，在二战期间，有一帮逃命的中国军人来到这里，乘坐竹筏顺流而下时，突然在这里发现了一个巨大的礁石挡住了去路，所有的中国军人都着急得哭了起来。

那帮逃命的中国军人的命运已无从考证，但可以确信的是，这个在战争结束后，由缅甸人专门因中国军人而起的一个地名，却不为中国人所知。

在乌巴莫的带领下，我们来到地由乌，结果发现，那个挡住中国军人逃命的礁石已不复存在，河床被淘金者挖得七零八落，四处都是淘金设备的轰响声。淘金者中，有一位老板是华侨，进一步打问，他的父亲竟然也是中国远征军，但对地由乌地名的来历，以及这段悲壮的历史，也是一无所知。

缅甸南坎医院的医生西格雷夫是美国的一位传教士，1922 年，他接管缅甸南坎的传教士医院。在后来的滇缅战斗中，这支外国平民医疗队，自始至终没有离开过中国士兵。

除过救助了无数的中国军人外，西格雷夫在二战期间的两本书在美国也特别畅销，分别是《缅甸外科医生》和《缅甸外科医生的归来》。

其中《缅甸外科医生的归来》中多次提到这位美国医生在撤往印度时看到的场景："第二天一早，我们开始向 Mu Bum 艰难攀登。在之前我们看到了五六十具中国人的骨架，但是在这里我们发现每 100 码就有 10 到 30 具骨架。和难民的骨架不一样，很明显是他们的同志将他们抬到营地里来试图挽救时死去的，由于活人太虚弱而无力将他们埋葬。"

西格雷夫在书中还提到撤退的英国军人和难民死亡的场景，"尸骨越来越多，在一个小屋前有一堆火，数百具尸骨堆在一起，很明显是难民宿营的地方。每一个水塘边都有大量的尸骨，都是四肢张开的。在需要攀登的山脚下，尸骨比山坡上的多，而那些在山上的尸骨看起来死亡时是非常痛苦的：一路上仍然有一些没有塌陷的窝棚，每一个小窝棚里都有 10 到 20 具骨架，这是新的一天来临时，他们再也没有力气爬起来了"。

身为外科医生的西格雷夫很容易分辨出这些遇难者的性别、年龄和民族，"我看到一副骨架外裹着一套精制的英国服装，还有一副小孩的骨架套着卡其布短裤。这里有各个民族、不同年龄的男人、女人和孩子，他们的头发有白色的、灰色的、褐色的和黑色的，堆放在白色的头骨旁边”。

用鹅卵石筑就的缅甸南坎医院如今依然保存着它的原貌，甚至墙壁上还能发现当年留下的弹痕。女护士埃丝特带领我们参观了当年西格雷夫医生使用过的办公桌、军用担架以及1965年去世时的房间。西格雷夫的墓地就在医院里，这里还埋着他的妹妹和大儿子。

埃丝特还记得医生西格雷夫最后的遗言：“当我死时，掸族人杀一头猪，然后举行一个喜庆的宴会，我唯一遗憾的是，我不能亲自参加了。”

提起西格雷夫，埃丝特的眼睛常常会湿润起来，“他让我们知道了，医生的职责是什么”。

埃丝特回忆，他们医疗队救过成千上万名伤病员，最多的就是中国人，甚至远远超过自己的同胞。当然，也有很多让人伤心的事情，在部队撤退途中，有士兵曾想丢下她们女护士，史迪威将军就训斥他们：“你们还是男人吗？不知羞耻的家伙，她们救过你们的命。”

美国军方，曾颁发给埃丝特一枚铜星勋章。这是直到现在，每一个美国大兵做梦都渴望得到的至高荣誉。不过，埃丝特说，如果中国能给她一枚纪念章，那就更好了。

九

杨伯方和张富麟都是孙立人的兵。

仁安羌战役时，身为第五军汽车兵的杨伯方为前线的新三十八师运送战略物资，被孙立人看到，说：“小伙子，就留在我们部队吧。就这样，杨伯方连同汽车一起，又开始服役于新三十八师。”

1937 年年底，日军飞机轰炸杨伯方的家乡河南洛阳，学校停课，正在上初三的学生杨伯方失学了。那年，杨伯方刚刚 18 岁，血气方刚的他报考了第五军陆军装甲兵团。

这是中国第一支装甲兵，招考条件特别严格。在当地经过体检、笔试后，还要到南京接受复试。让杨伯方印象深刻的是，有一位同学最终因脸上有麻子未能通过复试，这位同学想不通，问主考官，脸上有麻子就不能上战场？主考官说，这是中国第一支装甲兵团，国家领袖经常会来视察，不能影响军容。

入伍不久，杨伯方就以见习军官的身份参加了豫东会战。在陈留县，杨伯方的部队被日军骑兵包围，中国军队从苏联进口的“九吨半”坦克在突围中发挥了决定性的作用。突围成功后，杨伯方和学员们撤到洛阳休整。

1942 年初，日军入侵缅甸，中国西南后方告急。杨伯方所在的营改编成汽车兵，开赴缅甸战场。

孙立人的一句话，改变了杨伯方的命运。如果跟着第五军走野人山，他很有可能葬身莽莽林海。

相比来说，撤往印度要容易许多。但是穿越原始森林的那段经历依然让杨伯方至生难忘，抬头看不见天，地上腐烂的树叶积了有几尺厚，踩上去半截腿就被陷在了里面。而那时正值雨季，身上的衣服已经发霉。食物更是短缺，芭蕉树的根也被大家挖出来烤了吃。

本来扬眉吐气的汽车兵，此时更加悲惨。在进入原始森林之前，因为无路可走，汽车已经被烧掉了。相比步兵来说，他们平日里缺少锻炼，掉队的越来越多。

在撤退途中，杨伯方所在的运输连里的一位战士被汽车压断了右腿，其他战士就抬着他走，但天太热，这位战士的伤口已经化脓，而更让人为难的是，他们要翻一座陡峭的山，一个人走都费劲，抬着这位伤员走根本不可能，而丢下他，他肯定是死。不是饿死，就是被老虎吃掉。

就在大家不知所措之际，从后面赶上来的一位指导员悄悄告诉杨伯方，别犹豫了，打死他吧。

这位伤兵似乎已经觉察到异样，眼巴巴地看着杨伯方说：“我要回家，我要回家。”

杨伯方狠了狠心，扭过头去，给旁边的一位士兵使了一个眼色。这位士兵拿出枪来，压上一颗子弹，趁着这位伤兵不注意，对着他的后脑勺开了一枪。之后，大家挖了一个坑将他掩埋。

在后来的行军中，大家都很压抑，没人说话，有一些新兵，边走边哭。这位指导员说，“你们不要埋怨我，他死了，还有人埋他，而我们呢？我们死了，谁来埋我们？”

一句话，让所有的人都沉默了。

在之后的行军路上，杨伯方看到，倒在路边的战友尸体一个接一个。

在部队撤往印度之后，杨伯方和张富鳞脱离部队，在当地一所华文学校教书，后来又返回缅甸的华文学校教书，前者在同古，后者在曼德勒，之后一生滞留缅甸未归。2009 年接受我的采访时，张富鳞直言不讳地说，打仗死人太多，他们就是逃兵。

以第五军九十六师为例，该师入缅时 9863 人，伤亡 4081 人，失踪 2182 人，归国时 3600 人。失踪的士兵里，有被编入其他部队的，也有途中落单死掉的，也有逃兵。

在那个兵荒马乱的年代，能活下来是最大的幸运。长官已自顾不暇，何况这些小卒呢！

张富鳞说，2002 年的一天，一位缅甸的军官告诉他，他们在一次追捕几名地方武装组织的叛军时，来到了野人山，后来在原始森林时走了三天三夜，之后偶然发现一个山洞，进去一看，里面遍地骷髅，横七竖八。在骷髅中间，散落着锈迹斑斑的枪、徽章以及发报机等。这位缅甸军官坚定地说，那是你们中国兵！

亲身的经历让张富鳞很容易还原出当年的细节：一群筋疲力尽的士兵为了躲雨，发现了这个山洞，他们进入里面后准备就地休息，就在他们放下枪抖落身上的蚂蟥刚刚躺下时，他们发现，浑身无力，再也站不起来了。

家在贵州的老兵李华生说，在翻越野人山时，他们连里的一个贵州兵得了疟疾，病得很重，连长狠了狠心，下令打死他，战友们下不了手，但又不敢违令，就枪口朝上放了空枪，并让这位战士自找出路。没想到几年后，李华生在云南腾冲意外见到了这位士兵，原来他略懂医术，竟然自己在山里找了草药，治好了病。

尹正权是缅甸曼德勒的一位华侨，做着玉石生意，提到远征军，这位生意人竟然兴趣盎然。他说，在2002年前后，在他玉石厂打工的一位工人被从原始森林里出来的一群“野人”抓走了，这群“野人”穿着用藤条做成的衣服，用的是弓箭，而且说话根本听不懂，只是嗷嗷大叫。尹正权带着一帮人前去和“野人”交涉，给了对方一些食品，换回了他的工人。交涉中，对方中的一位老人听到他说的是汉语，就和他用汉语交流起来，但他只听懂了几个词，比如国民党兵、打日本人等。

“我们猜测那群人就是当年留下的远征军以及他们的后代，长时间的与世隔绝，他们甚至连说汉语都有些困难了。”尹正权说。

尹正权所说的那片原始森林，正是当年中国远征军败退的地方。这支仓皇逃窜的败军，就像一群被惊涛骇浪裹挟的小鱼儿，总有一些被巨石拦下，总有一些丧命于大鱼之口，也总有一些被沙滩搁浅。那些被战争所遗忘的士兵，也只能就地生根，苟且求生。

居住在缅印边境的华侨蒋家润曾做过马帮的头目，他回忆说，在1953年，他带着马帮跟随缅甸边防军去攻打梭罗寨子，最后收缴了很多武器，翻译官说，那些武器都是十多年前汉人兵路过时，死了的人落下的，“那加山上的‘野人’，还杀死了我们许多人”。

蒋家润还在被称为“野人山”的那加山里的准枯寨子里找到一个幸存的老兵。这位老兵姓王，来自四川，是家里的独生子，18 岁出来当兵，在国内打了几年仗，后来远征缅甸。在撤退过程中，他晕倒在南永山上，被那加山的一位老人救了回去，病养好后，他成了这位老人的女婿。

“那加山里的人，一直被称为‘野人’，以前就不穿衣服，有自己的语言，别人听不懂。”蒋家润说，“可怜这位老兵，独自一人和那加山的人生活在一起，他只能自己去学说‘野人’的话，他听到我给他说汉话，一边泣不成声，一边说，‘我们四川人，当时拉出来的上万名壮丁，能回到家的不知道有几个？’”

因为这些特殊的偶遇，2007 年 12 月 5 日起，蒋家润请了 30 位高僧，在康地举行了一个七昼夜的超度水陆法会，并放河灯 2500 盏于钦敦江上；2010 年 2 月，已经到缅甸曼德勒生活的蒋家润重返那家山区，在康地建立了中国远征军纪念碑，“每每想起那些死难在野人山的中国孤魂野鬼，我常常夜不能眠”。

后人在研究这段历史时，把野人山的悲剧更多地归咎于杜聿明的错误指挥。而杜聿明则公开发表文章称，导致败走野人山的第一次入缅作战失败的最大原因，是因为史迪威和罗卓英的错误指挥。

孰是孰非，已经不再重要。重要的是，就在这段历史渐渐被更多的人知晓，将军们的轶事又一次被称道，被后人写成传记，被记入光辉史册的时候，那些因高官内部倾轧而殒命于这片异域的莽莽丛山的数万多名远征军战士，谁能知道他们的名字？谁能知道他们葬身的位置？

十

在第一次入缅作战的中国远征军撤退的同时，日军一路北上，占领云南龙陵、腾冲等地，直抵怒江。中国远征军迅速集结，在怒江东岸的云南施甸等地死守，隔惠通桥与日军对峙。

撤往印度的残兵败将，在中国战区参谋长史迪威的指导下，全部装备美援物资，在兰姆伽训练营受训，并于 1943 年 8 月改编为中国驻印军，伺机反攻缅甸。根据史料，蓝姆迦训练营一共训练了中国驻印军 5368 名军官和 48124 名士兵，严格按照美军教程训练。

除此之外，从中国征召来的新兵源源不断地从云南昆明巫家坝机场经驼峰航线送往印度兰姆伽训练营。

四川金堂县的黄万成就是这时候被送往印度的。第一次坐飞机，让黄万成很激动，运输机旁边有美军战斗机护航，感觉很威风。但当飞到中途，气温骤降至零下，机舱内的温度和外面几乎一样，从四季如春的昆明出发时，大家都没有准备厚衣服，飞机上的人冻惨了。从舷窗往下望，是白雪皑皑的喜马拉雅山。等飞机降落在印度汀江机场时，一些体弱的士兵已经被冻死。

从汀江机场，再坐火车到兰姆伽训练营。新的军装发下来时，黄万成乐坏了，全是美军装备，大头皮鞋、船型的军帽、防毒面具、带帆布套的野战水壶、胶皮雨衣等等。训练期间，每月有 8 个卢比的津贴，黄万成舍不得花，全部邮寄给母亲。

1943 年，中国驻印军组建之际，身在印度的华侨杨剑达毅然报名，会说印地语的他成了新三十八师搜索排的翻译员。

杨剑达的家在广东省梅县，小时候，他经常看到飞机散发传单。老屋的墙上，至今依然留着杨剑达当年留下的记录：民国 25 年 7 月 16 日，中央飞机三架到访散发传单。

一年多之后，日军的飞机开始频频出动轰炸杨剑达的家乡。为躲避战乱，时年 16 岁的杨剑达和他的姐姐经汕头、香港、马来西亚，最后到达印度的加尔各答，在当地做起牛皮生意。1942 年，杨剑达加入当地的华侨自卫队。一年后，正式成为中国驻印军的一名士兵。

远离沦陷的国土，但并没有远离这个民族的伤痛和责任。

从军后，杨剑达学会了唱很多抗战的歌曲，其中一首名为《松花江上》的歌曲，让他记忆深刻，这首于 1932 年东北军流落西安时创作的歌曲，让因战乱而离家远走印度的杨剑达有太多的共鸣。

……

哪年 哪月

才能够回到我那可爱的故乡

哪年 哪月

才能够收回那无尽的宝藏

爹娘啊 爹娘啊

什么时候

才能欢聚一堂

……

在加入中国驻印军之后，杨剑达深知归家无期，他写信给广东梅县的家人，给从小就定下婚约的远房表妹阿满自由。近 70 年之后，杨剑达终于得以回到广东梅县，他向家人流露出寻找阿满的想法，但是经多方打听，已不知下落。

“小小的爱上一样东西，丢掉了，我很怀念。”杨剑达说。

抵达兰姆伽训练营后，广西人韦世祥做的第一件事情，就是写信给母亲报平安。

韦世祥的家在广西大化县江南乡的深山里，他的家到乡政府不通公路，需要步行三个多小时。1943 年，乡里来抓丁，身为大哥的韦世祥让两个弟弟躲到山洞，自己一个人从军。那时，他刚刚成家。

从大化到武鸣，到来宾，到柳州，到金城江，再到贵州贵阳，再经云南，最终抵达印度兰姆伽，一个几乎都是军人的城市。

每到一个地方，韦世祥都会给家人写封信，除再三询问家里一切是否安好之外，再就是报平安。在信中，韦世祥再三叮嘱弟弟，“在家维持家务及早晚对母亲不要高谈”，“劝母亲不用因我在外而伤心，请弟弟解释人民对国家应尽义务”，“同时要将国内的胜利消息讲给她听，使她心情愉快，不致有烦闷心”。

部队开始反攻缅甸时，韦世祥再次写信给母亲，“今年征集来很多新兵，听他们说敌人已经到了广东和广西，不知道真假。部队正在修路，这条路经过缅甸，将来一直到中国，到时我就可以回家了。请弟弟一定复信给我，告知家内如何”。

韦世祥所说的这条路，后来被称为史迪威公路，是国际援华物资的重要通道。韦世祥顺着这条路，一直攻打到缅甸，之后回国，辗转云南、湖南、上海、辽宁等地，每到一个地方，他都保持着给家人写信的习惯，而且一定不会忘记嘱咐弟弟照顾好母亲。

但最终，他未能回家。

十一

身为中国驻印军独立工兵部队十团二营二连连长的萧竹青，就是在修筑史迪威公路时牺牲的。

萧竹青是河北威县人，毕业于黄埔军校工兵专科。萧竹青的家是当地的大户，他的大哥曾任当地的县长。1942 年 10 月，国民政府提出修筑中印公路的方案，萧竹青随军前往印度。

那时，萧竹青已经成家，孩子刚刚出生，起名萧武枕，他的妻子张景梅，毕业于政法大学。张景梅同样出身于大户人家，最喜欢穿丈夫给她买的一件花色旗袍，穿上旗袍，优雅动人。

未曾想到，在 1943 年年底的一天，有一位士兵登门，一脸严肃，在核实完身份之后，递给张景梅一张纸。接过纸，张景梅当即晕倒在地。那是一张抚恤令，称她的丈夫萧竹青病死国外。

同为黄埔军校工兵专科毕业的潘刚德，和萧竹青同在一个工兵部队，萧竹青是二连连长，他是一连连长。

开辟于原始森林中的中印公路，所经区域大多是无人区，而中国驻印军工兵第十团的机械化程度并不高，但战事日益紧张，早一天修通，就会早一天得到美军更多的援华战略物资，胜利才可能早一天到来。

任务紧迫。

原始森林里，毒蛇野兽横行。潘刚德的一位战友，在晚上睡觉时，错把蟒蛇当成树干根，靠在上面，结果被大蟒缠住身体，窒息而亡。

还有吸血的蚂蟥，经常一觉醒来，全身都是血包。

包括潘刚德和萧竹青在内的很多官兵都得了疟疾，因为医药缺少，患者接二连三地死去，搞得人心惶惶。在最后关头，美军军医送来了药品，潘刚德幸运地活了下来，而萧竹青没能逃过此劫，留下妻儿，撒手而去。

1945 年 1 月 28 日，中印公路全线通车。这条后来被命名为“史迪威公路”的途经缅甸北部的中印公路，在抗战最困难的时刻，成为中国军队的“输血线”，尤其是在滇缅公路被日军切断，驼峰航线的战略物资运输极其艰难的情况下，大量的国际援华战略物资通过这条路源源不断地运到中国西南大后方。而这条在丛林里开辟出来的路修筑时异常艰难，根据后来的统计，为修筑这条全长 1730 公里的抗日公路，有包括 2000 余名为国出征的工兵埋骨异域，未能回家。

萧竹青是这 2000 余名工兵的一员。

听到丈夫牺牲的消息，张景梅悲痛万分，而让她忧虑的是，孤儿寡母在这个战乱的年代可怎么过?

无奈之下，张景梅抱着两岁的儿子前往重庆，在当地找了份差事勉强维持生活。

祸不单行，有一天，孩子生病，张景梅去药铺买药，被街上一辆美军军车撞断了右脚，她也因此失去了工作。无奈之下，张景梅抱着孩子在街上乞讨。原本出身优越的张景梅，本以为嫁给一位军官可以过上好日子，没想到最终落到流落街头乞讨，心里很是凄苦。后来在好心人的帮助下，改嫁一位名叫王安民的安徽人，孩子因此改名王云龙。

王安民也当过兵，为躲避战乱逃到重庆，谋得一份扫大街的工作，全家三口，就靠一点微薄的薪水过活。在王云龙的记忆里，继父对自己和母亲很好。母亲也将自己的情况全盘告诉了王安民，王安民坚定地说，只要他有吃的，就不会让你们娘俩饿着。

抗战结束后，王安民给安徽老家的亲人写了一封信，告诉自己已娶了老婆，并且寄去一张全家福。照这张全家福时，王安民借来一套军装穿着，张景梅则穿着离家时带来的那件旗袍。而这张照片，最终为这个幸福的家庭带来噩运。

1950 年，王安民偕妻儿回到安徽老家。不久后，有人告发，说曾经看过王安民寄给家里的照片，王安民是国民党的军官。经过多番审问，事情真相大白，张景梅因为前夫是国民党军官而被无休止地批斗。在后来，她的儿子王云龙也受到牵连，本来他已进入省里的乒乓球训练队，最后被突然遣送回蒙城县。

到了“文革”，抄家时，红卫兵发现了张景梅的一身旗袍和舍不得变卖的一枚金戒指，以及国民政府发放的抚恤令，批斗变本加厉。

“文革”结束后的一天，张景梅突然失踪，带走了萧竹青送给他的那件花色旗袍，再无消息。而她留下的，是一份 20 多页的交代材料和前夫萧竹青穿着军装的三张照片。

母亲失踪后，已随继父改名王云龙的萧武枕，突然对生父有了浓厚的兴趣，他仔细看了母亲的交代材料，这让他对一直认为是“国民党反动派”的生父，有了一个新的认识。

在此之前，母亲从未告诉过他关于亲生父亲的任何消息。

在20多页的交代材料里，王云龙没有发现母亲说父亲的半点不是。他能感觉到，母亲和父亲的感情非常深厚。那母亲离家出走，为什么要留下父亲的照片呢？

想到这里，王云龙突然有了一个念头：我要去找父亲。但是，去哪里找呢？他只知道，自己的父亲牺牲在了国外。

不懈的寻找终于有了结果，因为一次非常偶然的契机，已埋骨异域莽莽从林中半个多世纪的萧竹青，终于等来了家乡亲人的消息。

……

我要回去，回到我已失迷的故乡
趁这次绝望给我引路，在泥淖里
摸索那为时间遗落的一块精美的宝藏

虽然它的轮廓生长，溶化，消失了
在我的额际，它拍击污水的波纹
你们知道正在绞痛着我的回忆和梦想

我要回去，因为我还可以
孩子，在你们的脸上舐到甜蜜
即使你们歧视我来自一个陌生的远方
……

穆旦《阻滞的路》

十二

1943 年 10 月，中国驻印军发起反攻。

来自广西的士兵钟云清，在参加缅甸反攻时，已经是一名老兵了。钟云清兄弟三人，他是老大。抗战爆发时，按“三抽一”的规定，他没有任何犹豫，报名参军。初上战场，难免紧张，对方枪一响，他的手就发抖。等到参加第二次长沙会战，钟云清已经成了一名老兵，完成了从农民到士兵的角色转变，在钟云清看来，“握枪就像握锄头，熟练了就运用自如”。1943 年，中国远征军驻印军补充兵员，钟云清被编入新三十八师，乘坐飞机抵达印度受训，任上士班长。

钟云清记忆最深的是大反攻时，经过新平洋一役，他所在的班就剩下 5 个人，新补充的弟兄，他还没记住名字，就又投入孟关和沙陆坡的战斗。在攻打沙陆坡时，受到日军强势阻击，班里新补充的 5 位弟兄全部牺牲了，他掩埋好他们的遗体，才想起来还不知道他们的姓名，随即失声痛哭。这里，连长劝慰他，现在还不是哭的时候，等打完仗了，再来给这些兄弟立碑。没想到，连长在后来抢夺密支那机场的战斗中也牺牲了。

身为班长的钟云清，重情重义，凡是班里的战士牺牲，只要有条件他都会写信给他的家人，告诉他们消息，但那 5 位新补充的兄弟，连名字都没有留下来，他也无法通知他们的家人，这成了钟云清最大的遗憾。

这场超过 3500 万人伤亡的卫国战争，因战时档案记录的混乱和后来各种变故，最终留下名字可供后人凭吊或留存于国家记忆的，寥寥无几。这是中国抗战史上最大的缺憾。

前方的士兵一个接一个地倒下，新兵也源源不断地经由驼峰航线运抵印度兰姆伽——缅甸大反攻的后方基地。身为五十四军五十军特务连连长的尤广才，是 1944 年 4 月随军抵达印度的，下了飞机，他已经被冻得走不了路，耳朵里好几天都是飞机发动机的轰鸣声。

为纪念这段经历，他还填了一首词《念奴娇 · 飞越驼峰》：穿越云海，战心切，大军远征印缅。驼峰横亘，听说是，海拔万仞险关。敌炮轰隆，高寒抖颤，胸中烈火燃。遥想当年英武，觅敌求歼，敢骑虎登山。万里擒贼囊物探，国威军威赫显。战地神游，激情油然，重现当年。疾风劲草，无愧吾生人间。

尤广才 1919 年出生在山东，上小学时，老师经常会给他们讲在江西“剿共”的事。

1938 年 3 月，日军攻占尤广才的家乡，受《大刀进行曲》《九一八》等抗战歌曲鼓动的尤广才一心想杀敌报国，他跪别母亲，步行到河南潢川报考了国民政府军事委员会战时工作干部训练团。而母亲送他的一双布鞋，底已磨破了。

刚进战干团时，正值国共合作蜜月期，学校还邀请周恩来、叶剑英等来讲话。但之后不久，一些有共产党嫌疑的学生，被审讯或杀害。

1939 年秋，尤广才毕业，有许多同学刚离开学校就被派往湖南前线参加长沙第一次会战，有不少壮烈殉国。

尤广才被分到中央军的嫡系精锐部队五十四军，但战时经济濒临崩溃，虽为嫡系，士兵穿的军服也只是粗麻编织的，一般士兵连饭也吃不饱，米里掺了很多稗子，天天吃盐水煮青菜，几乎见不到肉。吃不饱肚子还要卖命，结果逃兵不断，为了补充兵源只好降低标准，很多不满 18 岁的孩子，或者不够健康标准的，也被抓来充数。

抵达印度后，尤广才又随军乘坐飞机抵达刚攻占不久的缅甸孟关，接着由美军的十轮大卡车运至丛林中驻营。在暗无天日的原始森林里，终日可以听见猴子的叫声。但让他激动的是，可以天天吃美军的牛肉罐头，甚至还有黄豆罐头，装备也全是美式。

大反攻虽然一路势如破竹，但中国远征军付出的代价亦是相当惨重。

台湾著名历史学家黄仁宇在反攻缅甸时任驻印新一军司令部上尉参谋，他的第一本著作《缅北之战》曾写道：军长于 6 月 18 日到加迈，慰问各单位官兵时发现很多弟兄两月之内不曾脱过鞋袜，并且长久浸在泥浆水泽内，再脱下鞋袜时，脚上的皮肤附在袜子上整个地被撕下来。

十三

五十师一五〇团团部任实习少尉兼译报员的蔡振基本身就出生于缅甸，他的父亲是一位缅甸华侨。

3 岁那年，父亲去世，母亲养活他们姐弟 7 人异常辛苦。1933 年，母亲带着蔡振基和 6 个姐姐回到梅县老家。老家的日子依然是有了上顿没有下顿。为了讨生活，10 岁时，蔡振基跟着表兄来到仰光。1939 年，蔡振基的母亲在老家病逝，消息传来，蔡振基想回家，但此时，抗战已经全面爆发，南洋华侨筹赈祖国难民总会主席陈嘉庚号召南洋各地青年回国参加抗战，缅甸分会积极响应，动员 26 名华侨青年回国，蔡振基就是其中一位。

一腔热血的 26 位年轻华侨来到云南昆明的华侨收容办公处报名。14 岁的蔡振基虚报年龄为 16 岁，但招兵的人看他过于弱小，拒绝录取他。蔡振基急哭了，对方说，可以介绍他到昆明一家汽车修理厂做工。一直到 1943 年，政府再次号召全国青年参军，当时昆明有通信兵二团在招收无线电通信兵。蔡振基报了名，“拿到录取通知书，我的手颤抖不停，眼泪禁不住就流下来了，都打湿那张通知书了”。蔡振基回忆说，当时报考通信兵的有 300 多人，考试涉及语文、数学、历史和参军志向等内容，只录取了 75 人。

军训两个月后，蔡振基被分至军事委员会驻滇干部训练团特科大队，随后乘坐飞机到达印度。

“野人山没有路，工兵就在前面开路，有时候走两三天看不见太阳，为了快速前进，战士背的干粮很少，每隔四五天，就会有美国运输机空投粮食及各种军用物资。”蔡振基回忆说。

就在离密支那 40 多英里的地方休整时，前方部队的枪声响起，后来才知道那是先头部队已经开始抢夺密支那机场。

当天午夜，蔡振基所在的五十师一五〇团接到上级总攻命令，包围密支那，抢修被炸毁的机场跑道，随后美军运输机降落，运来拖拉机、推土机等各种车辆。密支那攻城战斗相当激烈，上空有战机向敌人阵地轰炸，后有炮兵支援。时值雨季，战士们只能在坑道里泡在水中与敌人作战，主要战线是火车站、医院、原英军的兵营等，因为日军的工事相当坚固，且暗堡多，不易发现。

时任《武汉日报》随军记者的戴广德，在回忆文章中说，1944 年 5 月 17 日，美国第十航空队飞机成群结队地飞临密支那上空，炸弹像冰雹似地倾落在密支那，敌人狼狈逃命。下午 1 点钟，我军占领了整个机场。18 日，新三十师八十九团降落在飞机场上，“从此后，敌我展开了主力战，我军使用火焰喷射器对市区进行猛烈的‘火攻’。”

“飞机在密支那机场一降落，我们就抱着枪开始打了。”来自四川省金堂县的新三十师士兵黄万成说，“密支那当时是雨季，我们穿的美军大皮鞋动不动就粘在泥里，太沉，过水坑的时候游不动，还不如光着脚。”

黄万成的营长牺牲在了密支那。营长是湖南湘潭人，曾有恩于他，看到连长经常打他，就把他调到营里当司号员。营长牺牲的时候，黄万成大哭。他自己，也在密支那负伤，一颗子弹钻进了屁股。

来自湖北的王子安是新三十八师野战医院的一名少尉，他认为自己能活下来，就是因为自己是军医，在后方工作，“真正在一线打仗的人，能活下来的不多”。即使如此，危险还是时常发生，在反攻密支那的战斗中，他和 5 名医疗兵到前方的救伤所准备工作时，突然遭到了日军飞机的轰炸，王子安被炸翻的泥土掩埋，等他从土里爬出来，发现 5 位医疗兵已经全部牺牲。

来自云南红河的缪焜和哥哥缪克勋同在新三十师八十九团二营六连，一起参加了密支那战役。在一次战斗中，缪克勋所在的排被日军包围。等战斗后，缪焜听到战报，哥哥所在排的官兵全部牺牲。缪焜不愿意相信，他去战场找哥哥，结果看到的是已被鲜血染红的尸体。

直至多年以后，当志愿者找到已年逾九旬的缪焜，问他还有什么心愿时，他不假思索地说：我想去密支那，我和哥哥一起去打仗，他没能回来，我想去把他的遗骨带回来。

整个密支那战役历时三个多月，歼灭日军 3400 余人，被日军称为玉碎之战。日军驻密支那最高指挥官水上源藏，被逼至伊洛瓦底江边的一棵大树下拔枪自杀。

资料显示，在密支那战斗的最后关头，日本第三十三军司令部向密支那守军发来电报：水上少将死守密支那。当时在起草电报时，有人就质疑，应该是“水上部队死守密支那”，但时任第三十三军高级参谋的辻政信坚持要这样发。辻政信后来回忆说，他这样发是有原因的，在诺门坎（内蒙古）战役中，就是因为不准士兵撤退，后来回来的士兵都上了军事法庭，他之所以发这个含糊的电报，就是在最后时刻，以牺牲水上少将而换取更多的士兵活下来。

水上源藏显然是看懂了这份电报，在最后时刻，他命令800余名残部突围，而他本人，则以自杀来执行了“死守”的命令。

同样，中国驻印军也是伤亡惨重。战斗结束后，部队在密支那为阵亡官兵修建了三个墓地。来自湖南邵阳的新一军军官刘龙被任命为密支那阵亡将士公墓管理所主任，并配备了几名伤兵和他一起照看墓地。

刚刚荣升新一军军长的孙立人嘱咐刘龙，好好照看这些为国家牺牲的兄弟们，等战争胜利了，接你们一起回家！

十四

中国驻印军攻克密支那后，部队进行改编，由新一军扩编成两个军，即新一军和新六军。在稍作休整后，于1944年10月中旬趁势向南挺进缅北重镇八莫。位于伊洛瓦底江上游东岸的八莫，离中国边境仅有60多公里，地当水陆要冲。为紧急应战，日军从南坎抽调第二师团一部和由孟拱、密支那溃退的残部约5000人，集结八莫，企图继续顽抗。

在进攻八莫前夕，来自河南的士兵四娃和常安之一起去剃了光头，相互将头发交给对方，他们约定，头发受之父母，如果一方在战场上战死，另一方将其头发带回老家给老娘，以示为国尽忠但不能为母尽孝。

从印度雷多反攻开始，一路亲身经历战争的惨烈，让他们不得不对自己的后事做出安排。

来自四川省三台县的杨子臣，是新三十八师喷火排的士兵。因为兵种的特殊，他唯一一次上前线的经历，就是在八莫。

“敌人在八莫构筑了坚固的工事，厚厚的水泥地堡，枪炮对它都奈何不了。我们每攻下一个地堡，需要有好几倍于敌人的伤亡。”杨子臣说，喷火排开始显示威力，“火焰射进地堡口，我看见一个敌人跳出来，满身是火。碉堡被拿下了，但我们排死得也就剩下两个人”。

查阅三台县的史料，不难发现这些中国军人当年弃笔从戎的初衷：1943 年 11 月，国民政府军事委员会军政部命令四川省军管区要求如期如数完成各县市选送 300 名知识青年补充驻印军。四川军管区随即派参谋长徐思平出巡川北各师管区宣传和督导……徐思平 15 日到三台县出席东北大学纪念周，要求青年学生自动服兵役。当场即有男生 15 名、女生 4 名申请参军。第二天徐思平又召集中学以上学生 2000 余人讲演，当场又有学生 200 余人，其中 30 余名女生请缨。一些女生因被徐思平婉谢，竟痛哭流涕地质问：“爱国无分男女，女子何以不能抗战杀敌？”

时任中国驻印军副总指挥的郑洞国也多次前往一线指挥战斗。民革中央副主席郑建邦是郑洞国的孙子，郑建邦回忆祖父时说：“祖父多次乘坐美军的小型侦察机，前往八莫上空视察督战，当时整个八莫城在中国驻印军强大的空军和炮兵的猛烈轰击下大火熊熊，浓烟滚滚，日军炮火几乎完全被压制，城内建筑大多崩毁。”

在由郑建邦等人整理的《郑洞国回忆录》一书中，也提到日军的地堡：“日军虽然死伤惨重，但抵抗十分凶顽。敌人在城垣四周，利用复杂的地势，修筑了众多分散的抵抗巢，每个抵抗巢配备一轻机枪射手、一步枪狙击手、一掷弹兵手，各抵抗巢间以火力相互策应，使我军步兵难以接近。”

位于缅北的八莫，参天大树密布，拼死一搏的日军，有很多隐藏在树冠中，他们将自己的腿绑在树干上，用狙击枪阻击中国部队前进。

密布的地堡，隐于树丛中的狙击手，这些都无法阻挡中国部队前进的步伐。除了仇恨，还有，打下八莫，缅北战场的胜利就指日可待，那么他们就可以回到自己的祖国，回到自己的家乡和父母的身旁。

经过1个多月攻坚战，八莫终于被中国驻印军攻下。

新一军参谋长史说在回忆文章中说，八莫主阵地被突破后，日军感到解围无望，把所有的重伤兵近千人，生沉于西面的伊洛瓦底江中，而以残部于夜间沿江滩向南突围，突围日军大部被击毙在江滩上，仅百余人散窜到八莫以南山地。八莫攻克时，房屋全部被炮火所毁，仅华侨新建的一座关帝庙独存。

在清理战场时，常安之发现了河南老乡四娃的尸体。

有一位名叫吕金海的四川兵牺牲在八莫，指挥八莫救援作战的日军第三十三军高级参谋辻政信在回忆录中，记述了这位士兵牺牲的经过：这位士兵孤身一人冲至指挥部，差点杀死辻政信，后在激烈的肉搏战中，被日本兵用铁锹击中头部牺牲。辻政信说："中国兵仅仅一个人冲入日本军中，只此一次。"

这位士兵的勇敢让辻政信佩服不已，但更打动他的，是在这位士兵的口袋中发现的一封信，信是他的父亲写给他的。

金海儿：

久未接信，是否有病，至以为念。在枪林弹雨之中，战死乃家门之荣誉，但勿因病而亡。家里自你远征后，承蒙村人之

> 同情与支援，已渐次好转，勿念。昔时木兰男装从军十年，功成名遂，衣锦荣归。你是男儿，必须胜过她，勿输于她！因此，必须将日寇打倒，战功超过木兰。接信后盼即回信，并将相片寄来。

这位名叫吕金海的士兵，没有辜负父亲的嘱托。

时为新一军军长的孙立人，为战死的官兵修建了墓地，同时留下伤兵照看墓地。仗打到哪里，就把公墓修到哪里，这是新一军不成文的规定。此外，中国驻印军还在八莫修建了一个“战车公墓”，将在八莫战场打坏的以及缴获敌军的战车、战斗机、压路机、牵引车等集中到这里。

原《大公报》随军记者吕德润回忆，八莫、南坎攻克后的 1945 年 1 月，史迪威公路（即中印公路）通车，他准备回国的前夜，专门前往住在伊洛瓦底江边一所木屋，向孙立人道别，并询问孙立人是否需要从国内带什么物品。孙立人沉思之后说，“你在昆明看有没有卖冥钞的，帮我买一些回来。”这让吕德润深感意外。孙立人解释说：“我实在不知道还能用什么别的办法，去祭奠那些为国牺牲的将士们。”

八莫之战为整个缅北战场的胜利奠定了基础，为表彰这一战绩，印缅战区盟军最高指挥部特令颁布将八莫至莫马克的一段公路命名为“孙立人路”，将八莫市区中心马路命名为“李鸿路”。

抗战结束后，在孙立人的力主下，新一军印缅阵亡将士公墓于 1947 年 9 月 8 日在广州落成。在落成仪式上，孙立人说：“我站在墓前，遥望西南，十分怀念那些印缅阵亡的袍泽。他们英容雄姿，仿佛就在我的面前。我时时在怀念他们，我永远在哀悼他们。”

即使后来到了台湾，在被软禁期间，到每年清明节的时候，孙立人依然不忘给这些阵亡的将士烧纸。让他未曾想到的是，这些墓地，在后来均被毁掉。

在八莫攻城战中，同样出现了让中国军人纠结的事情。新三十八师少校翻译官周明道曾接到一线官兵汇报，敌军中有不少讲中国话的人，他们在阵地曾清楚地听到敌军中有人喊“往上冲呀”，“证明日寇已日暮穷途，征集东北或台湾的同胞来充当他们的炮灰”。

十五

中国驻印军独立步兵一团炮兵连连长吴其璋牺牲在密支那，那是在1944年12月，密支那战役已经结束，但外围不时有日军残部发起突袭。

为了能让炮兵更精准地打击敌人，吴其璋拿着望远镜登上观察台，就在此时，敌人的狙击手射中了吴其璋的头部，致其当场牺牲，年仅33岁。

吴其璋是马来西亚的华侨，有兄弟10个，他位列老四，其中老大吴其玉是国民政府外交官，老六吴其韶是飞虎队的飞行员。

卢沟桥事件爆发后，时为马来西亚一所华文学校校长的吴其璋给妻子胡静美写了一封信："静美，七七事变爆发以来，我的心早已飞回祖国去了，日军又进兵上海，这个华侨子弟学校的校长，实在一天也不能当了。"

身为大家闺秀的妻子胡静美，用行动支持了丈夫的选择，随同丈夫前往重庆定居。

回国后，吴其璋进入黄埔军校17期四川交通辎重学院专攻化学武器，并在之后加入中国驻印军，于昆明受训炮兵专业。

吴其璋牺牲四年后的1948年，身为外交官的吴其玉到缅甸出差，专程前往密支那，找到弟弟的墓地，拍了一张照片，祖籍福建的吴其玉希望有朝一日能接弟弟的遗骨回家。

但在后来，吴其玉丢掉了工作，之后又受尽磨难。直到“文革”结束后，已至暮年的吴其玉给弟弟吴其轺写了一封信，连同吴其璋在缅甸密支那的墓地的照片一同寄给他，说自己年岁大了，嘱托比自己年幼十多岁的弟弟能将老四吴其璋的遗骨接回家。

而此时的吴其轺，也是刚刚平反。

吴其轺是中央航空军官学校第11期驱逐科的学员，毕业后分配到成都凤凰山机场，被编入“轰炸驱逐总队”，在不久后的一次转移时，吴其璋驾驶的教练机被日机击中落水，吴其轺的屁股中了4弹，造成终生腿疾。原本可以不再驾机打仗的吴其轺，觉得国家培养自己不容易，而且中国空军正处在飞行员奇缺的时候，吴其轺主动请缨，再次驾驶战斗机重返蓝天，多次飞越有“死亡之谷”之称的“驼峰航线”，前后三次被日军击落死里逃生，并最终于1945年8月21日，穿上空军礼服押解侵华日军降使飞机抵达芷江举行洽降会谈。而当年和他一起参加毕业典礼的81位同学，活下来的只有32位。

1949年，吴其轺随同最后一批撤离大陆的部分官兵退至台湾，不久后，他收到父亲托人从香港转来的信件，希望他回到大陆，跟着共产党建设新中国。在父亲的劝说下，吴其轺转道香港回到大陆。

1954年，吴其轺被送到余杭农场“学习自救”，这一去就是20年。

在收到哥哥来信嘱托时，吴其轺刚刚平反，被安置到杭州大学地矿系任标本员，在自身尚且艰难维生的情况下，这份家族的重托只能埋在心里。

2005年9月，在抗战胜利60周年时，吴其韶受到邀请，到湖南芷江参加相关纪念活动。陪同吴其韶前来参加活动的儿子吴缘，出了火车站后，突然被眼前的场面镇住了，市政协主席亲自前来迎接，父亲坐的是奥迪车，还有警车开道。

更让吴缘感到惊讶的是，当地的接待人员都称他的父亲为吴英雄。

吴缘好奇地问父亲，“我只知道你是国民党的兵，开过战斗机，怎么还是英雄？”在吴缘的记忆里，父亲只是给国民党当过兵，他从小被别人欺负。

从未讲过自己经历的吴其韶，这才给儿子讲了自己的经历。说完之后，吴其韶告诉吴缘，我不是英雄，那些为保卫国家牺牲的人，才是真正的英雄。说到这里，吴其韶将隐藏心里多年的一件事嘱托给自己的孩子：接回四伯吴其璋的遗骨。

从那时起，吴缘开始寻找四伯的资料，并寻找和父亲一样，参加过抗日战争幸存的老兵，寻求社会资助给他们提供力所能及的帮助。

2015年4月，吴缘第一次来到缅甸密支那，而当年伯父吴其璋的安葬地，已是一所小学，墓地早已荡然无存。

十六

就在中国驻印军展开反攻之际，湖南人李锡全随着五十四军调往云南，参加滇西反攻。

“妈妈，等打完这一仗，我就回家。”在战斗打响之前，李锡全再一次给母亲写信，这已经是他出征第6个年头了，他已经无数次地在信中这样告诉母亲。而胜利，依然遥遥无期。彼时，日军正在逼近他的家乡湖南常德。

中国远征军以怒江为天险，与日军对峙整整两年，终于在1944年5月11日凌晨，打响了滇西反攻战的序幕。

先头部队冒死跨过怒江，向驻扎在高黎贡山的日军展开攻击。如果补给跟不上，背水一战的中国军队无疑是送死。身为第五十四军直属军部辎重团特务长的李锡全，负责为前线运送给养。

怒江的水很急，为了避免运送给养的船被水冲走，李锡全想了一个办法，在两岸牵一根铁索，坐在船上的士兵拉住铁索过江。为了阻断补给，日军的飞机和大炮不停地攻击渡江的船只，船只经常被击沉，整船的士兵被湍急的江水冲走。

预备二师是滇西反攻的主力部队。在反攻之前，这支部队就深入敌占区展开游击战。

1942 年 5 月，预备二师奉命由昆明附近的安宁县出发，乘汽车开赴滇西保山县城，当时是远征军的后勤补给站，在部队抵达保山前三天，它已被日军飞机轰炸成废墟，余火还在燃烧，缅甸逃来的难民、车辆拥挤在城外田野，被炸死的同胞的尸体随处可见。

滇西反攻开始，部队强渡怒江。

同样来自湖南的程杰，是预备二师的一位营长。程杰回忆，为防备敌机袭击，只能在夜间偷渡。时已 6 月，怒江的水竟是冰冷刺骨。因为水流湍急，多次架设浮桥没有成功，只好放竹排过渡。每个竹排载 7 人，两个民夫撑渡，江面有 200 米宽，斜放顺流千多米才能靠拢对岸。为慎重起见，程杰命令部队先试放了两个排，排到江心，相继翻了，只有一个班长上了岸。全身湿透的班长对着程杰说："营长，我们不怕上阵和敌人拼命，但不甘心被水淹死。"程杰现场落泪。

渡过怒江，就是高黎贡山。北连青藏高原、南接中印半岛的高黎贡山，最高海拔 4000 多米，是古代南方陆上丝绸之路的必经之地。翻越高黎贡山时，程杰任职的营里，有 30 多位官兵，因患疟疾而死去。有一天深夜，全营露宿高黎贡山山腰，午夜刮起大风，接着雷声大作、大雨倾盆，士兵们在风吹雨打下，冷得发抖，营部传令班长因疟疾冷得叨叨，说："营长啊，天快亮了吗？我经不住冷呀，快要死了。"天刚亮，揭开他的毯子一看，已经僵了。四个连总共冻死 30 多个，一个副班长已是奄奄一息，对着程杰说："营长，我没有办法再跟你上前线了！"说完不久便断了气。程杰再次落泪。

若干年之后，身为湖南省政府参事的程杰，常常向自己的孩子讲起这些经历，每次都会泪流满面。他说，都是他带出去的兵，却再也没有回家。他们没有死在敌人的枪口下，却因寒冷、疾病而死去。

来自四川的三十六师机枪手刘召回说："我们攻打高黎贡山时，6月天，山上还有雪，那时候又是雨季，天天下雨。军服就没干过，皮肤都被泡烂了，脚上穿的是自己编的草鞋，容易结冰，一走路就滑。更惨的是，基本上吃不到热饭，就是生米和着雪水填肚子。"

同样来自四川的韩天海说："上了战场，猪狗不如。枪一响，人就成堆成堆地死。"

韩天海所在的排在二台坡遇到敌人的伏击，全排人几乎都死光了，但部队依然要往前冲，"那是命令，叫你去死你就得去死，师部下令，要地点不要人，不管付出什么代价，限几点就要几点攻下来，前面有日本人，后面有自家人，都会打死你"。

日军占领腾冲之后，以高黎贡山为天然屏障，调重兵据守。而最陡峭的一面，正是远征军需要反攻的地方。重武器无法运抵山上，只能依靠步兵和轻武器，艰难地展开仰攻。最难的一仗是在冷水沟隘口，几天下来，尸体填满了山沟，血水顺着山沟往下淌。负责此次战役的一九八师两个团，战后每个团只剩下不足一个营的兵力，其中594团团长覃子斌阵亡。

中国远征军一九八师五九二团团长陶达纲1988年在台湾出版的《滇西抗日血战写实》中提到了这场战役：

5 月 30 日，打下冷水沟，只见两个坑中有水泡着的十几具日军尸体，细看他们的大腿肉、屁股肉，都有刀痕，有的还见骨头，真是惨啊……又随部队到了北斋公房（原日寇据点），房屋四周有一小堆一小堆的黑色屎便，这才恍然大悟，原来是日本人吃他们自己人的肉，因为纯吃肉的屎便是黑色的，显然五六天以来，日本人后方补给断了……

6 月 1 日这天，高黎贡山上很冷。我眼看着两位战士在我面前冻死了。

……

十七

刘召回和韩天海都是四川的兵。

整个抗战期间，作为战略大后方的四川，每年征兵约 40 万，总共有约 300 万名川军，遍布各大战场。当时四川的征兵政策是“两丁抽一，三丁抽二，五丁抽三”。

刘召回的家在四川省岳池县，他的小名叫刘冬娃儿。征兵那年，他正好 18 岁，和同村的肖四娃儿、冯冬娃儿、肖谷娃儿，四人一起披红戴花，在乡亲们敲锣打鼓的欢送下，为国出征。

离家那年，母亲才给他起了刘召回的大名。召回，一个名字里饱含了太多的期待。

直到 70 年后，滞留异国他乡的刘召回才回到家乡。亲人们不敢相信，考问他：你的小名叫什么？“冬娃儿。”回答非常干脆。

双方抱头痛哭。

韩天海出生在重庆，父亲在成都一个叫棉花街的地方开了一家织袜子的店铺，聊以为生。年幼时，韩天海就跟着父亲往来于重庆和成都，帮父亲做小生意，学业也因此受到影响。学校的老师找到韩天海的父亲，说这孩子挺聪明的，好好供他念书，将来肯定会有出息。父亲听了老师的话，送他到重庆一个学堂。

有一天，正在上课时，来了一帮兵，要求年仅 16 岁的韩天海去当兵，那时他正跟着老师唱《抗日救国来当兵》这首歌，没有任何反抗，韩天海跟着这帮人走了。

韩天海是家里的独生子，按政策他原本不用去当兵，但在抗战后期，兵源紧张，已经顾不得这些了。

国难当头，不管是自愿还是被迫，个体的责任都无法逃脱。因此，涌现了许多弟弟替哥哥、穷人替富人去当兵的故事。

四川安县有一例，父亲替儿子去当兵的事情。父亲叫王者成，舍不得儿子去送死，自己前往县府报名。县长说，你都半百年纪了，腿脚不灵光，不能去。王者成无奈地说，那就让儿子去吧。在送子出征时，王者成送给儿子一面旗，上书：我不愿你在我近前尽孝，只愿你在民族分上尽忠，国难当头，日寇狰狞，国家兴亡，匹夫有责……伤时拭血，死后裹身，勇往直前，勿忘本分。

这面旗帜，如今收藏于四川建川博物馆，看了依旧让人热血沸腾。

和其他当兵的相比，韩天海更多一份让他心悸的经历。就在那次二台坡被伏击之后，韩天海被俘。在日本兵押着他经过刚刚打完仗的一个战场时，他看到，地上全是预备二师兄弟们的遗体，路边的一条小溪，也被鲜血染成了红色。

被俘的日子里，韩天海受尽了折磨，他亲眼看到，被俘的战友被活埋或者被灌水致死。让韩天海心惊胆战的是，有好几次他都被日军蒙着眼睛押上刑场，但最后，他身边的人都被杀了，他却没有被杀，后来才知道，他是被押去陪杀。

经过各种折磨后，韩天海被送到了宪兵队。因为韩天海是一名新兵，且年龄太小，经过一番审讯，日本人并没有问出什么有价值的信息。谁都知道宪兵队是杀人不眨眼的恶魔，韩天海已觉得难逃一死，想到还未孝敬的父母，他不禁唱起歌来："第一杯茶敬我的爸，您在家里不要怄，儿去当兵保国家；第二杯茶敬我妈，您在家里不要气，等着儿子回来吧……"

就在韩天海唱歌的时候，日本宪兵队的队长松岗从旁边经过，听到歌声，让卫兵将韩天海带到自己面前，问了他家里的一些情况。

韩天海隐约觉出对方的一些恻隐之心，借机乞求说，他是被抓壮丁才来当兵的，打日本人并不是出自他的真实意愿，恳求能放他一条生路。松岗接着问他："那你愿意做我的儿子吗？"韩天海赶快说愿意。最后，松岗让韩天海帮自己去放马。

日本宪兵队撤走后，韩天海被日军带到腾冲城里，在军营里干苦役。有一天晚上，一同被俘的一位连长告诉他，日军马上就要完蛋了，肯定会在最后关头对他们下毒手，要尽快想办法逃走。

1944 年 5 月，反攻腾冲的战斗打响，韩天海和被俘的其他士兵一起，趁乱杀掉三位哨兵后，逃出俘虏营，返回部队，被编入预备二师师部特务连。随后韩天海跟着部队一直打到畹町，跨过瑞丽江与驻印军在芒友胜利会师，韩天海也历任排长、代理连长等职务。

抗战胜利后，韩天海离开部队前往中缅边境做些小买卖维持生计。他的另一个打算是，攒点钱后再回家看望父母。但局势逆转，身为中国远征军战士的韩天海已经难以回到他的家乡。

他原来的部队以为他牺牲了，在云南腾冲修建国殇墓园时，还为他立了墓碑。

在漂泊异乡的半个多世纪里，韩天海从来没有告诉别人自己当俘虏的经历，在他内心里，这份耻辱让他一生都无法摆脱。

十八

翻过高黎贡山，就是腾冲。其时，这个滇西的小县城，已被日军侵占两年之久。

在通往县城的小路上，长满了参天大树。隐藏在树丛中的敌军，常常出其不意地展开对中国远征军的伏击。

“有一次，就几名躲在树上的日本兵，用机枪射杀了我们上百人。”刘召回说，在前往县城的路上，全是尸体，有我们的人，也有日本兵，就像炸开的西瓜，红色的血水顺着路淌，“我们就是在‘西瓜’堆里冲进了腾冲城”。

除了刘召回的三十六师，预备二师也是滇西反攻的主力。

一天，预备二师师长接到命令，去指挥部研究作战方案，途中被隐藏在树林中的日军发现，打起伏击。因敌情不明，长官让马夫李华生骑着师长的马快速地跑过危险地段，引诱敌人开枪。李华生接到命令，趴在马背上飞奔而去，敌人疯狂地开始射击，最终发现敌军隐藏在西北方向的一棵大树上。师长调来大炮，一阵猛轰，敌军被消灭。

事后，李华生才明白，自己是做了诱饵，因为敌军认为骑马的肯定是军官，便会集中火力袭击。

晚年时，李华生接受记者采访时曾谈到这段经历，记者问他，当时有没有害怕。李华生说，刚上战场时害怕，但打仗就是要死人，后来见的死人的事情太多了，就无所谓了，死了就死了，死了算球。

李华生的家在贵州，被抓兵时，只有 12 岁。他反抗，说自己是家里的独生子，按规定可以不去当兵。抓兵的人说，“别人都跑了，只能抓你”。

因为年龄太小，到了部队只能做勤务。

前方战事日益紧张，伤亡越来越大，勤务兵也开始被送往前线。在广西昆仑关战役时，一颗子弹打穿他的下巴，伤疤至今可见。昆仑关一役后，李华生随军前往缅甸，参加中国远征军，那是在 1942 年，第一次入缅作战，以惨败而告终。

从缅甸死里逃生折回云南后，李华生已是一位老兵，虽然与部队走散，但老兵那时很吃香，部队都抢着要，李华生又加入了滇西远征军，被整编到预备二师。由于不识字，李华生给师长当了马夫。

刘召回在重机枪连，连里有六挺马克西姆重机枪。这也意味着，他们一定是敌人火力袭击的重点。

刘召回的先头部队攻进腾冲城后，遇到日军的全力反击，“日本兵剪断了我们的电话线，我们和总部联系不上，没有后援，供给也运不上来，战友们一拨一拨地死去”。

就在这时，一颗炮弹落在刘召回身边，将刘召回掀翻在地，炸起的泥土，将他的整个身体埋起来。刘召回觉得，自己要死了。

直到卫生兵到来，负伤的刘召回被抬下火线。

负责向前线运送给养的湖南兵李锡全，也是在腾冲战役中被子弹击中腿部。

节节败退的日军，将怒火撒在无辜的百姓身上。1944 年 6 月 8 日，腾冲驻扎的一四八联队被远征军击溃后往城里面撤，在退到白家河的一个村子时，遇到 12 名刚从山里干活回来的村民，这些战败的日军就拿这 12 个村民进行报复，将他们的衣服扒光，把手、脚捆住扔进汽油桶里，上边用石板盖住，把桶架在火上烧。第二天，从外面躲着的其他村民回来后发现，桶里只剩一堆骷髅。

这些煮人用的汽油桶，后来被腾冲的收藏家段生馗收藏，成为他所创办的滇缅抗战博物馆最有代表性的藏品之一。“当年收购这两个汽油桶时，村长给我开了一个条件，就是把这两只桶运走的时候，必须没有一点声响，而且一定要在晚上。”段生馗回忆，“村长说，那桶里装的是无辜老百姓的冤魂。”

腾冲收复战，也是滇西反攻的第一个胜利。时任预备二师四团三营营长陈瑞安回忆，腾冲城的城墙被炸开后，日军据屋防守，一场罕见的激烈巷战开始。中国军队采取小分队的轮番进攻，以战车防御炮、火箭筒、火焰喷射器等对守城日寇逐屋攻击。守城日寇则死守一房一屋，一墙一角，以手榴弹、冷枪冷炮还击，迫近时则以刺刀大刀相格斗。战斗进展，每日多则二三十米，少则五六米。

日军士兵吉野孝公 1980 年在日本出版的《腾越玉碎记》，也详细记录了之后的腾冲战役：

9 月 10 日，敌人在蒋介石总统的愤怒激励下，实施最后总攻。我们剩下的守备队兵有350多名，他们像狂涛一样席卷而来，奋战、奋战，殊死奋战。城内战场在充满怒吼和叫骂的肉搏中化成一片血腥的荒野。9月12日太田大尉发给师团司令部诀别电报："我们已弹尽粮绝，突入城内优势之敌自昨日以来即与我混乱战斗中。我决定将军旗及密码烧掉后，实行最后的冲锋和突围，敬祝全军胜利。"

经过40多天的激烈战斗，腾冲城终于被攻克，而9000多名远征军将士英勇捐躯，包括预备二师第五团团长李颐。

腾冲战役结束后，负伤的刘召回和李锡全留在当地疗伤，之后又相继前往缅甸谋生。李华生干脆当了逃兵，留在腾冲当了上门女婿。

惨烈的滇西战役结束后，有很多士兵因各种各样的原因脱离部队，不愿再跨过边境追击敌人，他们入赘当地的一些贫寒家庭，期待有一天国家太平了，能偕妻儿回老家告慰父母。

但，世事难料。

十九

和腾冲战役同样以惨烈闻名的，还有松山血战。

松山是龙陵县内第一高峰，海拔 2690 米，耸立于怒江西岸，犹如一座天然的桥头堡，扼住滇缅公路要冲，及怒江打黑渡以北 40 里江面，易守难攻，号称东方的直布罗陀。日军从 1942 年占领松山，驻守此地的是第 56 师团下属拉孟守备队。该守备队配备强大火力，有一一五重炮群，高射机枪、坦克等，兵员 1000 多人。

因为地势险要，且堡垒密布，中国远征军以 30 倍的兵力，依然无法攻克松山。第八军，是松山战役的主力。

张羽富是第八军工兵营一连三排七班的一名士兵。

1943 年年底，刚刚年满 18 岁的贵州人张羽富被抓去当兵。抓丁的人将他们集中起来，让搓麻绳。张羽富有些庆幸，觉得干这些家常活儿，还能混口饭吃，干得很卖力。

三天后，抓丁的人拿着枪，用他们搓的麻绳将他们五个人一组，捆起来，然后再串在一起，押往云南前线。

“白天走路，晚上睡觉时就围成一圈，旁边有人拿枪看着，有人跑就开枪。”张羽富回忆说。不过还是不停地有人逃跑，被抓回来后，就当着他们新兵的面，往死里打，其中有一个人被抓回来后，架在火上被活活烧死了。

“看着这些逃跑的人被打死，心里很害怕，但不敢哭，谁要是哭，就会被打。”张羽富说。

走了七天，队伍到了遵义，再走了约莫两个多月，队伍到了云南文山。那时，原本近200名壮丁，只剩下80多个，大部分是饿死或得病死了，能活着逃走的，只是少数。

这些被迫为国出征的人，有很多还未穿上军装之前，还未走上战场的时候，就已零落成泥。在抗战期间，因此而殒命的士兵，难以统计。

张羽富没有动过逃跑的念头，因为他想有一天要活着回家，他只做了一件事情，默默地记着走过的路，甚至一棵树，一个池塘，一个村庄。这是他第一次出远门，他感觉中国真大。

多年以后，当他真正可以回家的时候，记忆中那条回家的路，若隐若现。

张羽富所在的工兵营为攻克松山起了最为关键的作用。张羽富回忆，当时部队包围了松山，打了整整三个月一直不能攻克，他的帽子和袖子都被敌人打穿过，差点送命。

死的人越来越多，一些胆小的士兵开始逃跑。一位名叫张竹辉的贵州老乡，有一天偷偷告诉张羽富，让和他一起开小差。张羽富没有同意。多年以后，回到家乡的张羽富得知，这位老乡在逃跑后并没有能回到家乡，从此失去了消息，家乡的妻儿也已改嫁。

久攻不下，副军长李弥命令工兵营，从山腰向上挖坑道，挖到日本人的碉堡底下，用炸药炸掉。身为工程兵的张羽富和战友们一起挖掘了那两条致敌于死命的坑道，炸药装好后，随着一声巨响，日军的碉堡被炸飞上了天。

整个松山战役，历时三个多月，中国远征军战士伤亡 7763 人，毙敌 1250 人。战斗结束后，遍地都是士兵腐烂的尸体，有的已经无法辨认，只好连同日本士兵的尸体一起集体就地掩埋。二战史研究专家戈叔亚调查后证实，在 20 世纪 50 年代，附近一个村子里的人经常到松山捡死人骨头，回去后烧了给荞麦地当肥料使。

来自广东的林峰，是第十一集团军总司令部参谋处上尉书记。每次打完仗，林峰都会跟随长官前往战场视察，印象最深的是松山：满山都是被炸翻的黄土，不见一草一木。林峰说，日军败退后，还会想一些恶毒的手段害人，有时用枪支或者其他用品，绑上炸药，引诱人去拿取，一不小心就会上当。

林峰原名林少京，1923 年 5 月出生于印度加尔各答，父亲在当地开着一家皮革厂。

6 岁那年，父亲去世，林峰和母亲辗转新加坡、中国香港，回到了故乡广东梅县。1942 年春天，林峰正在读高中二年级，那时日本的侵略正处于疯狂阶段，香港、潮州、汕头相继沦陷。梅县县城到处都是抗日标语，年轻的林峰热血沸腾。那时中央各军事学校经常到梅县招考，林峰几次都考上，但考虑到他走后，只留下母亲一人在家，就让别的同学顶替而去。

最后一次，林峰考上中央无线电军事通信学校，当他告诉母亲这个喜中带忧的消息时，深明大义的母亲告诉他：“去吧，为国效力，打完仗尽早回家。”

没想到，这一走就是永别。

从家里徒步到县城，再徒步到韶关，之后搭乘火车到湖南衡阳，由衡阳再转往广西羊角山训练营受训，一路上，饭也吃不饱。在羊角山没几日，林峰和战友们又被调往昆明受训。一路上，好多人得了霍乱，因缺医少药而死去。

二十

滇西重镇腾冲、龙陵相继攻克之后，中国远征军趁势向畹町、芒友追击溃退日军。中国驻印军也在攻克八莫后，挥师南下，攻克南坎，继而沿着中缅边境向东，于 1945 年 1 月 27 日在芒友，与中国远征军胜利会师。

之后，中国驻印军继续步步逼近，相继拿下腊戍、西保等地。

从国内调往缅甸战场后，身为五十军特务连连长的尤广才主要负责警戒搜索工作，并未直接参加战斗。在密支那战役取得全面胜利之后，连里的官兵集体提议，要求上前线打仗。尤广才找到师长潘裕昆，提出请求。师长被士气感动，将特务连配属到一四九团二营，参加西保战役。

西保是滇缅公路的必经之地，离滇缅公路的起点腊戍不足百公里，第一次入缅作战的将领戴安澜就是牺牲在离这里不远的地方。

西保战役打得异常惨烈，从早晨一直打到中午，片刻不停，到了最后，官兵们和敌人展开肉搏，尤广才带的连队伤亡 27 人。就在战斗最激烈的时候，日军的狙击手发现了身着军官服的尤广才，向他瞄准，结果枪响后，他身边的号兵周勇应声倒下，鲜血染红了军装。

战斗依然在继续，尤广才已经顾不得倒下的周勇，抱着枪往前冲。直到第二天清晨，战斗终于结束，逃至伊洛瓦底江边的日军悉数被俘，还缴获了两辆日军坦克。

阵亡官兵被安葬在三个地方，师长潘裕昆亲笔为一个墓地写了碑文：

> 胡笳声急，牧马怨鸣，过去今朝，狼烟深锁昔卜也，民国三十四年春，本师沿南昔公路攻击前进，势如破竹，迭克要点，三月十六日解放斯城在为我中华民国第五十师也，所幸将士用命，忠勇奋战，攻占此城，计壮烈成仁官兵七十员名，矣念此先烈视死如归之精神，尤堪景仰，爰建此墓，为我扬威异域之英雄，永彰忠烈，以慰在天之灵。

尤广才获得了师部的嘉奖，嘉奖全文称其“忠勇果敢，指挥从容，行动坚决，于 3 月 16 日攻破敌坚固阵地，一举追敌至数英里，使敌不逞而抵抗”。

西保之战后，尤广才率部队实战演习中，一位士兵踩到日军埋下的地雷，几名士兵被炸死，尤广才也身负重伤，弹片从右肋穿进体内，差点送命。

缅甸战场取得全面胜利之后，中国驻印军奉命调回国内，尤广才所在的五十军行军至广西梧州时日本投降，部队改向广州进发。

尤广才觉得，好日子终于来了。

同在五十军的以缅甸华侨身份入伍的蔡振基要求退伍，获得批准，在云南畹町开了一个咖啡馆为生。1949年之后，又跨江到对岸的缅甸九谷安家。在与祖国一江之隔的地方，艰难求生。

广东梅县的林峰，则在中国远征军收复畹町之后，留在当地，受当地土司多英培邀请，担任当地民政股长。

多英培曾为遮放副宣抚司第20代土司。1937年抗战爆发时，多英培正随云南省主席龙云在上海游览，随后立即取道香港、仰光，返回遮放，并积极筹集钱粮，参与了滇缅公路的修筑。1942年年初，中国远征军途经遮放开赴缅甸抗日战场，多英培又筹备军粮，支援前线。潞西沦陷后，日本侵略者为了便于统治少数民族，挟逼其充当维持会副会长，多英培屈服于压力就范。但潞西抗日救亡团向他借枪借钱，他又慷慨解囊。

1949年后，多英培在共产党的劝说下，积极参加稳边工作，并历任遮放区区长、潞西县副县长、德宏州政协副主席等，当过省政协委员、省人大代表，还受到毛泽东、刘少奇等国家领导接见。

为了整个家族的安宁和生存，这位一生中都在妥协忍让的土司，最终没能逃脱“文革”的洗劫，于1969年1月18日被批斗致死。

林峰留在当地，帮助多英培成立学校、医院以及参与中缅堪界等工作。在这期间，林峰与土司的女儿多秋莹相好，并于1949年春带领多秋莹来到缅甸腊戍，后在南山建立茶厂，经营了30年茶叶，之后于1985年搬到曼德勒开了一家洗车厂，安度晚年。

关于林峰如何带走多秋莹，有几种说法，一是当时国民党兵败如山倒，林峰看形势不对，逃亡到国外；另一种说法则更为传奇，林峰和多秋莹是私奔，后来土司父亲带着兵扛着枪准备去抢回女儿，在别人的劝说下才作罢。直到多英培去世后，夫妻两人才回到遮放为老人办理后事。对于后一种说法，林峰并不否认，开玩笑说，他们帮土司赶走了日本人，拐他的女儿做老婆算什么。

让人感叹的是，这位出身高贵的土司小姐，跟着林峰受尽了颠沛、贫穷、歧视，却无怨无悔。

二十一

尤广才期待的好日子，最终并未到来。

1946年2月，尤广才随军从香港九龙登上美军第七舰队的登陆艇，调往秦皇岛。接着坐火车向锦州进发，后来转到沈阳，参加解放战争。

最让尤广才难忘的，是1947年2月的德惠之战。当时，他已升任副营长，双方炮火密集，一百里外都能听到震耳的炮声。双方的死伤，都很惨重。

在清理战场时，仅在山东屯一处就清理出共产党军队尸体200多具，尤广才忍不住哭了起来。后来因此役升任新一军军长的潘裕昆同样心痛地说："一将功成万骨枯，死了这么多人，都是中国人，价值在哪里？"

部队的斗志开始渐渐失去。

1948年春驻扎沈阳时，经人介绍，尤广才与当地一位中学生结婚。婚后不久，辽沈战役爆发，战败的尤广才随军投诚，被送往抚顺解放军官教导团学习。在这里，尤广才见到了兵团司令廖耀湘，在缅甸时，廖是他的军长。

1949 年 5 月，尤广才拿着一纸“安善良民”的证明被遣返沈阳，与妻子团聚。但是落户以后始终找不到工作，好不容易找到的工作，一查历史，就当即被开除，而女儿在此时出生，为了养家活口，只得去做临时工，卖苦力。

1957 年春，尤广才来到北京谋生，但在两年之后的除夕夜里，因“历史反革命”被收容。

在收容所，警察让他认罪服教，尤广才讲了自己在缅甸西保战斗的经历以及获得的功勋。对方说，怎么不讲你败走麦城呢？尤广才只好主动交代：当国民党军官是反动派、反人民的，罪有应得。

尤广才被判六年劳改，发配至北京茶淀清河农场。

劳改期间，尤广才接到了妻子的来信，称因为她是“反革命军人”的妻子，找不到工作，处处受人欺负，要求离婚。离异后，尤广才再未娶，而他的妻子，最后因受刺激得了精神病，不到 60 岁便离开人世。

劳改结束后，尤广才被遣返山东老家，结果母亲与其划清界限，直到去世都拒绝认这个“历史反革命”儿子。

1980 年，尤广才终于摘掉了“历史反革命”的帽子，凭着在缅甸时跟随美军学的英语，当了一名中学老师。

有一次，给学生们上课，在读到 captain（上尉）这个单词时，尤广才突然沉默了好久，学生们发现，他走神了，他在想着什么，他的脸上淌满了泪水。片刻之后，尤广才告诉大家，“我在缅甸带兵打仗时，美军叫我 captain 尤。”

2011 年，尤广才获得了一份珍贵的礼物，当年的师长潘裕昆的女婿晏伟权在南京第二历史档案馆里查阅资料时，无意中发现了一份《陆军第五十师缅甸西保战役有功官兵勋绩表》，上面写有“尤广才”的名字，在其“功勋事迹”一栏中如此写道：“忠勇果敢，指挥从容，行动坚决，于三月十六日攻破敌坚固阵地，一举追敌至数英里，使敌不逞而抵抗。”

看着这张被沉寂于历史档案中的“军功证明”，尤广才老泪纵横。

新一军新三十师士兵黄万成，跟随部队由缅甸回到云南沾益休整，后来接到命令从香港坐船前往东北，参加解放战争。在长春被围后，全体投诚，黄万成被编入中国人民解放军西南服务团五大队，并改名黄良，“我是背着枪，穿着中国人民解放军军装，打着红旗回到四川老家”。

看到儿子回家，黄良的母亲兴奋得不得了，顺着他的屁股狠狠地捏了一把，黄良疼得跳起来。母亲有些诧异，打问之后才知道，儿子的屁股里还有一个弹头。

回到家里后，黄良才知道，父亲已经在抗战期间病故了，母亲改嫁。继父姓杨，黄良又改名为杨朋。

杨朋告诉母亲，他还要跟着解放军去打蒋介石。母亲笑了笑说，你先帮我去磨把刀，磨好再去。杨朋手脚麻利，把刀磨得锋利无比，揪撮头发，放到刀刃上轻轻一吹，头发就断成两截。

磨好刀，杨朋不解地问母亲，磨刀是要杀鸡吗？

母亲告诉他，你再敢去当兵，我就拿这把刀抹了脖子。

杨朋愣住了。

留在家里的杨朋，并没有获得安宁。“国民党残渣余孽”的印迹之后跟随了他的一生，为了和那段历史划清界限，他又改名杨耀胜。

另一个让他和那段历史无法割裂的是，他屁股里的那个弹头，每到雨天，就让他疼痛难忍。直到 2008 年，当年受伤的地方开始溃烂，已经 80 多岁的杨耀胜用一把小刀划开伤口，用小拇指将弹头抠了出来。弹头被他甩手扔到家门口的水渠里，并顺口骂了一句："这龟儿子！"

2011 年 1 月，因一次出差的机会，我和二战史研究专家方军、戈叔亚，以及著名教授展江、当地媒体人程春林、志愿者马姐一起前往金堂县看望杨耀胜，住在一间石棉瓦房、衣不蔽体的杨耀胜回忆起密支那战役，说起他战死的营长时，号啕大哭。他的屁股上，褐色的疤痕在干瘪的屁股上格外明显。

相比来说，参加松山战役的张羽富就幸运了很多。

滇西抗战结束后，张羽富随部队被调往广西，途中经过贵州，很多贵州的老乡开了小差。有很多次机会，张羽富也可以逃走，但他没这么做。他说，回去后，还会被抓，不如等战争结束后再回家。

战争很快结束了。长官说，大家不要再逃跑了，部队要开往东北，去接受日军的投降，等把武器擦上油，入库后，蒋委员长再发给大家一张证明，就可以回家了，以后也不用再当兵。

张羽富记着长官的话，希望有一天能光明正大地回家。但不久后，另一场战争再次打响，这场"自己人打自己人"的战争，让张羽富心里很不是滋味。这支无心恋战的部队，一路败退，当部队退到江苏时，张羽富傻眼了，蒋委员长下野，他担心的是，蒋委员长承诺给的一纸回家的证明，将成为泡影。

部队在撤到海南时，被解放军包围。

成了战俘，张羽富竟然有些庆幸，毕竟可以不打仗了。在经过半个月的学习改造之后，张羽富被编入解放军，再次被派往云南，并在1955年退伍，重回滇西的陇川县农场，开荒种田，屯垦戍边，直至退休。

1965年，张羽富第一次回家探亲，那时已经40岁的他还是单身，而早年订的娃娃亲，已成了弟弟的媳妇。

在10多年前，张羽富就在单位附近的一座山上给自己买了块墓地，那座山上，埋葬了很多和他一样南下的解放军。那座山，也是当年滇西的一个抗日战场，很多士兵的生命在那里终结。

2011年11月11日，张羽富去世。这一天，也是我所供职的单位，专注于服务抗战老兵的深圳市龙越慈善基金会正式获得批准的日子。

二十二

来自广西的新二十二师士兵韦世祥，依然保持着每次换防都写家书的习惯。

从缅甸回到云南曲靖后不久，韦世祥又随军前往湖南，在这里，传来日本投降的消息，韦世祥还是写信告诉母亲这个已经举国欢庆的消息："母亲大人，我想告诉您，日本投降了，恐怕您也知道了。我很快就会回家了。"

但是，这场苦战多年赢来的胜利，并没有让韦世祥从此远离战争、母子团聚。

1946 年 1 月 15 日，韦世祥从上海出发，乘坐船只三天三夜抵达东北。

6 月 15 日，韦世祥给弟弟韦世康写去家书：

> 关于我军此次进东北目的，是铲除奸匪以及敌伪一切物资事业，凡自秦皇岛登陆一路到吉林省。现在东北民众因为受着 14 年来奴化教育，此次国军来到，无不鼓舞的欢迎。他们看我们以为都是洋兵。因为我一切军用物品完全美式。

在信纸背面，韦世祥不无得意地向家人介绍，“此地就是以前伪满时候建设的新京，就是满洲之国都。住民多半是日侨”。

1947年5月31日，韦世祥再次向弟弟写信：

> 自离家今在军队已多年，现仍在东北陆军新编第六军第二二师六四团输一连，你嫂在家一切望弟照顾，兄在外绝不另娶他女为妻以报你嫂守旧之志，待交通便利后，兄必回家一次。现虽在部队，但在后防，关于生命之危险是没有的，望弟等安心。

未曾想到，这是韦世祥的家人，接到他的最后一封家书。

一直到1949年之后，韦世祥依然没有消息，他的妻子因生活所迫不得不改嫁。

从20世纪80年代开始，韦家开始四处寻找韦世祥的下落，通过红十字会去信台湾，结果是“查无其人”。

一个至今是谜的事情是，大概在1995年，韦世祥所在的大化县江南乡的一位乡亲去乡里赶集时，在山腰碰到一位穿着体面的老人，这位老人问他，江南乡的韦世康还在不在？还有他的母亲？这位乡亲说，世康和他的母亲早就死了。这位老人又问，世康的嫂子呢？乡亲回答，改嫁后就不知道消息了。这位老人听了，立马再问：“改嫁了？得到对方确切的消息后，一脸失望，随后扭头下山。”

韦家得知情况，立马追下山去寻找，但人影也没有。

如今，韦家依然不懈地寻找着当年出征的韦世祥。他的侄孙韦家敏说，在韦家的祖坟里，专门给韦世祥留了一块空地，“不奢望活着，但是希望他的亡灵能够回家”。

根据史料，开赴东北战场的新二十二师，于1946年5月的四平战役中，一举攻占塔子山，迫使林彪撤守四平。1948年10月28日，其在辽西战役中被东北野战军歼灭。

从第一次入缅作战失败后翻越野人山，到编入中国驻印军反攻缅甸取得大胜，再到东北战场上全军覆没，新二十二师命运坎坷。

新一军新三十八师谍报队的梁振奋，也是从缅甸战场开赴东北战场的一名士兵。梁振奋的家在广东，在随新一军从缅甸返回广州休整时，梁振奋认识了护士黄秀碧，两人很快谈起了恋爱。

开赴东北之后，书信是梁振奋与黄秀碧唯一的联结。

1948年，梁振奋驻扎的长春被解放军包围。不久后，机场被解放军占领。在城内粮食短缺、抵抗无望的情况下，全体投诚。

直到1954年，梁振奋回到广州，分别已8年的黄秀碧依然在等着他。但是，自知身份特殊的梁振奋说“分手吧”，伤心的黄秀碧，从此远走贵州。

1959年，梁振奋被打成“历史反革命”。

20世纪90年代末，梁振奋托人打听黄秀碧的下落，却得知消息，她在一年多之前刚刚因病去世。

无独有偶，2011年春天，抗战史研究专家晏伟权在一本书里发现收录的梁振奋写给黄秀碧的信，这本名为《1948·长春——兵临城下的家书》的书，由吉林人民出版社出版。2008年，吉林省政协文史委在查阅档案时，发现了数千封当年被包围在长春的国民党军队士兵写给亲人朋友的信件，便将其编辑成书。

长春机场被解放军占领后，所有的信件均已无法递出。这些被解放军截获的信件，后来被送进了档案馆。

这封被编入书中的信，是梁振奋写给黄秀碧的第316封信：

碧：

敌伪时联华出品的那部《万世流芳》的电影片，居然在长春很叫座，那主要是李香兰那支卖糖歌的效力，其实这部片有很深的民族意识，更是一部十全十美的禁烟毒的教育宣传片。《万世流芳》我看了不下六次（只花过一次钱），而我主要是去听卖糖歌，有时也将戒烟歌听完才走，故我也稍可哼两句：烟盘儿富丽烟味儿香……

奋，6月3日长春灯下

档案馆得知梁振奋仍在世的消息后，将这封信送还给他。一封情意绵绵的家书，经过了60多年的风雨飘零，又回到了寄信人的手中，而收信人，早已消失于无情的岁月之中。

信里，还有一张黑白照片，照片上，时年24岁的梁振奋，一袭戎装，英姿飒爽。

一切恍若隔世。

二十三

在被打成“历史反革命”之前，梁振奋有很多次机会，他可以经由香港逃往台湾或美国，但为情所困，他选择了留下。

吴淞则是在上船的那一刻改变了念头。1950 年初，他已经逃到了香港，本想着在香港打份工，但每找到一份工作，对方一看他来自湖南，这个诞生了新中国最高领袖的地方，怀疑他是共产党派来的特务，不愿接纳。

无奈之下，有当年的战友约他一起到台湾，就在启程的前夜，吴淞改变了主意，他觉得，自己的孪生哥哥已经在抗战中牺牲了，母亲就剩下他一个孩子，他要留下来照顾母亲，又折返湖南。

吴淞参加过常德会战、衡阳会战、第四次长沙会战等著名的战役。在参加常德会战的德山争夺战时，他所在的第十军三师九团三营，仅有三人幸存。

那是一次让他一生也难以忘记的战斗，原本为部队联络参谋的吴淞，负责的是上报部队弹药、卫生器材和军粮的消耗情况，但在战斗最激烈的时候，所有的后勤部队都被派往前线。

“团长张惠民和机枪连连长封全善就是被日军飞机的机枪射死

的。”吴淞说，“团长是山东人，他本来是在指挥所里的，但看到日军的飞机低空扫射，气焰嚣张，就跳到战壕里督战，结果被日军的飞机打得血肉模糊。看到团长阵亡，机枪连连长跳上壕沟，对着敌机的油箱一阵狂射，结果被敌机强大的火力打成血人，当场殉国，时年22岁。”

战争结束后，回到长沙的吴淞将这一消息告诉了封连长的妻子贺素琴，贺素琴当场昏死过去。此后余生，亦未再嫁。

1959年，吴淞因“效忠蒋匪、摧残革命、为非作歹、欺压人民”被判无期。在入狱前，吴淞已经是六个孩子的父亲，他的妻子是湖南省的劳动模范。入狱之后，吴淞主动与妻子离婚。

在沅江监狱，吴淞经常看到有人自杀，但他一直告诉自己，“不能死”。

直至1981年，吴淞才敢开始申诉，1982年2月出狱，总共服刑23年。1977年，他曾接到母亲病重的通知，但未被获许回家探亲。直到5年后获释回到家里，他在母亲的遗像前，一边喊着妈妈，一边不停地用头撞墙。

1998年，吴淞削发为僧，后来转到湖南常德的乾明寺。乾明寺所在的山头，正是吴淞当年战斗的地方。每天早上四点，吴淞就会起床，为当年死去的战友诵经。

当年战友的墓地，已经全部被毁。

参加过滇西反攻的三十六师一一六团一营机枪连的排长杨剑秋，最终选择在1949年前往台湾。让他印象最深的，不是战斗的惨烈，而是在1945年8月15日，在部队行进到广西梧州，胜利的消息传来的那一刻，他和战友们激动得拿起机枪对着天空一阵狂射。

四年之后，他却成了另一场战争中的败军，溃退孤岛。

在台湾，杨剑秋退伍后在台北市政府工作，并有较高的官阶。很多人羡慕杨剑秋，也为他庆幸，说如果当时不到台湾，或许在镇反中就没命了。

在百度词条中，关于镇反的介绍是指 1950 年 12 月至 1951 年 10 月在全国范围内进行的清查和镇压反革命分子的政治运动，是新中国成立初期同抗美援朝、土地改革并称的三大运动之一，范围涉及全国几乎所有地区，基本上肃清了国民党残留的反革命势力，并清除了一批帝国主义间谍。曾经猖獗一时的匪祸，也已基本扑灭，使我国的社会秩序获得了前所未有的安定，有力地支持、配合了土改运动和抗美援朝战争。

但在杨剑秋心里，却有另一份辛酸。

1987 年，台湾开放老兵返乡时，在台北市政府工作的杨剑秋因官阶较高，不被允许返乡。他只好给家里写了几封信，“天天等回信，但一直没有消息”。在杨剑秋心目中，母亲是最标准的中国妇女，很疼爱他，他这一生最遗憾的是没有办法给她尽孝，而他暮年时最大的心愿，就是能找到大陆的亲人，找到母亲的坟，磕个头。

2014 年 5 月，在深圳市龙越慈善基金会的帮助下，杨剑秋终于找到了四川遂宁的表弟，但是身患重病的杨剑秋，已无法跨越海峡。他只好在电话里一边流泪一边嘱咐表弟替他完成这个心愿。

让表弟为难的是，母亲的坟，早已不知所踪。

二十四

湖北人周关明前往台湾，则是经由朝鲜。

被国民党抓丁参加抗战，之后在解放战争中投诚加入解放军，再到 1950 年 10 月加入中国人民志愿军远赴朝鲜参加抗美援朝，很多老兵都有这样的经历。

不同的是，周关明在战争中被美军俘虏，在 1953 年 9 月交换战俘时，周关明选择去了台湾。

向左，还是向右，最终也会是截然不同的命运。

1991 年，周关明回到湖北探亲。当身着灰色西装、白色衬衣和熨得棱角分明的背带裤，头戴呢子礼帽的周关明出现在家人面前时，全家人都惊呆了。

那时，周关明的侄孙杨明正在读初中，因为家里经济状况很差，母亲打算让他辍学。听了这个消息，周关明说，孩子的学费他全包了。

杨明得以重返校园。此后每学期开学时，周关明都会通过台湾航空公司的空姐，将钱经香港带到深圳，再转汇给杨明的妈妈。

再一次回湖北探亲时，周关明流露出叶落归根的想法，家人劝他就别回台湾了，但他有些遗憾地说，湖北太冷，他在台湾待久了，回来不习惯。

正在上大学的杨明听到了爷爷说的话，记在心里，也暗暗下定决心，等工作挣钱了，一定报答爷爷。

大学毕业后，杨明选择到广东工作，希望将来挣了钱，在广东买一个大房子，让台湾的爷爷回家来住。周关明也很喜欢这个孙子，在杨明结婚时，送了两万元的大红包。周关明还提出来，周家第二代没有男生，不能断了香火，希望杨明将来有了儿子，能姓周。杨明没有犹豫，儿子出生时，取了周姓。

2004 年，周关明失去消息，没有了书信来往。家人猜测，或许已离世。

2007 年，杨明托付泰国的朋友前往台湾，到爷爷居住的荣民之家打听消息，才得知爷爷得了老年痴呆。听了这话，杨明心急如焚，立即在广东买了一套三居室的大房子，希望能接爷爷回大陆定居。

直到 2010 年，杨明以旅游的名义随团前往台湾，给导游塞了一个红包，得以脱团一天去看爷爷。

住在荣民之家的爷爷因得了老年痴呆，已经认不出来他们。但杨明看到，在爷爷房间的墙壁上，贴满了他和母亲的照片。另外，在帮爷爷洗澡时，杨明发现，爷爷在朝鲜战场被俘时，为赴台表忠心在身上刻下的“反共抗俄”四个字已经用硫酸洗掉了。

杨明知道，爷爷已经做好了回家的准备。

但一个无法逾越的法律问题是，杨明并非周关明的直系亲属，如果要接其回家，必须经其同意。而痴呆的周关明，已经无法表达自己的想法。

2014年5月13日，周关明在台湾去世。更让人纠结的是，按台湾的法律，杨明甚至连爷爷的骨灰都无法带回家乡。

在台湾岛的海岸线上，荒草丛生的坟地连绵起伏，仔细看墓碑上的文字，立碑者竟多是荣民之家、同乡会，或者表弟之类，甚至未有落款。

1949年，这些仓皇败退台湾的官兵并没有想到，他们将会在这座孤岛上度过余生。在“一年准备、二年反攻、三年扫荡、五年成功”的口号煽动下，他们寄希望能尽快回家。当局为安定军心，于1951年颁布《反共抗俄战士授田条例》，“凡服役满两年的退役者，均发给战士授田凭据”，“战士授田证”里面详细记载未来反攻大陆后，会给他们在什么地方，分多少亩田地耕作。

然而“反攻”成了笑言。

1962年1月24日，原籍陕西三原的国民政府“监察院长”于右任在台湾的寓所里，写下《望大陆》这首震动了整个海峡两岸的悲歌：葬我于高山之上兮，望我大陆；大陆不可见兮，只有痛哭！葬我于高山之上兮，望我故乡；故乡不可见兮，永不能忘！天苍苍，野茫茫；山之上，国有殇！

仅仅两年零9个月又17天之后，于右任在悲怆中离去。

1987年6月28日，原籍湖北房县的老兵何文德组织的外省人返乡探亲促进会，在台北主办了“想回家，怎么办？——打开海峡两岸探亲管道座谈会”，与会者达六七千人，老兵们一致要求当局尽快“打开两岸探亲管道”，以结束因政治分裂带来的“民族悲剧”。

何文德 17 岁离家入伍，转战大半个中国。在台湾退役后，何文德曾托人从海外转寄信件回故乡，而海外的朋友转寄来他母亲的回信与照片却没了踪影。1966 年，何文德的母亲去世，他再也熬不下去了，遂经常组织老兵游行请愿，要求与国民党高层官员对话。

老兵们的诉求得到台湾社会的广泛同情，台湾当局不得已与大陆方面经过多次接触和磋商，终于签订了退台老兵可以返乡探亲的协议。

但有很多老兵，未能等到这一天的到来，他们甚至没有渠道或者不敢与大陆的亲人取得联系。在台湾的海岸线上，埋葬了太多这样的孤魂。他们抱憾而去后，就葬在太平洋沿岸的乱坟岗，遥望大陆！

台湾有一位山东籍老兵叫高秉涵，从台湾开放老兵返乡开始，他一个人，从台湾背回了 100 多坛山东老乡的骨灰。高秉涵说，很多老兵临终时，都会将他喊到身边，等他答应会将骨灰带回大陆交给亲人时，对方才会撒手而去。

这些老兵，因为政治或现实的原因，大多在台湾终生未娶。年轻的时候，他们告别了母亲走上战场，终生再未相见。临终时，最大的心愿，就是往生之后，能回到家乡，依偎在母亲的身旁。

二十五

萧仲荣是在1989年从台湾回到湖南老家的，回家后的第一件事，是去找他的表妹刘映平。在他只有十多岁的时候，他就和表妹定了娃娃亲，如果没有战争，他们或许早已儿孙满堂。1949年，从军校毕业分配至上海一家兵工厂工作的萧仲荣，乘船到了台湾，连给表妹写信告别的机会都没有。

在回家之前，萧仲荣已经托人打听过了，表妹刘映平的丈夫去世好多年了。

到了表妹刘映平家，敲开房门，萧仲荣看到了前来开门的表妹刘映平一脸的惊讶，他知道，她认出了他。

在相互寒暄几句后，萧仲荣直截了当地对表妹说："我到台湾后，又被派往美国学习，后来一直做到了上校，我是军官，有机会可以在台湾娶妻生子，但因为儿时有约，只想着有一天能回来再续前缘。今天我来，就是希望征求表妹的意见。"

话说得很生硬，但让刘映平很感动。看到刘映平没有拒绝，萧仲荣从包里掏出一枚金戒指，刘映平接了。

在儿女的支持下，两人前往涉外婚姻登记处办了手续。拿着登记证书，萧仲荣将刘映平带到父母的坟前说，我把媳妇给你们二位老人带回来了。当年离家时，萧仲荣只有 17 岁，等再回来，已逾花甲，且父母早已离世。

不过，这段婚姻并不是想象中的那么美好。因为萧仲荣的身份，他不得不隔段时间就前往台湾一次，否则他享有的荣民待遇就会中断，双方依然是分分合合。此外，刘映平发现，她和表哥还有很多的分歧不可调和。最典型的是在收看中央电视台的新闻联播时，萧仲荣总是不以为然，刘映平则反击，说萧仲荣不仅中了国民党的毒，还中了美国鬼子的毒。争论从来没有结果，之后彼此达成默契，不谈政治。

萧仲荣还经常疑神疑鬼，走在大街上，看见街头打扫卫生的人戴着红箍，就高度紧张，觉得那是在监控他的人。1999 年，萧仲荣去世。

台湾开放老兵返乡，政治的藩篱撤去了，但对于很多个体来说，还有太多的障碍。

江苏籍老兵汪呈松，在 1988 年给家里连续写了几封信，都没有收到回复。这让他纠结了很长时间，是信没有收到？还是父母去世了？妻子改嫁了，不愿意再见他？

有猜测，也有忐忑。在汪呈松的内心里，还有太多不敢直面的秘密。

汪呈松最牵挂的，是他的女儿。

1948 年的一天，汪呈松上街去买盐。那时女儿刚刚两岁，才学会叫爸爸，汪呈松最兴奋的，就是抱着女儿边亲边喊着宝宝。就在他刚刚到了铺子的时候，不远处响起了枪声，有人喊，别跑，我们是新四军。

汪呈松放心了，没有跑，新四军对老百姓很好。结果，这些扛枪的人，强行将他带走。到了乡里，甩给他一身黄色的军装让穿上，汪呈松一看，知道是国民党的兵，心想坏了。他哀求对方，他的女儿刚刚两岁，对方拿枪抵到他的头上说：你是要命还是要女儿？

汪呈松明白，这或许就是永别了。从乡里出发时，汪呈松碰到了同村的一位乡亲，他把身上仅有的两块银圆用布细心地包起来，委托这位乡亲带给他的女儿。

汪呈松的部队是二十一军，第一仗是在江苏江阴开打，但很快战败，部队撤至上海。1949 年 5 月，驻守上海的二十一军大部分被解放军歼灭，侥幸活命的汪呈松成了战俘。年龄大的战俘，部队发了路费遣返回家，汪呈松年龄小，被要求加入了解放军。新的连长是他的老乡，还是一位远房亲戚。汪呈松就打听妻子和女儿的消息，对方其实也有好多年没有回过家了，说，胜利在望，等消灭完国民党，一起回家。

战争还在继续。汪呈松随着部队南下攻打厦门，直到当年 10 月，汪呈松的部队被命令登陆金门。

汪呈松在机炮连负责运送弹药。刚一登陆，就听见重机枪的声音，嗒嗒嗒、嗒嗒嗒地响，头顶上，低空飞行的飞机一个接一个地往下扔燃烧弹。身边的战友不停地哭，汪呈松也怕得要死。

更为惨烈的是，前方的部队登上了金门，但后方的部队没能接应得上，激战三昼夜之后，剩余的人，则成了俘虏。大陆统计被俘人员为 3900 余人，而台湾称俘虏 7364 人。

脚部中弹的汪呈松已无力还击，只好举起双手，再一次成了战俘。因为曾在国民党军队服役，他又被编入驻守台湾的十八军成了一名士兵。他的上级，依然是一位江苏老乡，这让汪呈松心里很窝火，怎么全是同室操戈。

1955 年，汪呈松退役，没有技能，找不到工作，只好上街捡破烂，而且居无定所，睡过车站，睡过大树下。有时断了干粮，饿得没办法，就去捡别人丢在水沟里的臭猪皮。

因为曾经身为战俘，汪呈松和其他老兵来往很少，加上日子过得很不好，他的性格越来越孤僻，越来越暴躁。唯一能让他感到欣慰的，是他经常做梦，梦见自己的女儿，女儿还停留在两岁的时候，用稚嫩的双手紧紧地抱着他的头，不停地在脸上亲啊亲，口水流得满脸都是。

还真的有一天，有一位中年妇女找到汪呈松，说可以帮助他找到女儿。汪呈松听了，特别激动。对方提出要花钱，汪呈松二话没说，把多年的积蓄给了这位妇女，结果对方一去不复返。

汪呈松彻底绝望了。他觉得，这个社会全是骗子。

二十六

除了撤往台湾外，还有很多国民党军队在1949年之后撤往了缅甸、泰国、越南等地。

败退“金三角”的国民党军队残部，以九十三师最为出名。在中国远征军第一次入缅作战时，九十三师驻防中缅泰边境，隶属第六军。第一次入缅作战失败后，第六军改编为第二十六军。抗战胜利后，九十三师奉命前往老挝接受日军投降，回国后驻防滇南开远、蒙自、个旧，直到1949年，九十三师在解放军的追击下，一路溃败，部分残兵败将退入缅泰边境，历经多方围剿，最终寄居泰北美斯乐等地，成为“亚细亚的孤儿”。

20世纪80年代中期，香港著名歌星张明敏的一首《美斯乐》曾唱红大江南北：

在遥远的中南半岛
有几个小小村落
有一群中国人
在那里生活

流落的中华儿女
在别人的土地上日子难过
饱受战争的折磨
关心他，美斯乐
看我们该做些什么
帮助他，美斯乐
看我们能做些什么

这支遁入缅甸的残军，在进入缅甸境内不久，就和缅甸政府军发生了激烈的战斗。面对这群没有退路的残军，缅甸政府军根本不是对手。几次胜仗下来，残军名气大振。不仅台湾派出军事人员前往指导，当地的好多华侨也加入，包括云南的一些原国民党部队官兵也再次应征入伍。至 1953 年 1 月，残军已扩充到 18500 余人。随着队伍的实力壮大，以李弥为总指挥的这支部队，多次反攻云南边境的部分县市，并创办“反共抗俄大学”。

战败的缅甸政府，向联合国提出抗议。在国际舆论的压力下，1953 年 11 月 18 日，残军开始撤往台湾。不过，依然有部分官兵没有撤退，重新组建“云南人民反共志愿军”，于 1961 年已发展至 6000 余人。近些年解密的一些回忆录则表示：孤军留下是因为收到蒋介石的口谕，要求孤军“明撤暗留”，等待时机反攻。

1960 年 1 月 28 日，中缅两国总理在北京签订《边界协议》，同时展开勘界工作。

1960 年 11 月 22 日，中国人民解放军和缅甸国防军发布联合作战命令，中国人民解放军进入 20 公里协议线区域，“勇猛彻底地歼灭该范围内的蒋残匪”。

1994 年在大陆公开出版的《中国，曾参加一场最秘密战争》记述了这次跨境作战，这场由林彪、罗瑞卿、张爱萍、秦基伟具体指挥的战斗，历时 80 天，未被歼灭的部分残军逃往泰北。

几乎在同时，在缅甸境内的中国远征军阵亡将士墓地，被缅甸政府军悉数毁掉。

逃往泰北的残军，再次接到泰国政府的通告：要么退出泰国领土，要么交出全部枪械，就地生产。

除了缴械，还能怎么办呢？

泰国军方却又提出，邀请残军出兵围剿叭当的反政府游击队，如果收复叭当，将把残军编为泰国的民众自卫队，不再缴械。残军明白，这是留在泰国的唯一机会，只有接受这项任务，才能结束 20 年的漂泊。这场伤亡 300 余人的战斗，最终为这支孤军换来了居住证。

而之后的 1981 年，这支已至中年的残军，再次接到任务，攻打考牙山的反政府武装游击队。为了生存，他们不得不再次走上战场。

1987 年，国防部长秦基伟访问泰国之后不久，“泰北山区民众自卫队”开始向政府缴械，种茶养猪，安心为民。六年之后，泰北孤军的末任总指挥雷雨田受邀回到云南建水老家，原来的祖屋荡然无存，父母兄弟等均已去世，这让他内心感到一片凄凉，也充满了对家人的愧疚。

这位毕业于南京中央宪兵学校的军官，打了一辈子仗，也都是以撤退而告终：在南京保卫战时打日本撤退，在徐蚌会战时撤退，逃亡缅甸时再次撤退。到晚年时，他感慨道："我是政治的牺牲品，政治都是骗人的，我恨透了这身军装。"

刘世尧和刘明甫，都是九十三师的士兵，前者来自广西，后者来自广东。出征时，刘明甫的女儿刚刚一岁。再后来，刘明甫留在了缅甸猛更，在一所华文学校教书。刘世尧则跟随部队到了泰北美斯乐，持一张难民证，寄居当地，一生未获合法身份。

而他们回到家乡，已经是在 70 年之后了。那时，刘明甫的女儿，已经是一位 71 岁的老人。

二十七

就在九十三师逃亡缅甸的时候，担任湖南省政府主席兼第一兵团司令官和湖南绥靖总司令的黄杰率3万余名官兵，开始撤往时为法国殖民地的越南。

广西恭城人余集年，就是这3万余名官兵中的一员。那时，他刚刚被抓壮丁不久。家里兄弟三个，必须有一个当兵，家庭会议讨论，大哥要打工挣钱养家，老三还小，身为老二且刚满18岁的余集年别无选择。

自从当上兵，没有打过一枪，余集年的部队就开始撤退。

先是准备向东撤往广州，但广州已经失守，又打算向西撤往云南，还未开拔，时任云南省政府主席的卢汉宣布起义。唯有向南。

在撤往越南的途中，余集年得知，毛泽东已经站在了北京的天安门城楼上，宣布中华人民共和国成立了。

1949年12月，黄杰接到陈诚电报："……弟以贵部如出北海防城，照目前敌情，恐于事实上难以达到，不如并力西进，重行入安南，保有根据地，然后相机行事，留越转台，皆可自卫，未知兄意如何。"

接到指示，黄杰立刻召集属下军官举行会议，一致决定“假道入越，转运回台”，并写信给法国驻越南高级专员，洽商假道事宜。法方同意黄杰部请求，但需在指定地点将武器交付封存。

解放军已经紧跟其后，第十四军第六十三师当即被歼。12 月 13 日上午，黄杰部紧急由爱店进入越南。

在黄杰的部队经由爱店进入越南后，另一支国民党军队，由龙州入越。该部队接到上级命令，在越南建立根据地，改称“越南救国军”，伺机反攻。但在部队推进到越南的东溪时，因无法得到供给，不得不向法军缴械。

逃亡越南的部队，已是七零八落。比如一二六军，撤往越南时，只剩下军长张湘泽和 18 名部下。

向法军缴械之后，余集年和战友们终于吃到一顿饱饭。他的战友，大多是从淮海战役撤退下来的老兵，一路的溃败，已让他们没有了任何信心。

“我们一定会打回中国的。”黄杰告慰官兵们。但其时，他的内心也接近崩溃，在后来的回忆文章中，他写道：“我于 12 月 13 日上午 9 时，率兵团指挥所第三组官兵步行到爱店市街，只要向前走五分钟，便离开了大陆最后一寸土，我对这里的一草一木，都感到分外亲切，一种依依不舍之情，泛起在我的心头。我是军人，军人的天职是寸土必争，如今在艰苦的斗争场合中败下阵来，有什么理由把责任诿卸？因此我的心境，既惭愧，又悲愤，更有无尽的迷惘与痛苦。”

而这位誓死要打回中国的将军，直到 1995 年在台北去世，也未能回到大陆。

法军容留残军入境，引起新中国的严重抗议。法方开始犹豫，最终将黄杰接到西贡软禁，并将官兵用船运至南端的富国岛。

“富国岛”原称“护国岛”，相传在古越南国时，某一朝代朝政遭奸相把持，王室沦为傀儡，一名王子逃至该岛，集结多路英豪，力图振兴朝政，后来终于灭掉奸相复国。到了法国殖民时代，深居泰国湾的富国岛成为流放人犯的地方，将人犯送至岛上，由其自生自灭。

另有说法是，法军其实对国民党军队心存不满，因为他们在越南接受日军投降后，曾将部分武器送给胡志明领导的“越南救国联盟”。

胡志明领导的“越盟”，目的是驱离法军。日本占领越南时期，“越盟”就与日军打丛林游击战，后来又与接管越南的法军打游击，深得越南民众支持。而其部队里，有不少原国民党军队官兵。

被送至富国岛的国民党军队，因被缴械且居于孤岛，没有了威胁，所以得到了法军较为充裕的补给。只是房子需要自己来修建，官兵将日军留下的铁轨拆下来，打成刀具、锤子，开始伐木搭房。

富国岛地处热带，又系海岛，几乎每天都是大雨和烈日轮替，因此就地取材搭建的茅草房腐烂得很快，不到一年就得重修，且容易失火，建房子成了留越官兵的主要工作。面对未知的将来，修建一个可以暂时遮风避雨的住所，成了他们生活的唯一慰藉。在此期间，不停地有官兵或家眷因病或意外去世。

台湾出版的《富国岛留越国军汇编》中记载，1951 年底，富国岛的官兵进行了集体绝食抗议，要求尽速将他们送回台湾，引起了国际关注。之后黄杰秘密前往台湾，商定转台方案。1953 年 5 月 23 日，两艘军舰由台湾驶来富国岛阳东港，留岛的 3 万余名官兵开始分 7 批离开。

离开之前，黄杰在富国岛建立“中华民国留越国军病故纪念碑”，并留下哀伤的诗句：“去岁忘情曾烂醉，而今病胃怯杯多；中原自有重逢日，风雨南邦奈别何。”

同是广西人的石鉴辉，在 1953 年 6 月搭船前往台湾。

在此之前，石鉴辉有过两次婚姻，一次是在抗战期间，有一次请假回家探亲，父母立即张罗，给其办了婚礼，结婚三天后，因部队催促，石鉴辉不得不离家，而妻子在抗战胜利后不久因病去世。1946 年 8 月，驻军海南的石鉴辉又在当地成家，但部队在一个多月后，又调往山东参加解放战争，几乎全军覆没，之后一路南撤至越南，直至到了台湾，他才辗转打探来消息，妻子已自杀，留下一女不知所踪。

余集年没有前往台湾，虽然身处的富国岛孤悬于越南最南端的泰国湾，但毕竟这是一个和他的家乡广西毗邻的国家，在他的内心里，他觉得有一天终究是要回家的。

此外，在留岛期间，他认识了当地一位祖籍广东的姑娘，做了上门女婿。

和余集年一样留下的，还有约 1500 余名官兵。当军舰的汽笛声响起时，他们选择了躲在深山里。他们只想过普通人的生活，娶妻生子，不要再有战争。

但是，战争无处不在。

不久后，越南战争爆发，留越的国民党军队官兵再次面临选择，是参加美国方面支持的越南共和国，还是参加中国方面支持的越南民主共和国。同属国民党军队的他们，再一次不得不因为不同的选择，而成为战场上的敌人。

来自湖北的周练清选择了后者，但在一次战斗中被美军打死。在越南统一后，周练清被追认为越南的烈士，被安葬在越南的烈士陵园。这座烈士陵园，有多位前国民党军队士兵，他们因为战争背井离乡，却在异域成为另一个国家的烈士，他们的墓碑上，写的是越文的名字。

面对越南内战，余集年再一次选择逃跑，躲进了深山，直到战争结束。

1994 年，已经 60 多岁且有了 6 个子女的余集年再也无法忍受思乡之痛，他提笔给广西的家里写回信：

> 父亲大人台鉴：光阴似箭，离别家乡已四十多载，音信难通，只有思念。望大人与各位保重身体，相会有期！

没有回音。

二十八

腾冲收复后，当地老百姓最先想到的，就是为战死的官兵修一块墓地，40 多万元的捐款很快筹齐，几个大户人家也无偿地将风水宝地——小团山捐献出来作为烈士的安息之地。1945 年 7 月 7 日，墓园落成。

在国殇墓园忠烈祠下有一块蒋介石题写的布告，警示不得改变墓地的属性："……赖我将士忠勇，与敌周旋，前仆后继，遂克腾冲，恢复滇缅国际路线，促成伟大之胜利。丰功伟绩，薄海同钦。兹建此墓园，永垂矜式。除按此举行祀典及随时开放任人瞻仰外，不得擅自驻兵及移作别用，以示爱护、尊崇之意，倘有干犯例禁，定即严惩不贷。"

但在"文革"期间，国殇墓园被捣毁。

现有资料及相关人士回忆称，在 1971 年，腾冲县五七干校撤销，改为读书班，迁入国殇墓园办公。1975 年，在读书班的基础上，腾冲县党校恢复，办公地仍然为国殇墓园。

毕竟，这是在腾冲，是在离日本帝国主义的残暴和中国远征军的鲜血最近的地方，这里曾经发生过什么，老百姓记得一清二楚。

正是基于这种情愫，1984 年对国殇墓园的重修才得以顺利进行。

当年 8 月 30 日，腾冲县文化局送云南省文化厅的重修国殇墓园的报告称："纪念塔已被炸成数块，现存党校猪厩"，"全体阵亡官兵名单的碑碣约百方，除用于铺砌祠后走廊阶沿及党校办公室廊外，尚存八十四方"……

于右任手书的"忠烈祠"的牌匾，在粮食局职工田复明的家里被找到，这张牌匾因为被当床板而保全了身家。

墓碑尽毁，为了能获得更多的烈士名单，工作人员从当地修建厕所的围墙里找到了当时的名录碑，拓出了 3000 多个将士名单，仅为当年安葬烈士的三分之一。

因为资料的缺失，得到恢复的墓碑，碑文已难以像以前那样具体到籍贯、年龄等。

即使如此，这也算是目前中国规模最大、保存也最完整的抗战时期正面战场阵亡将士纪念陵园。后来，无数冲着火山热海到腾冲旅游的人，不经意间途经或顺道来到这里，结果备受震撼，从而开始了关于这段历史的不懈追问。

参与国殇墓园重修的腾冲人李正，出生于抗战胜利那年。母亲给他取的乳名，就叫"胜利"。

1942 年，腾冲沦陷时，李正的母亲带着一家人开始逃难，因担心年幼的女儿哭招来日军，母亲拿起一个木盆扣在孩子脸上，孩子因此窒息而亡。那是李正的姐姐。

从家族的命运入手，李正对这段历史产生了深厚的兴趣。从此，也开始了这段历史的田野调查。至今，他已 58 次登上高黎贡山，走遍了当年战场的每一个角落，也带领了无数的团队，重返战场，寻访遗迹，拍摄纪录片，让这段被遗忘的历史，重返公众视野。

二十九

在滇西，几乎每一个家庭，都曾被这场战争所裹挟。

曾在云南保山市史志委工作的陈祖，小的时候，家里住过日本人，也住过远征军。当地官方对滇西抗战给予第一次正面肯定的文章就出自他之手，那是在1984年，虽然那只是当地专员的一个讲稿，但却打破了这块禁区。那之后，陈祖和同事又整理编辑了《保山地区史志文集抗日战争专辑》，让他意想不到的是，这部专辑最大的购买者是几名日本游客，一次买走了100套。

段生馗是用收藏的方式来记录这段历史。1965年出生的段生馗的真正身份是腾冲县农业银行的副行长，但更多的人喜欢称他为段馆长。

小时候，段生馗被认为是娃娃头，带着一帮玩伴玩打仗，而用的道具，则是真家伙：抗战时的军刺、钢盔、行军锅、望远镜、军大衣等。那时候，村子里到处都是这些东西，1958年大炼钢铁时，一个生产队还把村子边上停着的几辆旧坦克拆了。

上高中后，段生馗看到一篇写收藏的文章，他突然想到，他积攒的那些小时候玩的东西也可以算作是收藏呀。他略加搜集，竟有

200 多件。从此，他开始走上一条不归路。因为热衷于这些被认为是“死人的东西”，他谈的一个对象已经到了谈婚论嫁时和他告吹。

真正意义上的收藏是从参加工作以后开始的，重要的一个原因是有了工资，可以去乡下甚至是缅甸收购更多的物品，但最关键的还是来自父亲的鼓励。段生馗回忆，刚参加工作后，他曾想放弃收藏这些“没什么用处”的东西，安心工作，而父亲却劝告他：“我看你在银行的工作也成不了大事，收藏这些东西或者还能成大事。”

做了一辈子农民的父亲能说出这句后来影响了段生馗一生且让他“成了大事”的话，并不是出于偶然。在段生馗父亲的记忆里，那段历史仿佛就在昨天。

日本人占领腾冲那年，段生馗的父亲仅仅 8 岁。有一天，家里来了一名远征军战士，得了疟疾，急需治疗。情况紧急，段生馗的祖父二话不说，将这位战士留了下来，并熬了一些草药给他喝。因为担心被日本人发现，段生馗的祖父烧掉了这位士兵的军服。

有一天，日本兵来搜查时发现了这位正在养病的士兵，段生馗的祖父连忙说那是一位良民，是他的大儿子。日本人把这位士兵的衬衣衣领扯开，发现上面有国民党的党徽，立马大怒。段生馗的祖父因在当地小学当教员，灵机一动，说那是他的校服。日本人半信半疑，段生馗的祖父赶紧让自己的儿子，也就是段生馗的父亲去抓了四只老母鸡来送给日本兵。临走时，日本兵问，重庆兵来时，向不向我们汇报。段生馗的祖父有些讥讽地说，你们的消息灵通，等我们知道了你们早就知道了。

日本兵听了，沾沾自喜地走了。

“父亲对这件事情印象很深，那之后，全家好长时间都不吃鸡肉了。”段生馗说，那位被救的士兵，来自贵州，病愈离开后就再没有了消息。

在收藏的过程中，段生馗也对这段历史有了更深的了解，也产生了深厚的兴趣。在这个过程中，段生馗从坊间听到了当年日本人的许多暴行，比如把活人解剖，挖心肝炒了吃，还有把一个 8 岁的小男孩的小鸡鸡割下来当了下酒菜。

在收藏中另一个新的发现是，记录历史的人往往会把自己阴暗的一面过滤掉。段生馗说，当年日本鬼子到腾冲的一个村子里让派花姑娘，最后村里把一个哑巴姑娘用轿子抬着送到日本的小队里。1999 年 11 月 7 日，当年的哑巴姑娘去世，段生馗专门为她树了一个碑。

“我们也应该了解我们人性中最阴暗最可耻的一面。”段生馗说，“现在好多影视剧中反映民间抗战的，一般都是以正面形象出现的，其实我了解到的情况是，当年日本人还没有来时，有好多人已经蠢蠢欲动，准备给日本人带路。”

随着收藏的东西越来越多，段生馗准备建一个博物馆，但申请了好多次，都未获得当地官方的批准。转机出现在 2005 年 3 月，云南全省的一个文化工作会议在腾冲召开，与会的云南省委副书记丹增在会上说，他听说腾冲有一个人收了不少抗战的东西，这些东西应该编号保存。会后，腾冲的相关部门立即给段生馗送来四个灭火器。

有了高层领导的正面肯定，再借着抗战胜利 60 周年的背景，在云南柏联集团的支持下，段生馗的滇缅抗战博物馆终于在 2005 年 7 月 7 日开馆。

三十

在缅甸战场，每次打完仗，中国远征军的将领都会做两件事情。一是为战死的官兵修建墓地，并且留下伤兵照看；二是为当地的华侨修建华文学校。

留在缅甸密支那照看墓地的伤兵分别是广东的周朝贵、湖南的刘龙。

1945 年 5 月，时任新一军新三十八师师长的李鸿亲笔手书：

> 兹有本部荣誉士兵周朝贵、刘龙等二名，因负伤残疾不能再服兵役，业已准其退伍，看守密支那本师阵亡将士公墓，希当地各界人士切实予以保护及协助，而该周朝贵、刘龙等不得有违当地之法规致于查究此证。

十多年后，厄运再一次降临这些阵亡将士的头上。

大约在 20 世纪 60 年代初，缅甸密支那、八莫、腊戍、西保等地的中国远征军阵亡将士墓地全部被毁。参与毁墓的，有缅甸官方，也有民间人士，包括和尚。密支那的墓地被推土机夷为平地，得到消息的周朝贵、刘龙赶到现场，看到骨骸遍地。毁墓的人满目仇恨地看着他们，两人未敢反抗，悄悄离开现场，在百米开外的一棵大树下，抱头痛哭。

位于八莫的墓地是用炸药炸掉的，八莫佛经学校的赵田福老师亲眼目睹，“当时用炸药炸墓地的时候，炸飞的石头还把一个人打死”。

毁墓的原因，是因为败退缅甸北部的中国军队与缅甸军队发生冲突，后者损失惨重，一气之下，拿中国远征军墓地解气。

《中国曾参加一场最秘密战争》一书中，对双方的冲突有较为详细的描述，弱懦的缅军，根本不是在绝望中求生存的中国军队的对手。

1960 年 11 月，中国人民解放军和缅甸国防军发布联合作战命令，中国人民解放军派兵进入中缅协议线 20 公里追剿蒋残军，最后迫其退入泰国北部。

八莫的中国远征军墓地被毁后，当地华侨收拢起满地的骸骨，在八莫往北两英里的地方，将其重新安葬，并重修了纪念碑。而 1967 年缅甸发生排华事件后，纪念碑再次被毁掉。

排华事件的发源地，就是由孙立人在八莫创办的华夏学校。1966 年，缅甸宣布将华夏学校收归国有，并宣布在校学生，不得佩戴毛主席像章，但学生没有理会，越戴越多，甚至喊出口号，“头可断，血可流，毛泽东思想不可丢”。1967 年 6 月初，八莫县教育局、移民局、侦探部、安全委员会四个单位联合派员到学校没收学生的像章，学生抗交，学校便开除了为首的 20 余名学生。此事引起了华侨和中国大使馆的抗议，但有人造谣说有缅人女老师被华侨学生强奸，激起缅甸人的民族情绪，最终导致了死伤惨重的排华事件。

三十一

几乎在中国远征军墓地被毁掉的同时，日本人开始筹划前往缅甸，寻找阵亡将士的遗骸。

1975 年 2 月，曾参加入缅作战的日军原第十八师团炮兵联队本部的水野先生，重返缅甸。当年活着离开缅甸，是他的万幸。

和水野同行的共有 141 人，其中有包括水野在内的 90 名老兵，阵亡于缅甸的官兵遗族 25 名，厚生省职员 10 名，还有 15 名年轻的志愿者。该团队名叫“收骨团”，目的是搜寻阵亡于缅甸的官兵遗骨。

早在 1952 年，《旧金山和约》生效，日本摆脱美国束缚，由日本厚生省牵头，联合民间团体启动了遗骸收敛工作。

1973 年，日本成立“全缅甸战友团体联络协会”，推动日本厚生省于第二年制定出“海外战殁者遗骨收集计划”，并为即将派出的“全缅甸战友团体联络协会”募集活动资金，在当年 4 月和 10 月两次共募得 8500 万日元。

据日方统计，日军在缅甸战场的阵亡人员约为 13.7 万名，留下大量未能及时处理的弃尸。

1975 年 2 月 3 日，“收骨团”到达缅甸梅铁拉郊外的一个村子，缅甸政府动员该村的百姓在一个日本兵的埋葬点进行挖掘，发现了30具遗骨。随后，收骨团成员把从日本带来的酒、水果摆放好，在钟声的陪伴下进行了慰灵仪式。

在缅甸梅铁拉，日军第四十九师团，曾遭到英军的毁灭性打击。

一年后，阵容更为庞大的“收骨团”再次抵达缅甸。在被称为“玉碎之战”的密支那战役现场寻找遗骨时，密支那军区提供了150名士兵分乘7辆卡车提供保护，随后他们在密支那依据当地老百姓提供的信息，在原第三野战医院的驻地附近，至少找到了1152具遗骨。

据日本的史料记载，“收骨团”两次前往缅甸，分别收集了10717具和12589具遗骨。

在战争结束30年后，作为战败方，依然能从当年的战场收集到大量的阵亡将士遗骨，这得益于日军对待阵亡官兵的态度以及战时资料的完备。

一般情况下，日军会火化处理阵亡者；对于特殊情况无法收集完整尸骨者，则割一条手臂或一根手指进行火化；而对于惨败战事，则会由幸存者绘制遗骨分布图留存，伺机再寻找。

缅甸八莫云南同乡会副会长申三，就曾看到过日本前往八莫寻找遗骨时手持的遗骨分布图，分布图的标注非常详细，这为寻找遗骨提供了有力的支持。

日本在缅甸的遗骸搜集的工作，到2003年暂时停止，共寻获91390具遗骸，并将其运回日本本土。在进行DNA检测核对亲属之后，于当年或次年的5月下旬，在东京千鸟渊战争阵亡者公墓举行下葬仪式，日本皇族会出席这一仪式。

千鸟渊位于东京市中心区域，建立于1959年，是用来埋葬第二次世界大战中日军无名战死者的墓地。二战期间及战后，日本将海外战场上发现的35万具无名日军官兵遗骸都收容于此公墓的“纳骨塔”或陶棺之中。

2011年11月，日本再次启动在缅印战场的阵亡将士遗骸寻找工作。据缅甸《新闻周刊》报道，日本社会福利与战争受害者救助局在缅甸相关部门协助下，于10月26日至30日在密铁拉地区的三个村庄和一座寺庙里搜寻到了7具遗骸和部分遗物。

几乎同时，日本政府派出代表团在印度考古机构的协助下，在印度阿萨姆邦占瓦哈蒂，展开二战日军士兵遗骸的挖掘，其中在一个公墓发现11具二战时期在中缅印作战中阵亡的日军士兵骸骨。

中日邦交正常化之后，有多批日本人曾手持滇西战场遗骨分布图前往云南，希望能展开遗骨收集。

1980年初，日本“全缅甸战友团体联络协会”在中国方面的帮助下，派出收骨团前往滇西，获得滇西战场上的泥土，带回日本，分发给了部分阵亡人员家属。

此后，全缅甸战友团体联络协会多次派员前往云南，从官方或民间多个渠道展开外交试图获得收集遗骨的许可，包括谢罪、捐建学校、重金购买等，但一直未能获准。

无奈之下，该协会欲在云南龙陵城南的伏龙寺以佛教仪式为战死者招魂，遭到当地拒绝。但他们并未甘心，将一份“死者名簿”悄悄掩埋在寺内，被当地老百姓发现。据这份名单记载，在松山战役中，日军 56 师团共有 1288 名官兵阵亡。

云南松山附近的居民经常可以看到有年迈的日本人到此一游，但他们对美景并不感兴趣，也不需要导游，到了松山，或是跪倒在地失声痛哭，或是抓一把土装进布袋里，或是默默地双手合十进行祷告。

2014 年，云南省龙陵县在对松山战场进行考古过程中，发现了多具日军尸骨。负责考古工作的松山文管所所长陈院峰有一个设想，将这些尸骨统一安葬，毕竟，他们也仅仅是一名士兵。未曾想到，2015 年 2 月，陈院峰意外离世。

三十二

留在缅甸后，湖南人李锡全停止了给母亲写信。他隐约觉得，这辈子，可能再也回不去了。1949 年，成了一个分水岭，他已经不是为国出征的英雄，而是国民党反动派。他的一个战友，忍不住对亲人的思念，曾在 60 年代偷偷回家去探亲，结果被抓住毙掉了。

缅甸在 1967 年发生排华事件时，一些老兵受到冲击丢了性命，有些老兵因此逃回国内，亦未能保全性命。

回家无望，李锡全在密支那娶了一位当地的少数民族姑娘，开始安家乐业。

到了 20 世纪 80 年代末，台湾开放老兵返乡，政治的藩篱打开，滞留缅甸的老兵也陆续开始与家人联系，回家探亲。每每看到回家探亲的老兵拿着和亲人团聚的照片激动地说个不停时，李锡全的内心如刀割一般。

辛劳了一生，李锡全都没能攒够回家的路费。他不敢和家人联系，万一真的联系上了，万一母亲还在世，他该怎么办呢？

有一次，一位回国探亲的老兵问李锡全，要不要给他带点东西。李锡全说，帮我在中国买一本地图册吧。拿到地图册，李锡全翻到湖南那一页，找到常德，再找到桃源县，看着地图册上的小红点，李锡全泪如雨下。

每到夜深人静，李锡全都会拿出这本地图册，一页一页地翻开，缓慢而又沉重，就像他颠沛的征途，直到湖南那一页的出现。

张家长是广东海丰张氏家族的第12代后人，而后来，他成了第一代人，是缅甸曼德勒张氏家族的第一代人。

1943年，年仅18岁的张家长和两个哥哥商议，家里兄弟太多，生活太困难，经常是有了上顿没下顿，必须有一个人出去谋生，否则大家都可能饿死。两个哥哥都说自己出去，张家长说，家里的担子更重，两个哥哥还是留在家里照顾父母，他年轻，出去闯荡几年，说不定还能谋个好差使。

兵荒马乱的年代，除了当兵，还能有什么好差使呢？张家长报名参加了预备二师，滇西反攻的主力部队。战争结束后，张家长留在了缅甸，做些小生意谋生。

但因为没有身份证件，处处受难。在别人的指点下，他临时认了一位傣族人为父亲，并依傣族的风俗习惯在胳膊上刺上自己傣文名字，然后到当地移民局，称他小时候因家庭生活困难，被卖给一个中国人，现在回来认亲。

好多滞留缅甸的远征军都是采用这样的方式拿到了缅甸的身份证，否则寸步难行，很难生活下去。

1988年，滞留缅甸曼德勒的老兵张家长前往中缅边境看望几位战友，战友告诉他，中国的领导人邓小平还是非常开明的，国民党老兵回国后再不会受到限制和迫害了。

张家长心里有些急切，立即收拾行李，几经辗转，终于回到了广东海丰。

1988年的秋天，当张家长带着妻儿回到广东海丰，找到两位哥哥时，两位哥哥愣住了，激动地拉住他的手说：“你当年说出去逃生，没想到一去这么多年，走了这么远。”三位兄弟，也都是年过六旬的老人了。

那次回家探亲，张家长还是感觉到异样：“有个老同学，见了我扭过头不敢认，生怕我会连累到他。”

曼德勒是缅甸的第二大城市，张家长在这里开着一家布店，他已经完全习惯了这里的生活。他对孩子们最大的期望就是“要懂得说中国话”。来自广东海丰的张氏家族在曼德勒已经繁衍到了第四代，人丁兴旺。这让我再一次想起台湾作家杨明的那句话，“所谓的故乡不过是我们祖先漂泊旅程落脚的最后一站。”毫无疑问，像所有的老兵一样，张家长的后代已经把缅甸当作了自己的家乡，中国对他们来说只是另一个异域。

当然，作为祖先的“第一代”，也必须承受孤单和焦虑。这种文化割裂所带来的孤单，我几乎在每一个流落缅甸的老兵以及华侨身上都能体会得到。当年流落此地时，因为身份的窘敝，这些老兵大多是娶了当地的傣族为妻，子女也多以缅语为主。入乡随俗的老兵，也只能放弃自己的母语，这种言语上的寂寞所带来的酸楚，几人能知。

或许也正是因为语言交流上的障碍和隔阂，许多老兵和家人的感情并不是很融洽。

三十三

滞留缅甸的老兵，有很多都在20世纪80年代末回家探亲，这得益于两岸关系的缓和。蒋经国在去世前，开放了台湾老兵回乡探亲的政策，而大陆，因为统战的需要，也给了他们很多的礼遇。

王之平第一次回家探亲是在1989年。

出生于1917年的王之平原籍河南孟津，1936年报考军校时，虚龄20岁，刚刚结婚三个月，妻子名叫王春珍。抗战爆发后，王之平辗转来到江西，继续报考部队的汽车驾驶学校，成为一名汽车兵，担负运输军用物资任务。随后又被调往西南运输处任分队长，在滇缅公路上运输国际援助的汽油、武器等战略物资。滇西失守后，王之平退回昆明，在云南省政府的汽车公司开公共汽车，之后又被调往印度，任汽车六团驾驶班长，并随部队反攻缅甸。

从军期间，王之平经常给家里写信、寄钱。王春珍的妹妹王秀珍回忆说，姐姐不识字，每次听村里的先生念信给她时都是笑眯眯的，晚上回去却一个人哭泣。

抗战胜利后，在缅甸的王之平已经兑好了中国的货币，准备回家，但迅猛的通货膨胀很快让这笔钱成为一堆废纸。

加之政治的原因，一时回家无望，王之平和来自云南腾冲的姑娘刘月英结婚，并育有六个子女。为了让前妻改嫁，王之平甚至多次托人给王春珍捎信息，说王之平已经战死。但在家乡的王春珍不愿意相信这些话，有人劝说她改嫁，她也始终不同意，坚决要等王之平回来。

直到1966年夏天的一天，王春珍终于等来了丈夫的消息。那天早上，有位姑娘突然来到了王春珍的家，一进门，就跪在地上，哭着喊她“大娘”。那位姑娘说，她是王之平的大女儿刘木兰，父亲告诉了她曾在老家成亲的事，说他九死一生，“平生最对不住的就是你娘王春珍”，并让她回老家照顾“母亲”。守了多年寡的王春珍自此有了一个女儿。

刘木兰的孝顺村人皆知。村里人有一句顺口溜说：古有花木兰代父从军，今有刘木兰替父护母。而王春珍也把木兰当作了亲女儿。刘木兰后来到湖北汉口的华侨学校上学，每到放假，也都是回到河南陪伴王春珍。学校毕业后，刘木兰留在了武汉工作，并在后来前往香港。

刘木兰说，当初回国照顾母亲王春珍，也是她的亲生母亲刘月英的意思，她的生母还把自己买的衣物托人带到香港，让刘木兰捎给王春珍。

1989年，王之平终于回到河南孟津。在村头，王之平看到了一位似曾相识的老太太，两人相对而视足足有一分钟，之后，那位老太太突然嗷嗷大哭，她就是王春珍。在独自一人苦苦等候了半个多世纪，经受了太多的闲言风语之后，她终于等回了仅仅在一起生活了三个月的丈夫。虽然此时，他已是别人的丈夫。

1997 年，王春珍因病去世，身在香港的刘木兰赶回家里，为母亲料理了后事。

王之平说，那次回国，王春珍哭了好几天。最后，儿子王玉顺问母亲王春珍，当年解放后如果父亲回了老家，会是什么结果。王春珍回答，肯定是被批斗。说到这里，王春珍才有了些许安慰。那次返回缅甸时，王春珍送给王之平一根拐杖，这根拐杖，一直被王之平当作宝贝，随身携带。

留在缅甸的王之平，在 20 世纪 70 年代开办了一家挂面厂，并定名为“豫恒”，将中原的面食文化，在这个以大米为主食的异域传播开来。

河南人的乡土观念特别浓厚，外出的人，即便是讨饭，也要回家。

留在缅甸之后，王玉成一直没有放弃回家的努力。

王玉成的家在河南新野，兄弟三人，他和父母一直生活在一起。18 岁那年的一天，王玉成刚和父亲从地里干活回来，抓兵的车就来了，进来四五个扛枪的人，虽然他的二哥王文进已经参军，但抓兵的人还是不肯放过他。父亲告诉抓兵的人，等孩子吃过饭再走吧，来人不答应。王玉成的母亲跪在地上苦苦哀求，被人推开。随即，王玉成被铁链套住，推上了车。母亲发疯似地跑过去，躺在车轮前不让走。几个人抬起母亲，扔到路边。王玉成哭着安慰母亲：“娘，你多保重，孩儿打完仗就回来。”

王玉成被编入第五军二〇〇师五九八团机枪二连，参加了昆仑关大战和长沙大会战后，被提拔为中尉排长，随后跟随师长戴安澜到缅甸。戴安澜负伤时，王玉成就在身边，那是在过勐眉公路时，部队中了敌人的埋伏，敌人的重机枪子弹从戴安澜的肚脐右侧穿过，虽然未伤及骨头，但因缺少医药导致伤口感染，不治而死。

战争结束后，王玉成留在了缅甸贵概，一住就是20年，直到1977年才和家人偷偷取得联系。经过多方周折，双方在云南瑞丽见面。彼时，父母已经去世，来和王玉成见面的大嫂说，母亲在病床上喊着他的名字咽了气，父亲到老年想他想得精神失常，有一天把门前的大槐树当成他，紧紧抱着不停地喊："孩儿，你可回来了！"家人掰开他的手，将他搀扶到床上休息，两三天后，就告别人世。

会亲结束回到贵概后，王玉成也一病不起。过了不久，王玉成又接到家乡的来信，称因为此次会面，他的大哥因"划不清界限"被解除了公职。

贵概是缅甸北部的一个县，和云南接壤，靠近畹町口岸。在贵概，至少有百名中国远征军战士流落于此，和祖国一江之隔。当年，他们为了保家卫国，从畹町出征异域；战争胜利后，他们在当年出征的地方，遥望家乡，直至终老。

王玉成去世10多年后，他的孩子王建贵终于有机会回到河南新野，代父亲在奶奶的坟前磕头烧香。河南的叔叔见了他，一句"孩儿，你可回来了"，让王建贵泣不成声。

三十四

滞留缅甸仰光的陈华，也是告别妻子从军的。

1920年出生的陈华祖籍湖北汉口，父亲在其两岁时因病辞世，坚强的母亲将他们兄妹七个拉扯大，并尽最大的努力让他们上学。抗战爆发后，在南京上学的陈华入伍成为一名汽车驾驶员，并在淞沪会战之时，担任弹药粮食补给工作。不日南京沦陷，陈华调往重庆，负责成渝公路军运工作，后到贵州辎重兵学校受训，之后调往云南，在联勤总部四十三分区司令部任上尉参谋。

1949年12月9日，云南省政府主席卢汉在昆明率部起义，陈华等多人乔装离开昆明，后经畹町进入缅甸九谷，在逃亡过程中被关进缅方的密铁拉难民营。这个位于缅甸中部的难民营，在1949年之后，关押了很多因为政治原因逃往缅甸的中国士兵或平民。因为食物和医药缺少，很多人殁于此。

在逃离昆明之前，陈华将妻子黄惠和一儿一女送往四川内江妻子的娘家，那时，妻子正有身孕。他告诉妻子，等时局安稳之后，他们全家再聚。

陈华在难民营里一直关押了三年时间，最初，他和妻子曾有书信来往，妻子在来信中鼓励他，并介绍他看《钢铁是怎样炼成的》。随着时间的推移，全家团圆的希望日渐成为泡影。最后，陈华不得不告诉妻子，别等他了，改嫁吧，他唯一的要求是改嫁之后，能否念及夫妻情分，亲生子女都保留陈姓。

陈华被难民营释放之后，辗转前往仰光定居，并娶妻生子，其中两个女儿分别叫陈忆南和陈忆惠。南指云南，惠取自妻子的名字。

星移斗转，40多年后的1990年3月18日，这个让陈华永远也无法忘记的日子，一位缅甸的克钦族女人突然来到陈华的家里，交给他一封信。莫名其妙的陈华打开信，开头这样写着：父亲大人，离别四十多年，由于种种原因，未能与父亲联系，还请父亲大人原谅……

刚满古稀之年的陈华失声痛哭。

写信的人是当年还在襁褓中的大儿子陈传志。陈华了解到，这么多年来，儿子一直在打听他的下落。有一天，前往云南瑞丽做生意的陈传志碰到了一位缅甸的生意人，就将此信交给了她，托付她去寻找父亲。这位缅甸商人多方打听，终于在仰光的云南青年会打听到了陈华的消息。

收到信的第二天，陈华立即给儿子发去电报：志儿寻父悉即日至瑞丽谋面。同时回长信一封，在信中，陈华说：爸一生未尽到父亲的责任，问心有愧，部分原因也是时局动荡不安之故，常在想不知今生能否见到家人，见到志儿信后，始知重见天日之愿望，得以实现。时光易逝，一别竟接近半个世纪，人生几何，而在隔离天涯之情景下，度过绵长分离岁月，彼此之感受，是可想象的。爸无时不在想念你们……

陈传志在信中还提到：儿幼年时没有像其他孩子一样有欢乐的童年，而是吃穿都十分困难，从小养成了自力更生艰苦奋斗的精神，由于家庭出身是伪军官，初中以后就不能升学……

大约一个月后，陈华终于在云南瑞丽见到了离别40多载的儿子，包括当年离家时还在娘肚子里的小儿子陈传毅。随后陈华又抵达四川内江，见到了大女儿以及妻子黄惠。妻子已嫁他人，并且育有三个孩子，两人只能相视而泣。

另一个让陈华震惊且晚知道了40年的消息是，当年因为他的一封信，他的一位朋友丢掉了性命。

这件事情让陈华内疚一生。

三十五

“分别多年，时时都想着回家会见亲人。无奈命运捉弄人，总未能如愿。现在也是正在计划中，如环境与条件相结合能动身的时候，我自会写信通知你们。”1993 年，身居缅甸与印度边境的经明清委托云南昆明的一位战友，前往江苏南京找到他的家人，并带回第一封信。

命运捉弄人，一句话，包含了太多的曲折与辛酸。

经明清原名经乘国，隶属第五军第四炮兵团。1937 年 8 月，日军开始轰炸南京，逼近句容。那时，经明清在镇上的一个地主家里做长工。有一天，地主把他叫来，给了几个钱，让自行逃命。经明清由此前往长沙，在长沙街头流浪半个多月，盘缠用尽时，看到征兵，就稀里糊涂成了一名运输兵，转战长沙、南宁、昆明等地，负责运送军用物资。

在此期间，经明清遇到过两次危险，一次是一颗炮弹在路边爆炸，巨大的冲击波将他的汽车掀翻，幸好汽车没有爆炸，经明清才逃过一劫；另一次，是他和战友正在厨房吃饭时，空中突然出现了几十架日军飞机，大家跑到对面房屋的床下，炸弹就响了，厨房成为一片废墟。

抗战胜利后，经明清改了名字留在了缅甸与印度交界的一个叫格力谬的地方。在缅甸，经明清凭借在部队练就的开车技术，当司机勉强为生。为了挣够盘缠早日回家，他什么活都接。一次，有一位生意人让经明清拉一批大烟去中缅边境的九谷，经明清见运费不薄，就答应了，谁知路上碰到军队查车，经明清被扣了下来，车被没收，还被罚款，自己也坐了半年监狱。

又开了几年车后，经明清稍微有了些积蓄，就自己买了一辆卡车开始单干。有一次生病，经明清雇了一名司机去开车，在车辆经过一个村庄时，有一群水牛挡住了路，焦急的司机不停地按喇叭，结果吓得水牛横冲直撞，司机慌了手脚，一脚油门，车子翻进了沟里，车上的 9 个人当场死了 5 个。

这次车祸，让经明清再一次赔得倾家荡产。

随着年龄一天天变大，回家的希望却越来越渺茫。38 岁那年，经明清娶了一名华侨的女儿为妻，开始在当地安心过起了日子。

直到有一天，放学后的儿子突然问起经明清当年打仗的事情，后来又问：爸爸，您想不想回家？经明清的眼圈有些红了，说：“怎么能不想呢？”懂事的儿子说：“爸爸放心，等我将来工作挣钱了，我带你回中国。”

经明清的儿子很争气，在新加坡读完博士，又到香港去工作。命运捉弄人的是，儿子在参加工作仅仅两年多之后，因为突发脑溢血去世。

经明清回家的心彻底死了，为了生计，他不得不再次打理起一个汽车修理厂，来抚养两个孙子。

在收到江苏亲人的回信后，经明清又回信：“二哥，接到你们的来信，心中是多么的高兴，知道你们的生活很好，人也很好，真是出乎我的意料。大哥、姐姐、妹妹去世，引起我的一片思念之情。不知四弟及妹妹有几个孩子，都叫什么名字，以及我们家族世字以下是怎么排列的。我已有两个孙子还没有起名字。因不知是什么字辈，所以未能取名，请来信的时候告诉一下。”

许多流落海外的老兵，在和国内的家人取得联系后，都会问到族谱里后代字辈的排列，他们把这种最为传统的家族延续方式，看得比什么都重。

遗憾的是，双方好不容易建立起来的书信联系没两年，家人寄给经明清的信又屡屡被退回，经明清的二哥也因为句容的老宅被拆迁，住址变更，联系由此中断。

一个为国出征的士兵，倾其一生，仍然没能攒够回家的路费。

其实，阻碍他们回家的，何止路费呢？

张富鳞至死都没有回家，问其原因，是他觉得，他的亲人，并不一定会欢迎他回家。

1941 年，正在山东第一师范读书的张富鳞和全校老师以及其他男同学一起，弃笔从戎，走上抗日救国之路。半个多世纪之后再回想那些日子，张富鳞感觉很是幼稚，“那时我们把行李全部放在了学校统一保管，说等打完仗之后再回来取行李，谁还能知道，再也没能回去”。

张富鳞参加的是隶属于宋子文的中央税警团。1941 年 12 月，税警团改编为新三十八师，孙立人任少将师长，张富鳞担任的是师部通讯兵。这支私人部队，经过两年的训练之后，成为国民革命军最为精锐的部队之一。1942 年，张富鳞随着部队入缅，参加了仁安羌大捷。此次战役，新三十八师的一一三团，与 7 倍于我的敌军激战两昼夜，最终完成解救被困的 7000 余名英军的任务。

第一次入缅作战失利，部队撤退印度后，张富鳞做了逃兵，之后又辗转回到缅甸，于 1950 年和缅甸傣族的一位姑娘成婚，随后进入一家华文学校教授物理和化学。华文学校被收归国有后，张富鳞又到之后兴起的孔教学校教授语文，直到 80 岁退休，前后共教书 40 年，目前每月有 33000 元缅币（约 200 元人民币）的退休金。

张富鳞的家在山东济南离明街，是当地的一个大户。滞留缅甸之后，张富鳞曾给家里写信，但对方的回信让他感觉很生分，他觉得，他的妹妹的孩子并不欢迎他回去，“或许是他们觉得，我回去之后会和他们重新分配家产”。

10 多年前，有一个山东的艺术团到缅甸慰问演出，张富鳞去问这些老乡，济南离明街的老房子还在不在，对方说早就拆了盖成人洋楼了。这让张富鳞更加不想回家了，“原来的家没有了，回去啥也看不到”。

张富鳞将自己的历史分为两部分，一是离开学校拿起枪打日本，二是放下枪拿起粉笔在异域教授中文。

“我对得起祖国。”张富鳞说，“美国总统肯尼迪曾经说过，不要问你们的国家能为你们做些什么，而要问你们能为国家做些什么。我为国家做了这两件事，我觉得，我对得起祖国。”

三十六

在缅甸，有两处中国远征军纪念碑得以保全。一个是在缅北的果敢，华人自治区；另一个是在缅甸南部的同古，中国远征军入缅首战之地。

1951 年，同古华侨杨光汉等人在当地的华文学校内筹资修建了一座中国远征军纪念碑，第一次入缅作战失利后离开部队的新三十八师士兵杨伯方，正是这所学校的老师。到了 1966 年，缅甸政府将全国的华文学校收归国有，同古的华文学校亦不能幸免，被改为缅语学校。

更令杨伯方伤心的一件事情是，1987 年 7 月 7 日，“卢沟桥事变”爆发纪念日，中国驻缅甸大使馆派人前往同古向中国远征军纪念碑敬献花圈时，却因为纪念碑在归属缅甸政府管辖的学校里，遭到当地教育部门的阻止。中国官方的首次到访，就吃了闭门羹。

想起那么多死去的兄弟，杨伯方整夜整夜地睡不着觉。他经常会做一个梦，在梦里，一位被汽车压断腿的战友躺在地上，满身的血迹，这位战友眼巴巴地看着他，不停地说：“我要回家，我要回家。”

梦到此时，杨伯方就会惊醒，而泪水已湿透枕巾。他想，一定要把纪念碑迁出来，对那么多死去的兄弟，总得有一个祭祀的地方。

在经过诸多的非议和曲折之后，通过中国驻缅甸大使馆协助，杨伯方等 5 名华侨于 1992 年上书缅甸最高当局，申请将纪念碑迁出学校。但申请最终未见半点回应。

1997 年初，杨伯方等再次通过大使馆上书缅甸中央，并通过国民外交等手段，双管齐下。终于，1997 年 3 月 5 日，该申请得到了缅甸政府的批准。未敢有任何停留，当年 4 月 1 日，成功将原来的纪念碑迁移至华人会馆的财神庙旁边。同时，杨伯方等人又筹款，修建了中国远征军纪念馆。在 2000 年 3 月 12 日的纪念馆落成仪式上，中国驻缅甸大使馆以及当地的华侨社团均派人参加。

为纪念纪念碑的落成，杨伯方专门写了一篇祭文：

> 人们在给凯旋者授予勋章的时候，千万不能忘记为今天的和平稳定作出牺牲的阵亡弟兄，要记住，在茫茫丛林里、在漫漫公路旁、在滚滚的江河沿岸、在高山上、在峡谷中，还躺着数以十万计的中国远征军官兵的遗骸……
>
> 深山处处埋忠骨！
>
> 战争是不可能没有遗憾的，即使是一场胜利的战争。当那场战争如火光雷电急促进行的时候，无论是挣扎在失败中，也无论是欢呼在胜利中，远征军的将领们从未忘记的就是，每打完一仗，都要吩咐把阵亡官兵的遗体仔细收拢，并精心选择一处干燥的地方安葬，而每一次安葬后，都要留下伤兵看守陵墓。

战争在继续，战火在蔓延，这样的坟茔在战火中不断增加，增加……

副司令杜聿明将军，在败退中身染重病，却心系躺在丛林中的官兵，面对一座座新坟，他伤感至极，立誓要料理好烈士们的后事。

军长郑洞国将军，每到一处必须先拜谒烈士陵墓，他指天发誓告慰英灵："好兄弟，再等一等，仗一打完，一定要把你们的遗骨迁回国内，安葬到你们的家乡。"誓毕，又挥师向前。

师长孙立人将军，每安葬好一批阵亡者尸体都献上一束鲜花说："我们还在打仗，先让鲜花陪伴你们吧！你们听着，什么时候林里的枪声停息了，什么时候我们就来接你们。"说着，他们的吉普车又向着炮火连天的地方开去。

师长廖耀湘将军，每看到阵亡官兵躺在阴暗潮湿的草丛里、荆棘中时，总是止不住让泪水模糊了眼镜片，每当这样的时候，他总是说："委屈你们了，等打完仗再说吧！"说完他骑上马，迎着枪声奔去！

心到神知，战争激烈之际，难为这些长官们还记挂着这些葬身异国他乡的亡灵！

然而，世事匆忙命途多舛，人的誓言，也并非都能实现。

将军们万万想不到，离开缅甸后，便再没有机会回来！

然而，飘荡在缅甸丛林中的亡灵，依然记得他们的长官的诺言。他们天天等年年盼，山中的野花开了一茬又一茬，满山的枯枝败叶铺了一层又一层，可是仍然不见长官的踪影。就连当年奉命守坟的那些可怜的伤兵，也在无望的守候中熬到了生命的尽头，把自己的骸骨也留给了丛林，昔日的残墓旁又增添了一座荒冢。

那些无家可归的，没有着落的亡灵们依旧在幽暗潮湿、人迹罕至的丛林中到处漂泊游荡。

风声是他们的叹息！

雨电是他们的怒吼！

我们要回家！

三十七

居留缅甸南部的杨伯方在张罗迁移远征军纪念碑时，缅甸北部的老兵也积极行动起来。

1995 年 1 月 28 日，居留在缅甸密支那的老兵杨子臣、李锡全、孙增官、黄艳麟、葛永昌等，联名向缅甸国家秩序建设委员会提出申请，重建远征军烈士墓：“吾辈亲历战斗，幸而生存者亦垂垂老矣，实不忍令维护国际正义保卫人类和平之神圣史绩就此湮没，浴血奋战壮烈捐躯之忠魂无所归依。”

这个动议的缘起，是因为生活在这里的老兵，看到了越来越多的日本人修建的纪念碑、慰灵塔等，他们总有一种错觉，那场战争，日本才是真正的胜利者。

一呼百应。

但是，对于几位已年近八旬的老人来说，他们的声音太弱，申请没有得到任何回应。

不过，他们的努力还是引起了中国驻外机构的关注。

2002 年 9 月 15 日，在中国驻曼德勒总领馆的组织下，9 名滞留缅甸的老兵组团重返云南，并前往腾冲的国殇墓园为战友敬献花圈，这次回国访问，是以参观旅游的名义，而且访问团全称叫缅甸华人华侨访问团，并没有出现中国远征军的字样，且回国的老兵都被组织方叮嘱，不接受媒体的采访，一切低调行事。

当时参与组织此次活动的华侨王荣森称，他受总领馆委托开始寻找老兵商议此事时，好多老兵都不愿意回去，他们有太多的顾忌和疑虑，有一位老兵甚至公开说，“中国是我的祖国，我永远都不会忘记，但现在毕竟是共产党执政。”

有担心，也有不愿放弃的政治立场。

经过再三地解释和沟通，终于有 11 位老兵答应回国访问。而在临出发前，又有两位老兵反悔，原因是孩子觉得他们年龄大了，出行不方便。

云南腾冲的学者李正接待了这个特殊的访问团，同样，单位领导嘱咐他，不能问这个访问团成员的身份。李正觉得很奇怪，但是当他看到这些老兵，在国殇墓园的忠烈祠前默默流泪的时候，他立刻明白了他们的身份。

9 名老兵访问结束回到缅甸后，他们的孩子长长地出了一口气，他们的父亲回到共产党执政的地方，没有受到迫害，还得到了很好的接待。这件事情在滞留缅甸的老兵中，引起了更大的反响。

2004 年 9 月 27 日，由云南保山市政府主办的中缅印战区滇西战役国际学术研讨会在腾冲县召开，居留缅甸的老兵林峰受邀参加。让林峰激动的是保山市市长熊清华的讲话：“抗战的硝烟已经远去，但抗日将士们的丰功永存。”

回到缅甸后，林峰将这句话告诉了几乎所有居留缅甸的老兵。

一些老兵为此向中国驻曼德勒总领事馆提出，花那么多钱回国访问、开会，还不如花几块钱人民币给他们发一张证明，“只要说我们打过日本鬼子，为国家做过贡献就行”。

随后，几位老兵以缅甸现生存之抗日远征军的名义向中国驻曼德勒总领事馆递交请愿书：

华夏大好河山，自日寇侵华，铁蹄所至，生灵涂炭，家破人亡，亲人流离失所。

处此国仇家恨之际，中华儿女热血沸腾，咸怀保家卫国之心，慨然从军与日寇周旋，转战千百，为了战局之需要，有的奉调入缅，支援友邦盟军，是为中国远征军在缅之战，其艰苦处，非笔墨可书，多少中华儿女精英，血洒佛国，弃尸异域，其英烈悲壮处，使日寇丧胆，胜利终归正义之师，迫令日本帝国主义无条件投降，胜利之声响彻世界。

远征军之功绩曾获毛泽东主席、朱德总司令、周恩来总理及彭德怀元帅和蒋介石公等褒奖，及题诗赞扬肯定，更得盟军政府之颁赠勋章褒扬，亦得世人之公认。可惜胜利之日，即是中国远征军冰消云散被人遗忘之时，在上层有关方面无暇照顾，除部分回国之外，多数无法归籍，而滞留海外，靠个人所能挣扎生存。转眼半个世纪过去，早已被人遗忘，所幸尚存有识之士，在各方支援下，建碑立庙，使牺牲在海外的忠魂义魄，有所皈依，永昭后世。

现尚健在的抗日远征军，都已逾八十，老弱病残，不复有当年之气魄繁华，更不敢自谈远征军的功绩，只有让后世去评论，让历史去见证。但为了不让保家卫国血洒海外河岳的英雄儿女们被人遗忘，故我等特发起请愿，恳乞祖国政府有关方面，给予追认远征军的史实和功绩，有所表现（不过一纸褒奖，作为抗日纪念而已），以慰炎黄儿女血洒异域的壮烈事实。

老兵们的请愿得到了总领馆的高度重视。因为经常和老兵们打交道，中国驻外人员都非常了解老兵们的真实情况。在 2005 年抗战胜利 60 周年即将到来之际，总领馆向中央提出申请，很快得到了批准。

2005 年 9 月 3 日，中国人民抗日战争暨世界反法西斯战争胜利 60 周年纪念大会在人民大会堂隆重举行，居留缅甸的老兵杨伯方和刘权受邀参加。当他们听到胡锦涛主席讲到，“中国国民党和中国共产党领导的抗日军队，分别担负着正面战场和敌后战场的作战任务，形成了共同抗击日本侵略者的战略态势”这句话时，他们和全场的人一起，起立鼓掌。

由旅游始，到学术研讨，再到中国的首都参加官方的座谈会，这段历史就这么一步步地走上前台。

三十八

刘权住在缅甸曼德勒，在接到邀请前往北京参加纪念大会时，刘权试着按当年出征时的地址，给山东章丘老家的弟弟写了一封信，并附上自己的照片，他告诉弟弟，他就要回中国了，希望能回到山东老家看望亲人。刘权于 1935 年考入南京炮兵学校干部培训班，历经长沙会战、昆仑关大捷等多次著名的战役，1943 年编入中国驻印军，由炮兵转为汽车驾驶员，参加了密支那战役。

在缅甸，刘权的生活并不是很如意。

1949 年之后败退缅甸的中国军队与缅甸军队发生过多年的冲突，加上后来的排华事件的影响，生活在缅甸的中国远征军老兵受到太多的排挤和歧视。甚至在很长一段时间里，他们都不敢说中国话，而这些老兵的子女，更是不愿意学说中国话。

刘权曾多次表露过希望回中国寻亲的想法，始终没有得到子女的支持。为了和中国割断关系，子女们还反对他与其他老兵来往。而受邀前往北京开会，这是回山东老兵探亲的最好的机会。遗憾的是，至他启程，都没有收到弟弟的回信。他猜测，弟弟可能已经去世了。

捉弄人的是，等他从北京回到缅甸，弟弟的信才姗姗来迟。在信中，弟弟说，在失散了60多年之后，他终于知道了哥哥的消息，他期盼哥哥能早日回家。兄弟两个离散半个多世纪的会面，就这么擦肩而过。

而对于经济窘迫的刘权来说，要想自费再回一趟中国，几乎没有可能。

在大使馆和总领馆的努力下，居留缅甸的老兵获得了由中共中央、国务院、中央军委联合颁发且由胡锦涛主席亲笔签名的纪念抗日战争胜利60周年纪念章。拿到这枚纪念章时，老兵无不落泪。缅甸密支那的老兵李广钿，将领事馆向他颁发纪念章的照片放得很大，挂在客厅的正中央，每个到访的人都可以看得很清楚。

国家荣誉，这是一个士兵一生的梦想。

而在大陆，这枚象征国家荣誉的纪念章，并未能惠及每一个个体。

2009年10月的一天，90岁的湖南老兵吴远焯到北京找我，问我能不能帮他要一枚抗战胜利60周年纪念章。吴远焯是一名中国远征军，曾在新三十八师任中校营长，后来在东北参加内战时，跟随郑洞国起义，并且为了显示觉悟高，将个人财产全部捐给了解放军。

1983年，国家给投诚起义人员落实相关政策，因为吴远焯的相关证件早就在“文革”中被烧毁，他未能享受到。为此，他找到当年的军长郑洞国，郑洞国时任全国政协常委，亲笔写了一份证明并加盖了全国政协办公厅的公章，但还是不管用。他还找到很多证人，包括他当年的战友给出的证明，也有他转业时，为他办理手续的民政干部的证明，甚至还找到“文革”期间“集训班”的工作人员，证明他是一个反动军阀。但这些都无济于事。

晚年的时候，吴远焯不再要求落实政策了，只希望能得到一枚纪念章，以便可以入土为安。

陪同他到北京的儿子吴东平说，他陪着父亲已经上访20多年了，刚开始时只想着能享受国家政策领取生活费，他们甚至找到美国大使馆，因为当年父亲是在缅甸战场曾被美军的大炮震伤，留下后遗症，美国应该负责，仍然没人理会。但现在，已经不要求落实什么政策了，因为即使落实了，父亲也享受不了一两年时间了，他只想有关部门能承认父亲打过日本人就行了。

“我现在就想要枚纪念章。”吴远焯坚定地说。当我告诉他难度比较大时，吴远焯很是失望。他的儿子吴东平突然拿出200块钱硬往我手里塞，说是委托我去为他的父亲申请纪念章，算是喝茶的钱。我一阵心酸，坚决拒绝。看着他一脸小心翼翼的模样，我满心愧疚。一位老兵，为了一份应有的认同和荣誉，竟然要去乞求别人。

大概在一年后，吴远焯去世。听到消息，我心里异常难受，他委托我的事情，一直没有任何的进展。当天夜里，我将这件事情写在了博客上。没有想到，一位上海的朋友看到后联系我，说他找到了这枚纪念章，我惊讶地问从哪搞来的，他说他发现淘宝网上有卖的，我说那赶快拍下来吧，哪怕是放到吴远焯老人的灵前，也算是替老人完成了一个心愿。

当拿到纪念章的时候，我突然改变了主意，我觉得，把这枚从淘宝网上买来的纪念章送给吴远焯老人，是对他的玷污，一枚代表国家荣誉的纪念章，不在于它是金的、铜的，甚至只是一张纸，重要的是，是谁发的。

我不知道，这枚从淘宝网上买来的纪念章，还能不能代表这个国家。

已经去世的中国驻印远征军老兵俞允平留下的文字让我们再一次感受到这种酸楚："小时候看蜗牛爬树，喜欢在蜗牛要经过的地方撒盐。蜗牛爬到那儿的时候会觉得疼，一疼，就掉下来了。我们在旁边看着笑。蜗牛再爬，我们再放盐，如此往复。现在想起来，我就是当年的那只蜗牛。"

历史的戏弄，总会让一个个体的命运充满玄妙和莫测。

俞允平的去世是因为一次突然而至的"激动"，"激动"缘于中央电视台对他的采访。在节目播出的当天晚上，老人看着电视，就安静地离开了。在他的内心里，他觉得代表着国家的中央电视台对他的采访，就是对他的承认。在弥留之际，他叮嘱孩子，如果他有意外，不要埋怨记者。

采访过上百名老兵的二战史研究专家戈叔亚说，他明显地发现，对于这些抗战老兵来说，要不就早早地去世了，要不就活到八九十岁还依然很健康。去世早的，是因为内心的纠结和委屈，而依然顽强地活着的，是在等待，等待着对他从军生涯的盖棺定论。

三十九

较早关注滇西远征军的云南保山人杨建明经营着一家名为金水阁的酒店和一家名为史迪威的酒吧。从2004年冬天开始，杨建明选择了100个家境最为贫困的老兵，给他们每人每月100元钱的生活费。这项资助一共坚持了三年，花去了他30多万元。

史迪威酒吧的墙壁上，挂满了滇西抗战的老照片，甚至在酒水单上，还有“让我们铭记这段历史”的言语。

这种认知来自于20多年前的一次偶遇，那一次，杨建明目睹了一起车祸，有多人伤亡，后来他得知，其中有一位死者是远征军老兵，他是准备回家探亲的。死在回家路上的这位老兵开始让杨建明的心里隐隐作痛，老兵这个群体以及在他生存的这片土地上发生的那场惨烈的战争自此走进他的视野。

有一次，杨建明带着女儿去走访老兵，他发现一个老兵家里的铁锅边上有一圈圈白色的痕迹。问了才知道，老人买不起油，炒菜的时候只能倒点水。身为企业家的杨建明觉得，自己不能再等了。

对于这次覆盖面广、花费巨大且在后来起了示范效应的援助，杨建明觉得就是一种救赎，“我的祖辈以及我的家族和这些老兵们没有什么瓜葛，但我就是觉得欠他们的，有债就要还，替谁还都好”。他的心愿则是希望有一天远征军老兵能像苏联红军老兵一样，站在观礼台上接受人们的致敬。

而许多游客也从史迪威酒吧墙上的照片开始，重新了解这段历史。

在此前后，一些民间人士开始关注散落各地的抗战老兵，并成立相对松散的志愿者团队，以论坛为平台，展开募捐和交流等。比如北京的互助老兵论坛、云南腾冲的腾越论坛、湖南老兵之家、广西抗战在线论坛等。

来自河南的李磊是互助老兵论坛的一位版主，他是一名电工，曾经是一名“愤青”，后来觉得，仅仅空喊“抵制日货”“保卫钓鱼岛”是不行的，开始关注幸存的抗战老兵。从 2004 年开始，他所在的论坛开始展开募捐，为滇西的贫困抗战老兵每月提供 50 元的生活补贴。

腾越论坛负责人王立强是一位家住云南腾冲的志愿者，这位离老兵这个群体最近的志愿者，切身感受到，老兵们在物质上其实并没有多高的需求。闲暇时，王立强经常去找老兵聊天，陪他们抽几根烟，听他们一遍一遍地讲当年抗战的经过，那时候，他会发现这些老人满脸的荣光和激情。

王立强这位铁杆志愿者，最大的心愿就是能用这种最为普通的方式，送走最后一位老兵。

成立于 2005 年 9 月的贵州意气风发红十字会也是一个经常关注老兵的民间组织。每年国庆节，他们都要前往云南看望贵州籍的老兵，给他们带去一些捐助及家乡特产。在走访老兵过程中，他们得知老兵最需要的是“认同”，便制作了几百枚纪念章，凡是知道地址的老兵，都会寄上一块。虽然纪念章很简陋，但很多老兵都会把它装在贴身的口袋里。

志愿者还给老兵送过镀金相框，上面写着：在人类的字典里，你们就是中华民族的英雄。

广西抗战在线论坛也在2008年为老兵们做过纪念章，论坛负责人韦海勇说，当时有人质疑，他们是否有资格做这个纪念章。对此，韦海勇认为，这是来自民间的认同，老人们需要这种认同。

“湖南老兵之家”的志愿者曾宪军也有过类似的感受，他的爷爷就是参加过抗战的老兵。2005年抗战胜利60周年时，爷爷在电视上看到说有纪念章发给他们，但他没有拿到，就跑到镇里、县里去打听，当时爷爷已经89岁了。那是夏天最热的时候，爷爷中暑差点死在路上。这件事情让曾宪军成为一名坚定的志愿者，他希望帮助更多的爷爷。

志愿者李明晖也是从一次偶遇开始了他的救赎。那是在2005年7月的一天，在深圳工作的李明晖路过群星广场天桥时，看到一位80多岁的乞丐，面前铺着一张纸，上面写着：廖云端，四川大竹人，国民革命军预备二师少尉排长。

李明晖经过多方核实，证实老人的确是一名老兵。这位老兵到深圳治病，原本不多的积蓄很快就用完了，还欠了医院不少钱，无奈之下，只好上街乞讨。当年为国浴血奋战的老人沦落为乞丐，这让李明晖一时接受不了，他和朋友商量后，凑了2000多元钱，给了老人。

廖云端乞讨来的钱，对于治病只能是杯水车薪。这位老兵没能让生命得到延续。2007 年 1 月，廖云端因病辞世。

据廖云端的儿子讲，在老人去世前两天，他的精神一下子好了很多，一刻不停地向大家讲他当年在武汉、在腾冲来凤山等地参战的经历。这位老兵在回光返照的最后关头，终于打破了后半生一直保持的沉默。

在进一步了解了这段历史之后，李明晖约了几个朋友专程去云南保山慰问老兵。当看到 80 多岁的川籍老兵熊世超佝偻着身体斜倚在路边时，李明晖再一次潸然泪下。从此之后，云南成了他每年都要多次前往的地方。

2009 年，李明晖和几位朋友一起，成立关爱抗战老兵网，这个吸引了数千名志愿者的网站，聚集了越来越多的力量，成为关爱抗战老兵的中坚力量。

一些企业也积极行动起来。

2005 年 11 月 25 日，中兴通讯公司员工互助滇西抗战老兵活动在云南腾冲举行启动仪式，该公司在三年内投入 100 万元帮助滇西生活困难的抗战老兵。

2010 年，深圳特安公司将全国 250 多名生活困难的中国远征军老兵纳入资助范围，公司将提供每位老兵每年 6000 元的资助金，一直到老兵辞世。义举缘于凤凰卫视于 2010 年 3 月重播的纪录片《中国远征军》，片中的一个镜头让深圳特安公司总经理苏怡华感动不已：一位卧病在床的远征军老兵，家中没有任何家具，所有的东西都是用塑料袋悬挂在房梁上，当记者采访他时，他却坐直了身子用足气力说："中国人是不可以被战胜的！"

这场始于民间的爱心行动，经十余年的不懈努力，最终推动了国家政策的出台。

四十

多年以来，我一直难以忘记在缅甸碰到的那位老人，忘不了他的愤怒和他的绝望。正因为他，让我和这段历史有了关联。

那是在 2005 年 6 月，国际禁毒日前夕，时任《瞭望东方周刊》记者的我，被派往缅甸北部的“金三角”采访佤邦联合军禁种罂粟一事。这支民族地方武装组织，成立于 1989 年，由原缅甸共产党领导的部队分离而来。

一天晚饭后，我到宾馆的院子里散步时，在一棵大树之下，有一位穿着龙基（缅甸男人穿的裙子）的老人正躺在椅子上闭目养神。

“你是中国来的记者吧。”就在我走过老人的身旁时，他睁开了眼睛，主动向我打招呼。

我很诧异地问他：“你怎么知道我是记者？”

“谁来了这里，我都知道。”老人很得意地说，随后又解释说，“这个酒店的老板是我的亲家，我平时就住在这里，来来往往的人都知道。”说着，老人喊宾馆的保安拿来一个小凳子让我坐下，之后告诉我：“这里来过好多记者，因为这里是‘金三角’，臭名昭著，关于它的任何报道都会吸引全世界的关注。”

“你了解‘金三角’吗？”老人反问我。

我有些心虚地说，来之前看过不少资料。

“不要相信外界报道的那些，你要自己去调查了解。”老人说，“有好多记者，走马观花地来一趟，加上一些渲染，回去之后就写个长篇大论，这是极不负责任的，正是这样的报道，让‘金三角’越来越被妖魔化。”

老人的告诫引起了我很大的兴趣，我立即将他作为采访对象。在谈话中得知，他的家在四川，抗战期间参加中国远征军，1949 年后随军败退到“金三角”，也见证和经历了“金三角”最为鼎盛和混乱的日子。一生中最让他感到哭笑不得的一件事情是，他所在的部队退到“金三角”后，曾经和这支地方武装组织的头目所带领的部队发生过多次激烈的战斗，但现在，他和这个头目成了亲家。

在异乡他国，遇到一位曾经参加抗战的国民党老兵，让我的好奇心更为浓厚。但让我万万没有想到的是，我对他的身份的追问会让他那般敏感，这位老人猛地坐直了身子，指着我的鼻子异常愤怒地说：“你说，你们说我们不抗日，说我们是卖国贼，那么你说，在国殇墓园里，我们那么多兄弟是怎么死的？”

老人的指责让我一时无所适从。我努力回忆着我所接受的历史教育，我期望能搜索到一丝一缕的信息回应他，但是我的脑子里一片空白，我甚至连国殇墓园是怎么一回事也一无所知。

我的茫然，让老人陷入了沉默。

回国后，这位老人夸张的举止让我难以忘记，我一直想搞清楚的是，在谈到那段历史时，这位老人为何会如此激动。

碰巧,《瞭望东方周刊》在当年6月份发表了一篇我的同事黄泓采写的文章《正面描写蒋介石政府抗战书籍上市》,谈的是一本名叫《国殇》的书籍,在2005年5月悄悄摆上各地新华书店的柜台。

该书的作者张洪涛在接受我的同事采访时说,他写作此书的原因,是“国人,尤其是30岁以下的年轻人对国民党抗战的史实知之不多”。

这句话让我羞愧无比。那一年,我正好30岁。

这篇文章指出,《国殇》出版前后,正值中共中央部署抗日战争胜利60周年纪念活动,国民党主席连战访问大陆,国共56年来再次握手之际,其信号意义非同凡响,引起海外媒体关注。

因为有新华社的背景,《瞭望东方周刊》的这篇报道引起了海内外的多方关注,《南方都市报》甚至以《一场“抢救记忆”的媒体运动》来评价《瞭望东方周刊》的这篇报道。

在好奇心的驱使下,我搜索了“国殇墓园”,这座位于云南省腾冲县的墓园,介绍称“是中国规模最大、保存也最完整的抗战时期正面战场阵亡将士纪念陵园”,墓园的忠烈祠内,竟然挂有青天白日旗。

我突然有一种冲动,一定要找机会去看看这个地方。

真正的抵达已经是在两年多之后。从昆明坐飞机到保山,再转乘汽车,抵达腾冲时已是深夜。入住兴华大酒店后,我就急切地向酒店总经理鲁兴华打探国殇墓园的位置。让我激动不已的是,墓园就在离酒店百十米远的地方。

谈到国殇墓园,鲁兴华同样是兴致勃勃。当我后来接触更多的腾冲人，或官或民或商，我能深深地感受到，他们对国殇墓园的感情，以及对这段历史的认知，是那么一致地强烈和清晰。所以后来，当我们组织流落缅甸的中国远征军老兵回国探亲途经腾冲时，他们给予的欢迎之隆重，以及对于老兵关爱之真诚，让人感动。

从兴华大酒店的窗户眺望国殇墓园的方向，一片漆黑。那是一个很难入睡的晚上，我一直在想，在即将到来的清晨，我该以怎样的一种姿势，走过这百十米的路程，走进那段历史。

确切的时间是在 2008 年 1 月 7 日的早晨，这个边陲小城，寒意丝丝。

绕过一个盘道，顺着一条并不宽阔的柏油路前行，两边冷冷清清的玉器店已经显示出，在旅游旺地的腾冲，这里并不是一个游客必至之地。

当我真正站到国殇的大门口时，心中却有一丝失望，大门并没有我想象中的气派和伟岸，仅容一个人通过。但是，当我顺着松柏掩映的石板路拾级而上，绕过忠烈祠，站在小山坡下时，那种久违的震撼和激动还是如排山倒海般袭来。

整个山坡上，竖满了密密麻麻的墓碑，清澈的阳光透过高耸的松树，洒落在小小的墓碑之上。青苔遍布的墓碑按建制整齐地排列着，碑文简单到只有军衔和姓名。

我突然问自己：是何等惨烈的战争，让这么多的生灵不在？又是什么样的纠结，阻断了我们对这段历史的传承？

站在满山遍野的墓碑之下时，我再一次想起了在“金三角”偶遇的那个老兵，当他激动万分地向我讲起那段历史时，我却始终无动于衷且一脸茫然。

一切都是因为我的浅薄和无知。我想，我应该为这段历史去做点力所能及的事情了。

四十一

2008 年 4 月初，我再一次抵达腾冲。我决定以腾密公路的全线开通作为介入中国远征军报道的一个突破口。

腾密公路是云南腾冲至缅甸密支那的公路，是二战时著名的史迪威公路的一部分，由腾冲县政府投资修建。二战时，这条以美国将军约瑟夫・史迪威的名字命名的公路，让国际援华物资从印度经缅甸密支那源源不断地运入中国，成了中国抗击日本帝国主义的重要生命线。随着二战的结束，这条与中国远征军紧密相连的公路，日益荒芜。

2003 年 1 月 7 日，王彩春始任腾冲县委书记，重修“史迪威公路”的计划正式提上议事日程。

“有人说我是开国际玩笑。”回忆起当年决策时的情景，王彩春感慨地说。在刚开始有修这条路的想法时，连“重修”这个词都不敢说。反对者的声音格外强势。一是如何正视这段多年以来始终被回避的历史；二是一个县级政府掏钱在外国领土上修路，闻所未闻。

腾冲县的计划是，先期修通腾冲至密支那 200 公里的道路，随后再从密支那往印度边境修，与印方修筑的公路对接，全线复活“史迪威公路”。

腾冲县政府的一份汇报材料里，更是将这条路的意义提升到了国家的层面：在中国进口石油大部分要经过由美国控制的马六甲海峡的情况下，这条中国连接南亚的国际大通道，将开辟新的石油运输通道，保障国家的经济安全；这条通道经过的缅北以及印度阿萨姆邦，森林、土地、矿业、旅游等资源丰富，将有利于中国与南亚两大区域市场的对接和资源的合作开发。

2004 年 10 月 19 日，腾密公路的开工仪式终于在缅甸甘拜地举行。经过三年多的努力，腾密公路将于 2008 年 5 月全线通车。

没想到，一条重修的路，却触及了另一端很多华人内心最柔软的地方。

在密支那，仅云南籍的华侨就有 1000 多户，时任密支那云南同乡会会长的李心远介绍说，这些华侨，大部分是 1949 年后逃难出来的，除过一些地主富农外，还有不少国军官兵；而云南以外省份的华侨，大部分都是当年留下的远征军老兵及后代。

李心远是国民党高级军官李弥的侄子。1942 年，他的父亲被日军杀害，那时他只有两岁。1949 年后，年幼的李心远和母亲被李弥接到密支那，母亲替人缝衣服和卖豆花来养活全家。李心远兄弟三人，二哥侨居泰国，大哥曾因谋图反共被缅甸驱逐出境。

华侨简明亮的父亲曾是云南省盈江县的一位保长，1949 年后，全家逃到密支那。对于这条直抵华侨聚居区的公路，简明亮认为，除了加速中缅两国的贸易外，也会让华侨感受到祖国的日益强大，缩短人心的距离，“缅甸的华侨，或多或少都和国民党有些瓜葛，而他们的态度，对两岸的统一，将有着非同一般的影响”。

从云南腾冲的猴桥口岸边防检查站出境，穿过缅甸一个地方民族武装组织的区域，再经过一段笔直的两边全是稻田的公路，尔后经过一座架在伊洛瓦底江上由缅军守卫的铁桥，就到了密支那市区。

这条仅仅三个多小时就可以抵达祖国边境的公路，让许多人，用了一生也未能跨越。这种跨越，不仅仅是空间上的抵达，更多的，则是如何放下政治上的偏见和包袱。

在缅甸仰光，我曾采访过被称为“鸦片大王”的罗星汉。从14岁时开始当上果敢县大东山区教育组长，到1960年仅20岁出头时成为从事鸦片生意的孟洞公司老总，随之打败盘踞金三角的国民党残军贩毒势力，成为金三角最大的武装贩毒力量，再到1973年又因违抗缅甸政府解散武装的命令在泰国被诱捕而入狱7年，后来又于80年代参与瓦解缅甸共产党，罗星汉的名字，无人不知。

罗星汉直言，他曾经有四大敌人：一是共产党，二是封建土司，三是流寇即国民党残军，四是民族压迫者，“共产党是首，我们当时团结一切力量对付共产党。那时还办了一个反共军事学校”。而如今，罗星汉和中国的几大央企在经济方面有着诸多合作，转变来自于他发现中国变得越来越开明，“大陆现在推行新政，值得学习和发扬。给老百姓办了不少实事，比如免除农业税，几千年来没有的事，比如养猪，还给补贴”。

在武装贩毒时期，罗星汉的队伍里，曾有许多中国远征军官兵，他认为这是“生活所迫”。从“反共”到友好合作，这位商人显示出了他的精明。

华侨陈自廷的经历和大家一样。1952 年，年仅两岁的陈自廷随着被认为是村里“头号地主”的祖父从云南逃到缅甸，开始了一段漂泊的生活。父亲做着日用品和土特产的小生意养家糊口，他也因缅甸取消华侨学校的政策而辗转多地求学华文。

因此，陈自廷一家成了白派。缅甸的华侨在很长一段时间里都分为红白两派，红派支持大陆，白派支持台湾，甚至连会馆也各自成立。红白两派的人经常会因立场的不同而争吵甚至打斗。在 20 世纪五六十年代，每有大陆的中国领导人访问缅甸，支持台湾的白派要被暂时关押起来；反之，支持大陆的红派就会被关押。

“……在看待历史问题的时候，我们每一个人都需要客观，更需要包容，需要抛弃个人的偏见。”陈自廷说。1996 年 9 月，在陈自廷等人的不懈努力下，仰光的两个云南会馆终于合二为一。双方的谈判过程进行了一年多，最终的解决方案也充满智慧：两个会馆原来的会长都做合并后的会馆的名誉会长，新的会长由一名中立者担任。持不同政见的双方终于走到了一起。

四十二

不得不承认，密支那是一个无比美丽的城市，发源于西藏察隅的伊洛瓦底江穿城而过，英殖民时栽植的树已成参天之木，将整个城市掩映其中，唯一比大树还高的建筑是军方的瞭望台。

在赴密支那采访时，我查阅了资料，资料称，1944 年发生的密支那战役，也被日军称为“玉碎之战”，加上几乎同时发生在滇西的松山战役、腾冲战役，并称为二战期间日本在亚洲战场的三次“玉碎战”。

“玉碎”一词，出自中国史书《北齐书·元景安传》：大丈夫宁可玉碎，不能瓦全。

密支那战役为中国驻印远征军反攻缅甸战役中进行的一次城市进攻作战，中国攻击作战部队为新一军孙立人部之新三十八师与五十军，在经过近 100 天的激战之后，以伤亡 6000 余人的代价歼灭日军 3000 余人。日军在密支那的最高指挥官水上源藏则被逼到江边的一棵大树下拔枪自杀。水上源藏来自日本山梨县，曾参加对华北抗日根据地的“扫荡”。

密支那战后，驻印军各师均为阵亡将士竖立丰碑，五十师师长潘裕昆曾为“大中华民国远征军驻印军第五十军阵亡将士纪念碑”亲笔题词：

> 壮气冠河山，青史长留忠勇迹；
>
> 英魂昭日月，黄土难埋敌忾心。

抵达密支那的翌日，碰巧是清明节，我一大早起床，去伊洛瓦底江边的一个菜市场买了一捧绽放的雏菊，然后找到华侨李心远，告诉他，我要去中国远征军的墓地祭拜。

李心远好奇地望着我说：“墓地早就毁了。”

“那就带我去原址看看吧，总有个土堆吧。”我说。

“土堆？连尸骨都被挖得扔掉了。”李心远回答。

我有些惊愕！

位于密支那三英里的新一军阵亡将士墓地，一部分被密支那第六中学占据，一部分成了居民区。在用竹篾编织的围墙外，我慢慢弯下腰来，将菊花放在一片荒草丛生的空地前。

那一刻，我一直在犹豫，我是否应该跪下来，用最虔诚的姿势向这些埋骨异域的先烈磕上三个头。最终，我却放弃了这个想法，因为我不知道那些旁观的缅甸人，是否理解来自他国的一个年轻人，在一片荒芜中的叩首。

五十军阵亡将士墓地的原址，已经是密支那第二小学。小学校长海开努告诉我，她是 1990 年到这个学校，盖一个小房子时，发现了很多的尸骨，后来学校的学生就经常因各种意外受伤，北面的高埂上，经常会有汽车翻下来，她认为是惊动了亡灵，就请和尚来念经，之后就很少出现这种情况了。

这条高出路面几英尺的高埂，在密支那战役时，正是敌我战斗最激烈的地方，日军以此作为南部防线的主要屏障，五十军一五〇团负责从这里向北进攻。众多官兵倒下的地方，最后也成了他们的安息之地。

对于这种灵异事件，信奉佛教的海开努认为是“你们中国军人的亡灵没有得到安息”。

14师阵亡将士墓地的原址，已经是密支那恩仁区的居民区，这里的住户多比由告诉我们，即使是现在，周围的住户修建房子时还能挖出尸骨，“有些尸骨，手里还握着刺刀，尸骨一碰就碎了”。多比由同样认为“中国军人的亡灵没有得到安息”，因为每到下雨的时候，就能听到打仗的声音。

那是一场发生在雨季的战争。

我并不相信鬼神的存在，但在那一刻，却感到异常惭愧和不安。鬼神或许真的是不存在的，但是对于那些死者，我们活着的人，心里是有鬼的！

华侨简明亮告诉我一件亲历的事情：2005年7月，他陪同凤凰卫视的记者在密支那附近的“史迪威公路”旁边发现一个当时中国远征军的战场，壕沟内还遗留着不少当年作战时的车辆部件。驻扎在附近的缅甸政府军的士兵称，他们晚上从来不敢去那个地方，因为那里晚上经常会听见鬼哭狼嚎的声音。简明亮听说后，带来酒和米作为祭品，长跪不起。

三年之后，我组织了一场为时一个多月，针对缅甸全境的中国远征军墓地的考察，考察结束之后，我想起了台湾作家李敖“在抗日战争胜利 60 周年”祭文中写的话：作为中国人，今天我想起在抗日战场和朝鲜战场上用血肉之躯抵抗了小日本和美帝机枪大炮的几千万中国先辈……我欲哭无泪，我想跪下叩一万个响头……却找不到他们的牌位！

四十三

滞留缅甸密支那的中国远征军老兵李锡全，变得越来越沉默寡言。他的子女，中文说得很不流畅，平时和他交流都是用缅语。他的孙女李冬芬从密支那大学历史系毕业，但对他的历史并不感兴趣，也一无所知。这位面相已经完全缅化的姑娘，唯一和她的祖籍有关联的，就是这一个中文名字。

李锡全居住在密支那郊区的华侨新村，他家的房子是木结构的，外墙用竹篾编织。华侨新村曾是中国远征军的驻扎地，至今还留有几间二战时的铁皮房子。1949 年后，这里又成为难民营，最终成为华人聚集区。

随着云南“走出去”战略的实施，密支那街头偶尔会有中国牌照的越野车出现，这让李锡全很是激动，他会眼巴巴地看着车辆消失在视线里。所以，当一位华侨带着我来到他家，告诉他有一位中国来的记者希望采访他时，他眼睛里的惊喜显而易见。

这是战争结束 60 多年之后，他第一次向别人回忆当年的情景，离他出征，也整整 70 年了。

“你当兵出来后，回过湖南吗？”我问李锡全。问出这句话，我自己都觉得有些多余，一个人怎么可能70年没有回过家呢！

李锡全的回答让我有点意外，“没有。”他的回答很淡定，也有些落寞。

“等我回中国后，我帮您找家吧。”我随口说。那一刻，我觉得作为一名记者，除通过自己的报道将这段历史告诉更多的人之外，还可以身体力行地做点事情。

李锡全没有接话，一脸无动于衷，让我甚至感觉到自己有些自作多情。他或许是根本就不想回家？

疑惑之中，我接着问：“您想回家吗？”出乎预料的是，李锡全摇了摇头淡然地说：“不想。”但是我从他的语气中依然感受到了一丝不同，就在我诧异时，李锡全有些自嘲地说：“要两三百万元才回得到（缅币，100万缅币约合6500元人民币），我也老了，回不得了。”

没有多想，我从采访本上撕下一张纸，让李锡全写下了他所能回忆起来的和家乡有关的所有信息：湖南省桃源县白洋河鹅道咀，父亲李尧臣，大哥李松柏（又名李锡铃），五哥李锡番。

帮助李锡全找家并没有花费太大的精力。在个人博客上，我贴出了李锡全找家的信息，然后又找网站的朋友推荐到显著位置。

在网友的接力互动下，大家找到了李锡全的侄子李谷伯。电话里，李谷伯异常激动，他说，他的父辈兄弟6个，后面3个兄弟都去当了兵。其中四叔死在了新疆，五叔则在抗战结束后安家云南，在20世纪80年代还和家里有过联系，唯独六叔李锡全一直没有消息。他的奶奶，也就是李锡全的母亲，在临终前还一直念叨这个她最疼爱的小儿子。

一场战争，让这个家庭四分五裂。而伤痛，在事隔半个多世纪后，还难以抚平。

确认李锡全的家人找到后，我立即打电话给缅甸密支那的华侨董宝印，让转告李锡全这个激动人心的消息。那一夜，我始终难以入眠。离家70年，这位流落异域的老人，终于在迟暮之际，听到了来自家乡亲人的消息。我想，那个夜晚对于李锡全来说，肯定也是辗转反侧。他的记忆是否能顺利穿越超过一个甲子的阻隔，回到那个久违的小山村，是否还能忆起儿时的欢乐、亲人的面容。

第二天一大早，我迫不及待地再次拨通了华侨董宝印的电话，了解李锡全的消息。意想不到的是，董宝印在电话里有些哀怨地对我说，李锡全听到这个消息后痛哭不止。同样作为一名在异国打拼的华侨，董宝印或许更能体会症结所在："他都老成那样子了，他哪敢再去想回家的事啊，年轻的时候想回去，但找不到，也不敢回，现在年老了，身体不行了，更没有钱，不去想这事了，死心了，家却找到了，你说他能不伤心吗？"

听了这些，我也明白了为什么当初我告诉李锡全要为他找家时，他的漠然。当一个人的想念成为永远也无法企及的奢望时，他也就会变得淡定和坦然。

二战结束后，在缅甸滞留了上千名中国远征军士兵。有的是第一次入缅作战失利撤退时与部队走散，有的是厌倦战争而私自脱离了部队，有的是因为负伤被留在当地，有的是在战争结束后退役，也有很多，是在1949年之后逃亡缅甸。这些滞留缅甸的士兵，为了生存，只能摆地摊或者去打些零工，也有的甚至去贩毒。因为生活的窘迫，加上华人在很长时间里受到歧视，他们只能入赘当地的一些少数民族或者贫困的家庭。

李锡全娶的就是一位傣族的姑娘。即使到了晚年，他还不得不卖些柴火为生。每月的收入换算成人民币的话，不足百元。依靠这些收入，他如何从一个国家，到另一个国家。

其实后来，当费尽周折帮李锡全筹到回家的路费时，我才知道，他回家的困难不止于此。

听完董宝印的讲述，我突然有一种冲动，作为一名记者，对这段历史的救赎不应该止于真相的探究和传播。未加多想，我坚定地告诉董宝印，让他转告李锡全，我来帮他回家。

没几天，“5・12”汶川特大地震发生，我第一时间赶往灾区采访。印象特别深的一件事情是，5月15日傍晚，当我正在安置灾民的四川省绵阳市九洲体育馆采访时，手机响了，传来一个颤抖而又急切的声音，“祖国发生地震了，我还能回得了家吗？”在我的面前，是数万名失去家园或者失去亲人的灾民，他们脸上是让人心碎的茫然。我毫不犹豫地告诉那位老人：“我一定会接您回家，一定！”

在地震灾区，我曾搭乘某陆航团的直升机到北川县漩坪乡采访。地震发生后，漩坪乡通往县城方向的山体垮塌，形成了一个巨大的堰塞湖，截断了道路。在十里村一间用彩条布搭建的帐篷里，我看到一位受伤的妇女，她叫张立英，58岁，地震让她的腰椎骨折，不能动弹。我告诉她，她可以乘坐直升机离开这里，到大医院里接受治疗。张立英拒绝了，她担心没有人照顾。我说，在医院里不仅可以接受免费治疗，还会有专人陪护。但张立英怎么都不愿意离开。

在我的多次劝说下，张立英才告诉了我实情，她的乳腺癌已经到了晚期，“我害怕离开家，再也回不来”。

张立英所说的家，早已成了一片废墟。但她依然选择了坚守。

那一刻，我更加明白李锡全回家的意义。

四十四

“中国远征军？是抗美援朝的吗？”一位朋友在听我讲完李锡全的故事后，反问我。我很尴尬地笑了笑，给他讲了中国远征军入缅作战的历史，他一边听，一边有太多惊讶，中国部队还到外国去抗日？他离家 70 年了，就没有回来过？

为了募集李锡全回家的路费，在地震灾区采访回来后，我开始游说一些做企业的朋友。每次，我都要花很长时间，去告诉他们这段我也半知半解的历史。先后有两个企业家被我说动，但后来，他们都以同样的理由拒绝了我：“我才知道中国远征军是国民党的兵，我为什么要帮助他呢？有什么好同情的？”话语里，充满了责备。我争辩，但还是被坚决拒绝。

事隔半年多之后的 2009 年初，反映中国远征军的电视连续剧《我的团长我的团》热播，引起巨大反响。这部片子，最大的价值就是完成了公众对于这段历史的普及教育。导演康洪雷坦诚，他和编剧兰晓龙在采访完中国远征军老兵回到酒店后相对号啕：之后我们在想，哭什么呢？是哭这些老兵壮丽的往事和寂寥的今天？还是哭什么？后来发现，我们哭我们自己的无知，自己的可怜。我们快 50

岁了，居然对中国抗战历史上这么大块波澜壮阔的史实和一个一个区域丝毫不知，你不可悲吗？

这段被掩埋的历史，即将谢幕于这个时代的时候，突然重返公众视野，很多无知者，在反思过后，便开始用行动来救赎。

在云南腾冲采访的时候，我曾遇到过正在拍摄电视连续剧《我的团长我的团》的工作人员，以及正在采访中国远征军老兵制作口述历史节目的央视著名主持人崔永元的团队，在和这些同龄人交流的过程中，我也切身感受到了他们对于这段历史所表现出的投入和内心的挣扎。

崔永元开始关注这段历史是在2002年，机缘是在此之前去日本的一次访问。那次去日本，崔永元在NHK（日本广播协会）参观时被他们的一个影像库所吸引，NHK有一个特别行动组，专门做一些纪实性的采访，但不管播不播，NHK每年都会给拨很多钱。在这个影像库里，崔永元竟然发现了张学良在“九一八”事变之后一段长达30分钟的演讲实录。这段演讲中，张学良说，委员长说了，两年之内，不把日本人赶出满洲，他就辞职。在这个影像库里，关于中国的资料密密麻麻。

崔永元大受刺激。回国后，崔永元找到台长，说中央电视台每年应该拿出一个亿或者几千万元专门做历史资料的收集，从公益讲也有用，长远讲是给子孙后代留下。崔永元有些幽默地说，后来台长拍着他的肩膀说，小伙子，先忙别的去吧。

崔永元并未灰心，借着央视制播分离的改革机会，自己筹钱开始做这个项目。

在 2010 年 5 月 15 日崔永元的新片《我的抗战》的看片会上，崔永元透露，七八年来，他和他的团队采访了 3500 个人，收集的口述历史的影像超过了 200 万分钟，收集的历史老照片超过了 300 万张。而最大的困惑是，对抗战历史最感兴趣的，竟然是我们当年的对手日本人。

在这次看片会上，崔永元直言，其目的就是“给后人留下一个千百年以后还和先人内心对话的机会”。

为了筹到李锡全回家的路费，我几乎穷尽了所有的人脉，但依然一无所获。无奈之下，我在博客上贴出文章《跪求热心人士关注流落缅甸老兵》。那时，我心急如焚，对于一个年近九旬的老人来说，一天或许都不能耽误，更为重要的是，我让一位已经死了心的老人，又开始充满期待，我不能辜负自己的承诺和老人的信任。

终于，在一位朋友的引荐下，湖南一家上市公司的董事长愿意提供支持。身为湖南人，这位董事长对这段历史有很多的了解。但他依然有很多的顾虑，希望能进一步确认李锡全的身份，要求我和他的员工一起，专程去缅甸核实。

我再一次来到密支那。

去李锡全家的时候，他没有在家。带路的华侨说，一定是去邻居家看电视去了。果不其然，没几分钟，李锡全回来时，一问，果真是到邻居家去看中央电视台的《新闻联播》。李锡全家也有一台小的黑白电视，之所以去邻居家，是因为邻居家有卫星接收器，“可以看到中国的电视”。

同去的上市公司的员工是湖南桃源人，李锡全的老乡，他们就用家乡话聊了很长时间，已经半个多世纪不说家乡话的李锡全，乡音还是非常纯正。

什么是家乡呢，无非是一句方言，或者一个味道，抑或是一段记忆。

在李锡全的记忆里，他老家的村子旁边还有一个小池塘，他小的时候常去游泳，或者抓了鱼虾回家吃。在李锡全回到家乡后，有记者陪他来到村子旁边，虽然小池塘已经不在了，但他依然能说出当年的位置。当大家都感慨他的记忆力真好时，李锡全平静地说：就是经常想，所以才记得。

其实更多的时候，人的记忆力是非常脆弱的，时间甚至可以让你遗忘父母的名字，抑或是曾经痛不欲生的悲伤。有好多无法忘却的东西，是因为依靠不停地想念来维系的。

后来，李锡全回家的时候，随身携带着一本中国的地图册，装订已经开胶，页码散开，但码放得依然很整齐。很多人很好奇，拿来这本地图册来翻，当他们翻到湖南那一页时，几乎所有的人都会潸然泪下，因为，很明显地可以发现，湖南那一页是被翻得最烂的一页。看到旁人落泪，李锡全则很平静地指着湖南那一页说，这里是桃源县，这里就是我的家，我想家的时候，就看看这本地图册。

对于这些因政治偏见流落海外的华侨来说，这些色彩斑斓的小方块，就是他们的祖国和家乡。

1949 年后移居台湾的当代著名文学大师王鼎钧也曾有过类似的情感，他在《中国在我墙上》一文中写道：一个离开了祖国大陆，到远地行走的人，他的感情是独特的。他读中国地图，会读一个上午。他想念辽阔的家园，却情怯不能回家……

在缅甸曼德勒有一位老兵叫张富鳞，他的老家在山东济南，他对家乡的记忆是一种叫作甜沫的食品，每次谈到老家，张富鳞都会说到甜沫，并感叹，“70 多年没吃过了，从当年离开家后就没吃过了，真想啊，那滋味……”说着还咂了咂嘴，沉浸在回忆中。

每一个人的童年，都有一种熟悉的味道，让你一生也难以撇弃。

查阅甜沫的由来及典故，总会让人又回想到张富鳞：相传明末清初年间，天灾战乱，大批难民拥入济南，饥不果腹，一田姓小粥铺，经常舍粥赈济，由于来者众多，难满众求，便在粥内加入大量的菜叶并咸辣调料。灾民每当端碗盛粥前，见煮粥的大锅内泛着白沫，便亲切地称之为“田沫”，就是田老板赈舍的粥。一落难书生，也来此求得此粥，误记为“甜沫”，后考取功名做了官，题写了“甜沫”匾额，从此“甜沫”就一直流传叫到了今天。

四十五

显然，李锡全已经做好了回家的准备。他的女婿寸待仕说，老人已经购买了一些小礼品，准备回家时给孙子、重孙们，而且全家已经开会商定，让他陪老人一起回家。同去的上市公司的员工也确认了李锡全的身份，并且告诉李锡全，等回去向领导汇报后，办好回家的手续，再来接他回家。

听到这些，李锡全一脸开心地笑了。

在密支那的其他三位老兵闻讯也来向李锡全祝贺。分别是广东的杨剑达、四川的杨子臣，还有云南的李广钿。

杨剑达来的时候，带来一张 2005 年的《联合早报》，报纸已经泛黄，但被塑料纸精心地包裹着。之所以保存这份报纸，是因为上面的一篇文章《历史包袱和政治偏见》，这篇通篇在谈中国远征军的文章，也提到中国年轻一代的反思和救赎，文章结尾说：在纪念抗战胜利 60 周年的时候，我们看到中国领导人去访问八路军老兵的温馨场面，但若当时也有国军抗日老兵的身影出现其中，一定会令人感到圆满温馨和由衷欣悦。

杨剑达有过这种“欣悦”，抗战胜利 60 周年的时候，大使馆给留缅的抗战老兵颁发了由胡锦涛主席签名的纪念章。这枚纪念章，杨剑达把它藏在箱底。来了外人，坐在轮椅上的他会喊女儿杨玲玲把纪念章拿出来，由他一层一层打开包装，像剥包菜一样，当那枚金色的纪念章亮闪闪地呈现在客人眼前时，老人脸上的喜悦也像花儿一样绽放。

这份迟到半个多世纪的国家荣誉，给杨剑达带来了很大的满足。但显然，仅仅这一枚纪念章，是难以完全抹去这位老兵内心的伤痛和寂寞的。

在缅甸生活 60 多年，杨剑达一直没有加入缅籍。问起原因，他说，在印度时，有一次一位华侨被当地人打死，家属找到大使馆，使馆准备交涉时才发现，这位华侨已经加入英籍，最终此事不了了之。“我加入了缅籍，我的国家就保护不了我了。”杨剑达说，“我是一名中国人，我是一名中国军人，有一天，我终究要回到我的家乡。”

其实他们用生命保护的这个国家，曾经没能给他带来保护。因为政治、历史的原因，这些在缅甸的老兵，不得不忍气吞声地生活，甚至在很长一段时间，他们连汉语都不敢说。

杨子臣的经济条件较好，曾经回过四川老家探亲。但是那次回家的经历，给他留下了新的创伤，“感觉像做贼一样，因为我是国民党的兵，好多小时候的伙伴，都不敢和我多谈，生怕会连累到他们”。其实在密支那，杨子臣有同样的感受，这个他曾经战斗过的地方，到处都是日本人修建的纪念碑，“我们是战胜国，但我总感觉日本才是战胜国”。

和其他两位老兵相比，李广钿的话非常少，即使是给他们四个拍合影的时候，他也是低着头。就在我们要出发时，李广铀突然拉着我的衣襟，怯怯地给我说：“孙先生，我的家也没有找到，我也没有回过家。”

一句带着生疏和敬意的“先生”，让我突然有些心酸。这些老兵隐埋在内心若干年的痛楚，再一次因为我们的到来而隐隐作痛。

李广铀的家在云南省宣威市。我劝慰李广铀说，等回去先帮他找家，找到后再接他回去。让我至今感到愧疚的是，虽然我后来做了一些努力，但并没有替李广铀找到家。半年多之后，实在等不来消息的李广铀竟然一个人穿越国境，回到云南老家。

李广铀住在密支那第二小学旁边，几年前在后院里种菜时，就挖出过骨头和子弹。这里曾经是五十军的墓地。自从在院子里挖出过骨头后，李光铀把菜园子改成了花园，种了满园的玫瑰，五颜六色。

回到国内，我们信心百倍地去给那家上市公司的董事长做了汇报，那位董事长听完我们的汇报，有些神情落寞地告诉我：在我们去缅甸后，他们向北京的公司总部汇报了此次活动的方案，但上级领导没有批准。

我一时懵了。我怎么向那个已经做好回家准备的老人交代？

在此事再度陷入僵局的情况下，《潇湘晨报》关于李锡全回家的一篇报道引起当地企业关注，湖南华中电力建设开发集团有限公司决定资助李锡全回家的所有费用。

经过千辛万苦，费用终于有了着落。但更大的难题却无法逾越。因为李锡全没有任何的身份证件，他无法跨越国境。最终，他不得不用偷渡的方式，回到自己的家乡。

即使如此，这位离家 70 载的老兵，当他颤巍巍地走过冰冷的中缅边境四号界碑，踏上中国的土地时，他清癯的面颊上，热泪纵横。

跨过国境，就是当年战斗的地方，云南腾冲。在抵达腾冲的当天，李锡全去了国殇墓园，那里，埋葬的全是他逝去的战友。在墓园里，李锡全见到了闻讯赶来的中国远征军老兵黄有强。在这块曾经被战友的鲜血染红的土地上，两位老人挨坐在一起，手拉着手，久久不愿松开。

黄有强的家在湖南芷江，曾是五十三军一一六师三四六团炮兵营的一名炮手。五十三军和李锡全所属的五十四军，是攻打腾冲的主力部队。在那个残阳如血的午后，两个耄耋老人并肩坐在国殇墓园的台阶上，记忆也一下子回到了 60 多年前那场惨烈的战斗。

15 岁那年，黄有强和同村的三四位年轻人一起瞒着家人外出谋生，辗转湖南、江西、浙江多地。在浙江温州一个小店里洗盘子讨生时，适逢日军进攻上海，黄有强便主动投军。黄有强原名尹秀强，腾冲战役结束后，他偷偷离开了部队，经当地人介绍，入赘腾冲一黄姓人家，遂改名黄有强。

李锡全回家的事情让黄有强很羡慕，因为他滞留云南后，也和家人一直没有联系。幸运的是，在湖南志愿者的帮助下，黄有强的家也找到了，一年之后，在深圳的湖南籍企业家贺清海的资助下，黄有强终于圆了回家之梦。

每每提到那次回家的经历，黄有强就像一个孩子无法掩饰自己的激动，他会一再告诉大家一个细节：“有好多的人去火车站接我，光鞭炮就放了500多块钱的，他们都喜欢我，说我打过日本鬼子，有功。”

在云南腾冲，黄有强住的是一个仅有六七平方米的简易房，房子只有三面墙，另一面用布帘子和纸箱壳简单地遮挡着。屋内正冲着门的墙上挂着一块塑料牌，上面写着“抗日英雄”四个字，那是贵州一个民间志愿者组织发给滇西抗战老兵的。黄有强把塑料牌摆在屋子最显眼的位置，他要告诉别人，自己被承认了。

云南腾冲的滇缅抗战博物馆馆长段生馗说，留在云南的老兵，好多都当了上门女婿，入赘的也都是些家境很差的人家，加上这么多年来在各种运动中挨整，所以他们的一生相当悲惨。十多年前，段生馗在腾冲街上看到一个捡破烂的老头，有人说他是远征军老兵，段生馗不信，去打问了，还真是，而且还是一名空降兵，“那曾是多牛的一个兵种啊！”

历史的阴影让这些老兵至今心存惶恐。腾冲县委的一位工作人员告诉我，在2003年县里曾经组织了一次老兵座谈会，请老兵吃了饭，还发了纪念品，在送老兵回家后，许多老兵的家人才长出了一口气，他们还以为又搞什么运动了。

滇西抗战结束后，同样有上千名外省籍老兵滞留于此。绝大多数，终生未能回家。

四十六

2008 年 10 月 19 日下午 5 时 45 分，李锡全乘坐的 K472 次火车在晚点 4 个多小时后，终于驶入长沙火车站。湖南老兵之家的志愿者组织了盛大的欢迎仪式，上百名志愿者和热心的市民聚集在火车站广场，迎接这位英雄回家。出站口两侧，是大家自发制作的横幅：热烈欢迎中国远征军英雄李锡全荣归故里。当李锡全走出火车站时，夹道欢迎的人们自发唱起了《义勇军进行曲》。一位现役士兵，专程赶来，面对这位国军的抗战老兵，敬了一个标准的军礼。

从缅甸密支那，回到那个曾经叫过鹅道咀的小山村，李锡全用了整整 7 天时间。这一路，充满了未知的困难和坎坷，就像这位老人的一生，但毕竟，还是回来了。

当一辆显眼的奔驰小轿车从村口的沙石小路上远远地驶来时，等候在家门口的亲人们已经迫不及待，不停地张望着。70 年前，李锡全的母亲就是用这种姿势送走了自己的孩子。在离家门口还有三四十米的地方，车子停了下来，等不得别人搀扶，李锡全老人拉开车门，走了下来。

这条路翠竹掩映，斑驳的阳光让人感觉有些虚幻。这位老人，就这么一步一步地似从梦中走来。

礼炮轰鸣。乡亲们用这种最为传统和尊贵的方式来迎接这位英雄，迎接这位离家出走的孩子回家。几乎所有的亲人和乡邻都来了，老人的侄子李谷伯一一向李锡全作着介绍，李锡全边握手边说，慢慢来，慢慢来，我要把你们都记住。

89 岁的陈正刺，是全乡唯一健在的知道李锡全的老人。面对这位儿时的玩伴，李锡全已经完全没有了印象，只能感叹岁月的无情。

为了迎接李锡全回家，当地乡政府组织人员平整了通往李锡全老家的道路，并对沿途两侧的垃圾，进行了一次彻底清理。县上的领导也意外地前来慰问。而早在一个多月前，亲人们就已经开始张罗着迎接李锡全，虽然家里并不富裕，但他们还是特地腾出一楼的一间房子，粉刷了墙壁，购置了新的被褥。

家宴已经准备停当，整整五桌。桌上，是热气腾腾的钵子菜。“不愿朝中为驸马，只要炖钵炉子咕咕嘎。”这是常德民谣中关于钵子菜的描述。

事隔 70 年之后，李锡全再一次吃到家乡的味道，那味道里，有儿时的调皮，也有关于母亲的记忆。

回家第二天，李锡全就来到父母坟前。那一天，天空飘着小雨，李锡全打着伞，在父母的坟前站了许久。当年，母亲送他出征的一幕至今还深深地记在脑海里，那一年，李锡全已经是一个大小伙了，相比之下，母亲的身影瘦小了许多。母亲一直送他走了很远，并且再三叮嘱他，你一定要回来。他无法忘记，当他出征的身影消失在村头之后，母亲歇斯底里的哭声。

“妈妈，我回来了。”在母亲的坟前，李锡全喃喃自语。

在抗战史上，湘军的地位举足轻重。黄埔军校1—5期共毕业湖南籍学生2000多人，他们大多成为抗战部队的骨干，其中中国远征军将领约三分之二为湖南籍。8年抗战，约210万名湖南人投身疆场，他们的身后，也是210万名整日牵挂孩子归来的母亲。又有多少，最终骨肉未能相见？

在后来，几乎所有从缅甸回家的老兵，回家之后最重要的事情，就是去父母坟前祭拜。

从缅甸南母丁回到江西樟树老家的老兵刘辉，趴在父母的坟前失声痛哭，他面对一堆无言的土，撕心裂肺地说，当年他不听母亲的话，偷偷跑去当兵，在印度驻防时，家人写来父亲病危的书信，但那时，大反攻即将开始，排长将书信藏了起来，他为国家尽了忠，但是却没有办法为父母尽孝。

从缅甸木邦回到河南西平的老兵张浩东，在母亲的坟前，他喃喃自语：妈妈，我回来了。

台湾作家龙应台在《大江大海1949》里曾提到台湾老兵回乡的场景：当他垂垂老时，他可以回乡了，山河仍在，春天依旧，只是父母的坟，在太深的草里，老年僵硬的膝盖，无法跪拜。

你一定要回来。所有的母亲，在送自己的孩子为国出征的时候，都会这么叮嘱，或者在心里祈祷。但是，有太多的孩子，再也无法回家。

很多不同地方的朋友曾给我讲过场景类似的情景：1949年之后，农村里放映内战题材的露天电影，每当战斗到了最激烈的时候，银幕下的很多中年妇女，就会嘤嘤地哭泣，有的则掩面离去。尤其对于那些国民党士兵的母亲，她们要承受的，不仅是失去孩子的痛苦，还有无从诉说的屈辱。他们的孩子，背负着历史沉重的标签。

毫无疑问，李锡全的回家是一次每天都浸泡在泪水中的旅程。从听到找到家乡亲人的消息，到跨进国境那一刻，到在国殇墓园里和当年的战友交流，再到面对长沙火车站数百名市民的热烈欢迎，以及见到和自己血脉相连的亲人，还有在父母的坟前。而更伤心的，则是又一次离别。

在湖南老家停留一个多月之后，李锡全又要返回缅甸了。回家了，为什么还要返回缅甸？

在返回缅甸之前，李锡全再次来到父母的坟前，他含着眼泪告诉父母："我要回去了，我以后回来再看你们。我在缅甸那边还有家人，本来我也不想回去了。"

家，究竟在什么地方？是这个可以做出地道钵子菜的小山村，还是缅北那个更为贫困的华人区。这里安葬有自己的亲生父母，但那里，同样也有流着自己血液的子子孙孙。因为战争，因为无法逾越的历史，他们不得不承受这样的纠结和离散。

四十七

想念父亲的时候，胡爱保就会在心里学着父亲的宁波口音说一声“你过来”，那时，她仿佛看到父亲就在她的眼前。小时候，父亲经常会微笑着对她说这句话，当她走到父亲身边时，父亲会用一只大手把她紧紧地搂在怀里。

胡爱保所说的这位父亲，其实是她的继父。

胡爱保的家乡在缅甸密支那，她有一个缅甸名字叫夯摆。如果不是那场战争，她的命运则会是另外一种场景。根据大致的推算，胡爱保觉得自己应该出生在1935年，在她6岁那年，她的亲生父亲外出打工数月未归，母亲带着她去寻找，终于打听到父亲的消息，才知道父亲已经做了别家的上门女婿。为了维生，母亲带着她在密支那飞机场附近卖水果。在此期间，母亲认识了一位在飞机场工作的工程师，来自中国浙江的宁波市，这位名叫胡明芳的中国人，不久后成了胡爱保的继父，她的名字也因此改为胡爱保。再后来，她又有了一位同母异父的弟弟，名叫胡福娣。

根据史料，1940年7月，英缅当局迫于日本的压力，暂时关闭了为中国运送武器补给的滇缅公路，中国随即向美方申请资金，用于发展中缅航线，最终确定在缅甸密支那修建机场，因为这里距离日本军事基地较远，日军战斗机不能到达。密支那机场建成后，成为中国航空公司从云南昆明往返印度加尔各答重要的中转站。胡爱保的继父，很有可能是中国航空公司驻密支那机场的地勤人员。

1942年初，日军攻陷缅甸。随着日军的不停北上，那段幸福而又相对安稳的日子再次被打破。胡爱保只记得，那时经常会有日本的飞机前来轰炸密支那的机场。有一天晚上，继父和母亲大吵起来，原来继父要带着全家撤回中国，但母亲不愿意，两个人为了要孩子争执不休。最终，为了全家团聚在一起，母亲只好同意和继父一起到中国。继父带着他们坐上一辆黑色的小轿车，撤往中国境内。

事隔60多年，胡爱保依然记得那个混沌的场景，到处都是满载中国军民的大卡车，到处都是亲人之间的生死别离。当他们抵达腾冲时，日军已经攻到腾冲，和驻扎在这里的中国部队展开激战。这应该是在1942年5月。胡爱保牢记在心的一句话是，母亲在慌乱之中告诉她：我们是缅甸人，以后就是要饭，也要回到自己的故土。

胡爱保一家到了云南后，又经过贵州，到达广西桂林。在那里，继父胡明芳继续在原来的单位做工程师，胡爱保也开始上学，她的同桌叫高玉宝，她家就住在当地的司令部。那时候，每天放学回家，继父都会叫她宝宝，并教她学说中国话。她只记得，继父给她说话时，总是紧紧地抱着她。

但没多久，新的逃亡又开始了。1944年，日本军队入侵桂林。在枪炮声中，胡爱保一家再次坐上从桂林开出的火车。胡爱保回忆，火车到了一个叫金城江的地方（现属广西河池市）时，空袭警报突然响了，日军的飞机已经飞临上空，前方的铁路桥已经被炸断，火车紧急停车，火车上的人四外逃散。胡爱保一家也随着人群开始逃亡。

就在那一天，他们一家四口被永远地分开了。胡爱保回忆，因为走了整整一天，大家都很饿，继父就让他们等着，他去找点吃的。一直等了好长时间，也没有见到继父回来。焦急的母亲让她坐在行李箱上，背着弟弟去找她的继父。母亲走了没多长时间，一大批难民拥了过来，有人对着胡爱保喊，小孩，赶快跑吧，日本人来了，见人就杀。一位好心人过来牵起胡爱保的手，拽起就走。

那一走，她再也没有见过继父、母亲和弟弟。在胡爱保的童年里，最温馨的记忆，就是继父用手将她紧紧揽在怀里。

和亲人失散后，胡爱保跟着难民一直逃到贵州，鞋子破了，就光着脚走，饿了就去讨些剩饭或者去捡些野果子，晚上就和大家挤在破庙里。有一天，他们栖身的破庙里来了一只狼，大家都跑开，胡爱保刚爬起来想跑，就一阵眩晕倒在地上，当她醒来时，发现那只狼就睡在她的旁边。

有一次，难民们碰到了日本人，他们骑着马，挥舞着大刀，见人就杀。胡爱保跑不动，看着日本人越来越近，她只好拼命往死人堆里钻，用尽全身力气爬到一具尸体的下面。等日本人走远了，她爬出来，看到这具尸体上被日军捅了好几刀。后来，晕倒在路边的胡爱保被一位好心的村妇发现，给她喝了点米汤，之后带她到村里的伪保长家里做工。保长名叫罗自九，稍有不满，就会用皮鞭、竹棍打得她皮开肉绽。这之后，胡爱保又辗转几个家庭，或当养女，或被当作童养媳，或做零工。那时，她最大的心愿，就是能回到自己缅甸的家乡。

1949年后，胡爱保参加了文化扫盲班，并加入了中国共青团，她也嫁给了一名中国军人。1951年，她的丈夫参加了志愿军入朝作战，她则捐了自己所有的首饰为国家购买飞机大炮，还组织文艺宣传队欢送志愿军到前线。丈夫退伍后，转业到铁路局，夫妻两个为了支持铁路建设又辗转多个省份。但胡爱保一直没有忘记，她是一名缅甸人，她要找到自己的继父、母亲还有弟弟。一有机会，她就给各地的广播电台写信。

1966年，胡爱保的命运再次发生变化，她被认为是潜伏的特务、间谍，经常被拉出来批斗。胡爱保两度喝药自杀，被女儿发现救了下来。她想不通的是，她是爱这个国家的，怎么会是特务呢？

"文革"结束后，胡爱保仍然没有忘记寻找自己的亲人，缅甸的新闻是她最为关注的事情，她收集了很多缅甸的新闻剪报。1978年1月，邓小平访问缅甸时，电视里出现了缅甸机场的镜头，胡爱保为此哭得死去活来。

胡爱保一直在想，她的母亲最后是不是找到了继父，他们还在世的话，是不是知道她这个女儿还活着。

所以，当李锡全从她的家乡缅甸密支那回到湖南长沙的时候，胡爱保总有一种幻觉，那就是她的继父。见到李锡全，胡爱保上前去抱住这位老人，失声痛哭。后来，她曾试图用缅语和李锡全交流，但对方并不是听得很明白，她又唱起小时候学的一首歌《四季歌》，随同李锡全回家的女婿听了这首歌，告诉她，那是一首缅甸的傣族歌曲，胡爱保这才知道，她是缅甸的傣族。

2013年6月，我和同事专程前往湖南长沙的暮云镇，找到胡爱保的家，希望能获得更多的线索，帮她找找亲人。她的女儿韦荣菊接待了我们，听完我们的意图，一脸悲伤地说："你们为什么不早来，我的母亲已经在一年前去世了。"

"我的母亲去世前，还在给我们唱那首《四季歌》，还说她最大的心病，就是没能回到缅甸，她最牵挂的，就是她的母亲最后是不是找到了继父，他们还在世的话，是不是知道她这个女儿一直在寻找他们。"韦荣菊说。

四十八

我曾碰到很多寻找父亲的女儿。2009 年 6 月 10 日，我们带着 7 名从缅甸回国的老兵前往云南腾冲的国殇墓园，在墓园门口，一位等候多时的白发苍苍的老太太走上前来，挨个抱着每一位老兵，在他们的额头上深情一吻。那位老太太年近七旬，她的父亲也是一位中国远征军战士，自从出征缅甸后就再也没有了消息，这么多年来，她一直不停地寻找着她的父亲。为此，她专程来到国殇墓园，逐个对照了 3000 多个墓碑，但没有发现父亲的名字。

相比这位老太太来说，李增寿是幸运的，她终于在 65 岁的时候，第一次见到了父亲，虽然那仅是一块斑驳的墓碑。

李增寿是云南省洱源县人，在她很小的时候，村里就有人告诉她，她现在的父亲是继父，她的生父是一名当兵的，当年在腾冲去打日本人，后来牺牲了。那时候李增寿已经开始懂事，她不敢去问母亲自己的身世，但她感觉到，因为父亲的身份，他们一家受到了不少连累。她的继父去世几年后，有一天她的母亲在柜子里拿出一张一寸黑白照片，照片上是一个穿着军装的小伙子，短发大脸。母亲告诉她，那就是她的亲生父亲，名叫李继渊，当年去打仗的时候，李增寿还在她的肚子里，但那一走，她的父亲就再也没能回来。母亲将照片转交给李增寿保存，并嘱咐她一定要收藏好。

2002 年，李增寿的母亲去世。那时候，李增寿突然有一股冲动，她要去找到自己的父亲。

2005 年 4 月的一个晚上，李增寿在电视上看到国民党部队打击日本侵略者的片段，其中讲到了腾冲战役。李增寿再次想到自己的父亲，但因为家庭条件所限，她只能再一次选择了沉默。

2007 年，李增寿的孙女在《春城晚报》上看到腾冲县委宣传部发的一条消息：腾冲将要修建一座抗战公园，公园内将把 10 万中国远征军的名字刻在碑廊上，希望大家提供资料。日渐年迈的李增寿再也不愿意就这样等下去了，她走访了很多 80 多岁的老人，但他们只知道她的父亲是三十六师的，后来到腾冲打日本人阵亡。

经过几番周折之后，她终于找到了父亲当年的战友李文奎，李文奎得知她就是李继渊的女儿后，失声痛哭。李文奎是李继渊黄埔军校 17 期的同学，在部队时，两人的关系也最好。他告诉李增寿，她的父亲是第十一集团军七十一军第三十六师一零八团第二营三连连长，攻克腾冲战役中，在腾冲向阳桥与敌人增援部队相遇，壮烈牺牲。

李文奎猜测，李继渊很可能安葬在了国殇墓园。

2009 年 4 月 20 日，李增寿和家人来到国殇墓园，这位年过六旬的老太太，跪在地上，一块墓碑一块墓碑地找。终于，她看到了一个名字：少尉李继渊。李增寿搂着这块冰冷的墓碑，和父亲有了第一张合影。

在国殇墓园，经常可以看到这样的场景，有很多不远千里的寻亲者，俯下身子，一个墓碑一个墓碑地寻找，但几乎都是失望而归。毕竟，这里还有3000多个名字，而那些数以百万计的同样为国牺牲的士兵，他们的名字在哪里？他们的尸骨在哪里？他们为国家死去，却没有留在国家的记忆里。

如今，几乎每天，我所供职的深圳市龙越慈善基金会都会收到类似的寻找亲人的求助信息，我们除了更加纠结之外，同样是茫然和无助。

来自江苏扬州的石益红给我打过好几个电话，在电话里，她每次都是泣不成声。她说，她的父亲曾告诉她，自己有一个弟弟名叫石高海，当年抗战爆发后，本来是他被抽去从军，但弟弟为了让哥哥留在家里照顾父母，顶替哥哥去了前线，这一走就再也没有回来。她的父亲临终前，再三叮嘱她，一定要想办法找到她叔叔的下落。

河南省南乐县的谷雨发电子邮件给我，他的祖父有11个兄弟，其中有9个跟着部队开赴抗日前线，从此杳无音信。谷雨说，谷姓在南乐县是孤姓，只要发现了有河南南乐县的谷姓老兵，肯定是他的祖父，“我们全家人都希望能接他们回家”。

四川省富顺县的黄泽华是在父亲黄炳良当兵之后出生的。1943年春节，在泸州一家军工厂制作防毒服的黄炳良回富顺探亲时，被抓壮丁从军。从父亲的来信中，黄泽华知道父亲乘坐飞机到了印度，并在后来的一次战斗中被弹片炸伤了手。之后的信件，大多是询问母子还在不在，意思是有没有改嫁。每次来信，黄泽华的母亲都会回信，但是每寄出一两个月后就被退回。父亲还寄了穿军装的照片，但这些连同信件均因当时的政治环境而未敢长期保存。1987 年，和黄泽华相依为命的母亲离开了人世。

如今，黄泽华已经是 70 多岁的老人了，但仍执着地打听父亲的下落，曾通过国台办在台湾查找过，回信是查无此人。黄泽华说，我也不奢望父亲还活着，如果死了，他死在了哪里？

他死在了哪里？他们死在了哪里？

四十九

李锡全回到缅甸后，就像换了个人，气色好了，话也多了。这段返乡探亲的经历，成了他晚年最为辉煌的经历，也让他为国出征的那段历史，开始荣耀回返。

我也回到了自己的本职，开始继续记者的工作。虽然经过了太多的周折，但是毕竟帮助老兵李锡全完成了人生中隐藏半生的心愿，让我也放下心来。

2008 年年底，李锡全被列入 CCTV 感动中国候选人，这件事情再次被朋友提起，我也因此获得了很多人的赞许。

在年底的一次聚会上，一位朋友向我谈起李锡全回家这件事引起的巨大反响时，忽然问我：在缅甸还有多少个像李锡全这样的老兵？那一刻，我突然满脸涨红，就像做了错事的孩子。因为我知道，在缅甸，还有很多这样回不了家的老兵，我想起了李广钿的嘱托，我想起了一生都没有加入缅籍只因想回家的杨剑达，我想起了自称像“做贼”一样客居异域的杨子臣。

我知道，我又必须出发了。

2009 年新春过后，就在我即将启程前往缅甸的时候，电视连续剧《我的团长我的团》开始热播。“走啊，我带你们回家”，这是《我的团长我的团》里面比较经典的一句台词，有点神经质的伪团长龙文章，就是利用这句话，给了那群残破不堪的溃兵们一个希望，让这些溃不成军的败兵走在了一起，从一开始的十几人，到后来的上百人，再到后来的上千人。这些人，在龙文章的“空头支票”激励下，又一次拿起枪走向战场，最终又一个个成为炮灰。

剧中另一个揪心的台词，是孟烦了给“团长”说的，“你让我们有了希望，明明已经死亡，你却让我们还有希望？其实我们明明已经死去，你为什么？为什么要那么残忍？让我们还有希望？”

希望，可以让一个人活得更久；希望，也可以让一个痛苦更久。

当我在缅甸接触了更多的中国远征军老兵，了解了他们的痛楚、感知到他们的绝望之后，我才真正懂得了《我的团长我的团》中那些经典台词的含义。后来回想，我觉得自己当初竟是那么的莽撞，或许他们真的已经死去，而我却在没有任何把握的情况下，再次撩拨起他们内心的希望。

在缅甸曼德勒采访老兵张富鳞时，我曾告诉他，等我回了国，我会帮助他找家，并且接他回家探亲。没想到的是，张富鳞一脸不屑地告诉我，几乎每一个采访他的记者都给他说过同样的话，但最后没有一个人去帮过他。张富鳞的话让我觉得羞愧，也让我再一次坚定了决心。

“走啊，我带你们回家。”从云南昆明直飞缅甸仰光时，我心里就不停地默念着这句话。

我至今还清晰地记得寻找陈华的那段场景。那是在 2009 年 3 月

11 日的午后，华侨陈自廷开着一辆右舵的丰田车，带着我穿行在仰光的华人区。街道狭仄，头顶是交织凌乱的电线，不时会有几只灰色的鸽子飞过，路两旁的楼房已经破旧不堪，从阳台的状况可以发现，一些房屋已经很久没有人居住了。陈自廷告诉我，这里居住的华人，很多是 1949 年前后从大陆逃亡而来的，而今，他们的第二代、第三代已经有好多通过各种方式去了台湾或者美国或者泰国，当年那些爬在父母背上或者坐在父亲肩头挑担上翻越国境逃难的孩子，如今也是花甲老人，在子女为了更好的生活再一次去了异域之后，年迈的他们也只能在孤寂中度过余生。

陈自廷说，这里的很多老人，都是一个人居住，有好几个老人都是在家中死去多日后才被邻居或亲人发现。

颠沛中生，寂寥中死，是什么让命运如此多舛。

我就是在这样的一个华人聚居区里找到了陈华。从热带的阳光下走进一个阴暗的小门洞，然后是一段又窄又陡的木制楼梯，伴随着咚咚作响的声音上到二楼，一位戴着眼镜、面容清瘦的老人正坐在沙发上一脸平静地看着我。如果不是头顶缓慢转动着的三叶吊扇发出的单调的嘎吱声，真的会感觉时间已经停滞。我似乎觉得，这位老人已经用这种姿势等了我好多年。

陈自廷介绍我，是从中国来的记者，专门来寻访他这样的老兵。陈华盯着我，有些激动地说：你终于来了！

在仰光华人区的那间光线暗淡的小屋子里，陈华很平静地述说他的过去，有勇赴国难的豪迈，有妻离子散的伤痛，有收到儿子来信的惊喜。而他在谈到国内的一位朋友，因为他的一封信，而被批斗致死时，他突然站起来，愤怒地指着我的鼻子说：“你说，为什么会这么残忍呢？为什么？”

苍老且夹杂着无奈的声音，在木制的阁楼里不停地回响，但是历史，已不可逆转。

陈华于1990年和家人联系上之后，曾回国探亲月余。期间，也提出过回国定居的想法，托人询问，但相关手续难以办理。陈华回缅甸之后，他的子女也前去探望。之后，双方有过几年的信件联系。但由于地址变动，陈华再一次和家人失去联系。我第一次在仰光见到陈华时，他托我帮他找他的儿子，因为有相对完整的信息，我很快就找到了他的儿子，并告诉了陈华的电话，双方又有了联络。

但对于回家，陈华拒绝了。他说，我要去台湾申请“战士授田补偿金”。一个月前，他刚刚从泰国回来，本打算从泰国去台湾，但未被允许。

五十

1949年，蒋介石率残军退守台湾后，曾提出计划“一年准备、二年反攻、三年扫荡、五年成功”，并且于1951年颁布“反共抗俄战士授田条例”，“凡服役满两年的退役者，均发给战士授田凭据”，“战士授田证”里面详细记载未来反攻大陆后，会给他们在什么地方，分多少亩田地耕作。

然而“反攻”成了笑言，蒋公也撇下老兵撒手西去。国民党当局后来解释说，战士授田证是对参加“反攻”作战之官兵所作的承诺，必须要等到“光复”大陆后，“方能履行此一承诺”。老兵们凭着这一张“空头支票”等待了半生，当终于有人像《皇帝的新装》中那个孩子喊出“反攻大陆不可能”时，这些矢志追随者再也不甘成为政治的牺牲品。

1962年1月24日，原籍陕西三原的国民政府“监察院长”于右任在台湾的寓所里，写下《望大陆》这首震动了整个台湾的悲歌：葬我于高山之上兮，望我大陆；大陆不可见兮，只有痛哭！葬我于高山之上兮，望我故乡；故乡不可见兮，永不能忘！天苍苍，野茫茫；山之上，国有殇！

仅仅两年零九个月又十七天之后，于右任在悲怆中离去。

老兵返乡运动核心发起人之一的姜思章被抓去台湾时只有 14 岁，他清楚地记得，在船将要离开码头时，有很多的女人跪在沙滩上，哀求放过他们的丈夫或儿子，有的刚刚结婚，或者有了身孕，有的说自己就这一个孩子，将来没有人给自己养老。

一边是哀号的女人，一边是一脸凝重的军官。那些被押上船的士兵，胆大的跳水逃跑，多半被现场击毙或溺亡。船太高，姜思章不敢跳。

多年以后，姜思章回家的时候，他才知道，当年跪在沙滩上的女人里面，就有他的母亲，那时，母亲正怀着妹妹。

抵达台湾第二年，姜思章看到台湾报纸上一则寻人启事，那是他的父亲在找他。经过香港远亲的中转，姜思章和家人取得了书信联系。但之后，这些书信给他们带来了灾难，父亲被定为“黑五类”，弟弟因此失学。而在台湾的他，被军方监视。

1982 年，姜思章偷偷经由香港回家探亲，船到了岸边，他一眼就认出了母亲，跪在母亲面前，抱着母亲的腿失声痛哭。这是赴台 33 年来，第一次与母亲团聚。

1987 年 4 月 15 日，姜思章等人发起成立“外省人返乡探亲促进会”，并发出第一张传单:《我们已沉默了 40 年》。他们说：我们的父母是生是死，却不得而知。我们只要求，“生”让我们回去奉上一杯茶，“死”则让我们回去献上一炷香。这难道不是人情义理的最起码要求吗?

1987 年 6 月 28 日，外省人返乡探亲促进会在台北主办了“想回家，怎么办？——打开海峡两岸探亲管道座谈会”，与会者达六七千人，原籍湖北房县的老兵何文德等老兵们一致要求当局尽快“打开两岸探亲管道”，以结束因政治分裂所带来的“民族悲剧”。

何文德 17 岁离家入伍，转战大半个中国。在台湾退役后，何文德曾托人从海外转寄信件回故乡，而海外的朋友转寄来他母亲的回信与照片却没了踪影。1966 年，何文德的母亲去世，他再也熬不下去了，遂经常组织老兵游行请愿，要求与国民党高层官员对话。

老兵们的诉求得到台湾社会的广泛同情，台湾当局不得已与大陆方面经过多次接触和磋商，终于签订了退台老兵可以返乡探亲的协议。

1988 年 1 月，“外省人返乡探亲促进会”组织 14 人探亲团，第一次名正言顺返回大陆。

同时，蒋经国又指示“国防部”对“战士授田证”作专题研究。随后台湾“立法院”通过“战士授田凭证处理条件”，决议由当局收购授田凭据，每份发给 1—10 个基数补偿金，每一基数金额为 5 万元台币。

在台湾官方收购“战士授田证”时，身在缅甸的老兵陈华曾前往台湾交涉，但因没有相关证明，未能如愿。当年陈华为了顾及性命，丢掉了所有的证件。他只记得他的军官证号码是 337006。此后，每隔几年，陈华都要前往台湾“上访”。

根据台湾媒体报道，当年符合战士授田补偿资格的老兵共有 74 万人，但在规定时间内完成登记的只有 63 万人。

近 90 岁的陈华还担任着仰光孔圣庙秘书，每月有 3 万元缅币

（约近200元人民币）的收入。当我告诉他，我可以帮他购买回家的机票时，陈华并不领情，他说，他不想这么穷困潦倒地回去，他还要去台湾，等领到补偿金后，他会回国定居。

在后来组织老兵回家活动时，有好几个老兵就是因为“不愿穷困潦倒地回去”而放弃参与。有多少人能体会到他们内心的挫败感：当年披红挂彩在喝彩声中为国出征，如今，却要在别人的救济下回家。

这让人情何以堪？

在台湾，退伍的老兵都被称作是荣民。在拿到“授田补偿金”后，他们终于衣锦还乡，但谁知道光鲜的外表背后，有多少辛酸与痛楚。

在台湾最引人关注的老兵应该算是李师科，这位山东籍的老兵1959年因病退伍后，一直找不到合适的工作，最后到了1968年开始开出租车谋生，车子是向车行租的，有时跑了一天，交了租金，连个饭钱都剩不下。1982年4月14日，李师科杀害一名警员后抢走佩枪，并随后持枪蒙面闯入一家银行抢走新台币540万元。案子不日即破，李师科被枪毙。

有导演将李师科案拍成电影，有两部，一部是《大盗李师科》，另一部是《老科最后的春天》，这两部电影好多台湾人都看过，都有一个同样的镜头，是李师科在法庭上被拖走时大声呼喊：“我还有话要说！”

未等到当局兑现“政治谎言”的李师科，到底想说什么呢？

和李师科一样，大部分老兵都没有什么特别的技能，退伍后，只能从事一些最底层最廉价的工作。最开始，当局曾组织这些老兵参与一些大的建设工程，比如横贯台湾经过中央山脉的中横公路。这些基础设施为台湾的经济发展贡献巨大。但这些老兵，未享受到经济发展的成果，无人顾及。而其中，又有多少和李师科一样，殒命异乡。

五十一

从仰光坐车北上曼德勒，途经同古、叶达西、斯瓦、标贝、密铁拉等地，这也是中国远征军第一次入缅作战失利后的撤退路线。而亲临之后，你就会解开埋在心里很久的疑惑：中国远征军第一次入缅作战，为什么会一败涂地？在一望无际的大平原上，轻装前进仓促应战的中国士兵，如何能抵挡得了日军的机械化部队！

同样，两年之后由英军主导的缅甸南部的反攻，在坦克和飞机的狂轰滥炸之下，无处藏身的日军亦仓皇逃窜，伤亡惨重。沿途，几乎在每一个人口相对聚集的村落，都能找到日本人在战后修建的纪念碑。

而对于中国远征军来说，在缅甸南部，唯一的纪念碑是在同古。遗憾的是，当我于2009年3月抵达同古时才知道，守护这座纪念碑的中国远征军老兵杨伯方，在两个月前刚刚去世，终年89岁，最终依然没能逃脱客死异乡的命运。

他写的回忆录，最后一句话更像是留给这个世界的遗言：我们缅甸老兵们的最大心愿，就是能戴上军功勋章，在欢呼声中，列队走过天安门广场。

他的心愿其实是他本应得到的一份荣誉，只是这份荣耀姗姗来迟。在 2015 年 9 月 3 日的中国纪念抗战胜利 70 周年阅兵仪式中，出现了多位原国民党抗战老兵的身影。而杨伯方，已离开了这个世界八年之久。

另一个让人遗憾的事情是，在杨伯方离开后不久，他牵头倾力修建的中国远征军纪念馆，已被改做停放自行车的库房，纪念馆的横梁上，依然有“远征异域投身沙场埋骨他乡，反法西斯保卫和平扬名中外”字样。我曾经有些埋怨地问当地的华侨，老一辈浴血杀敌，又好不容易修建了纪念馆，怎么就会为了一点蝇头小利而忘记这些呢？

华侨的回答让我无言以对：修了纪念馆，从来没有人来，又有什么意义呢？

居住在曼德勒的老兵张富鳞，也有同样的失落，他问我：你说，中央电视台为什么不来采访我？满心的失落里，有压抑太久的愤怒。

“你说，要等到什么时候，要等到我们都死光了吗？”张富鳞有些愤怒地说。杨伯方死了，曾伯琴死了，边一帆死了，陈达夫死了……身边的老兵一个一个地离去，让张富鳞越来越无法平静。

曾做过孙立人率领的新三十八师通信兵的张富鳞说，师部里好多重要的材料他都亲眼看到过，“现在出的一些书，有不少以讹传讹的地方，比如孙立人上的是弗吉尼亚大学，不是西点军校，还有一些小战役，常常搞错地名、部队番号等。有好多老兵都写了回忆录，甚至只能复印送人，但那是真实的。有的东西，只有亲身经历过的人才知道，现在不赶快把这些东西收集记录下来，等到有一天，你们意识到这段历史的重要了，却没有人能告诉你真实的历史了，你们听到的都只是故事……”

张富鳞的家在山东济南，通过当地的媒体《齐鲁晚报》记者韩适南的报道，我们找到了他失散多年的亲人，他妹妹已经去世多年，老家的亲属只有一个外甥和一个外甥女。

得知找到家的消息，张富鳞并没有丝毫的激动。我问他是否愿意回家探亲，他用《桃源图》里的一句话作了回答：初来犹自念乡邑，岁久此地还成家。

“回家的路费我们全部来承担。”我说。他还是摇摇头。我又说，回家的路上，会有志愿者陪同照顾他，还会有很多志愿者在机场欢迎他，欢迎他这位英雄回家。

张富鳞依然摇头。

或许是看出了我的失望，张富鳞沉默良久之后突然说：我害怕死在路上。说完，他指了指墙角，我才发现，那里有一块墓碑，上面写着：

> 张富鳞先生墓。（墓碑正面两侧，是行状铭。）吾生齐鲁，负笈弱冠，既长参军，抗日入缅；战后解甲，流迹佛甸，秉性质朴，木讷寡言；不识经商，华校薪传，侨居瓦城，慎独思贤；卖字谋生，吟诗自怜，不乞不求，逾五十年；事业赋归，撒手尘寰，翘首北望，魂付西南；来也了了，去勿恋恋，明月永照，清风常闲，物质不减，返归自然，村翁俚语，遗笑后贤。

落款为“瓦城晚清老人生前自述并书”，瓦城即曼德勒，晚清老人则是张富鳞的自称。

在此前不久，张富鳞骑自行车时摔了一跤，摔断了腿，之后只能卧床不起。不愿回家，但他却嘱咐我，等下次到缅甸，给他带一张《常回家看看》的光碟。此外他说，回家要花不少钱，希望能把省下的钱给他买一副棺材。我们立即给他购置了一幅上好的楠木棺材。

自己给自己做墓碑，本身就让人觉得有些悲凉。更唏嘘的是，其背后的原因。

张富鳞有五个孩子，且都在缅甸上过大学，而他自己，曾是山东第一师范学校的学生，后跟随孙立人远征印缅，留在缅甸后在当地的华文学校教了20多年的中文。遗憾的是，他的孩子，没有一个会说中文。

不仅如此，他的孩子对他心生怨恨，因为他是中国兵的身份，孩子们受到了很多歧视和排挤。

“你们知道吗？我害怕死了之后，我的孩子连我的名字都不会写。”张富鳞说。

和很多滞留缅甸的老兵一样，每次见张富鳞，他都是一个人静静地躺在院子里的椅子上，没有人和他说话，形影相吊。

张富鳞曾托我转交一封信，这封信的内容如下：

国务院执政诸公钧鉴：

你们好，我们是一群在1942年出国入缅甸（参加）抗日战争的老兵，战后因为反对内战，热爱和平，滞留海外，无法归籍。六十年来，为求生存挣扎，都已年逾八十，老弱病残，多半死去。遥想当年十万远征军出国抗日，岁月沧桑，而今仅剩得二三十人尚活在世上，流亡异域，除少数生活小康外，多数贫困无着，今观现在的中国已走上繁荣富强、国兴民裕的康庄大道，已经有能力来肯定和指导我们。恳乞念当年血洒佛国、弃尸异域、抗日远征军先烈为国捐躯之情，给予现生存之老兵，以适当的安慰和救助。实感恩德，沾惠良多，区区下情，谨致呈禀，伏祈谅察，谢谢。

最后一次见张富麟，是在2011年3月，告别的时候，已是深夜，当我们走出他家那个破旧狭仄的小院子，突然听到他微弱的声音：我们不害怕死亡，害怕的是遗忘。

五十二

在前往曼德勒之前，我曾接到一个寻亲电话，来自山东章丘。对方说，他有一个伯父当年参加了中国远征军，直到 2005 年 5 月，他们收到了伯父从缅甸曼德勒写回来的信，还寄回来照片，他们照地址回信过去，但再也没有回音。他的伯父名叫刘权，是他父亲的亲哥哥，他的父亲自从得知哥哥在缅甸的消息后，余生最大的希望，就是能再见上哥哥一面，整日看着他的照片，以泪洗面。

找到曼德勒的华侨王荣森，一打听，就在半年前，刘权去世。王荣森说，2005 年 5 月，刘权找到他，让他代笔给山东的哥哥写封信，因为那年 9 月刘权受邀到北京参加抗战胜利 60 周年座谈会，想顺道回山东老家探亲，但没想到，直到他从北京回到缅甸后，他才收到了家乡的回信。

兄弟俩最后聚会的机会，就这么擦肩而过。

刘权的家是一幢砖混的二层小楼，这在当地是富裕家庭的象征。他的孙子 30 岁左右，不会说汉语，对于爷爷的过去一无所知。除了墙上的遗像，这个有着一个远征军战士血统的家庭，已完全和中国、和这段历史没有了关系。

曼德勒位于缅甸中部，是缅甸的第二大城市。位于古城内正中央的皇宫，原为缅甸最后一个王朝贡榜王朝的皇宫。1942 年 3 月，中国远征军进驻曼德勒，孙立人将司令部设在这里，之后遭到日军飞机的狂轰滥炸，皇宫毁于战火。

在 20 世纪 50 年代，皇宫所在地成为难民营，关押了数百名滞留或逃亡此地的中国远征军官兵。

2009 年 3 月，在华侨王荣森的带领下，我们在曼德勒寻访到张富鳞、林峰、钟云清、张家长、韩天海、王之平、朱长江等为数不多的几位老兵。

“终于有人要接我们回家了。”在见到林峰第一面时，他紧紧地抱着我，激动地说。

林峰有四儿四女，均大学毕业，且有着相对稳定的收入，他的经济状况，比其他老兵要好很多。让林峰一直感激的是，逢年过节，中国驻曼德勒总领馆的官员总会看望、慰问他们，每逢重大活动也会邀请他们参加，“请柬上‘抗战老兵’四个字就是对我们最好的肯定。”

林峰送了我一本他自己的回忆录，其实只是三张大 16 开的纸，配了一张封面，上面写着《第二次世界大战我的军旅生活》，字是手写复印的，侧面用胶带粘贴在一起。我让林峰帮我签上名，他也慨然应允，戴上老花镜，十分认真地写上自己的名字。我曾见过许多老兵都有这样的回忆录，凌乱的描述与满篇错字的文章中，是历史的真实细节，但这些，却因为经历者的卑微，被忽视，被遗忘。

钟云清有一辆已经破旧不堪的 Land Rover（陆虎）汽车，漆皮斑驳，开动起来声音像拖拉机，据称是英国军队离开缅甸时留下的。有重要的活动，钟云清就会坐着这辆车前往。坐在汽车副驾驶位置上的钟云清身板笔挺、精神矍铄，上身穿着一件白净的短袖衬衫，胸前别着两枚纪念章，双手抱着一根拐杖。这位 91 岁的老兵，依然努力保持着一位中国远征军军官的尊严和体面。

对于国民党在内战中的溃败，钟云清觉得是必然："太腐败了！我们当时从重庆行军到昆明，走了四天，只吃了三顿饭，粮食都让军官给卖了。"

张家长在曼德勒街头开了家布店，已经完全习惯了这里的生活，"我的兄弟姐妹，有在台湾的，有在香港的，也有在大陆的，他们生活都不错，经常说让我去他们那里住，但我不愿意去。"

朱长江已经在曼德勒郊区的一座寺院里当了和尚，不愿提及过去的任何事情，只是讲佛经，讲因果报应。和朱长江较为熟识的华侨王荣森说，朱长江曾经告诉过他，在 1949 年逃亡缅甸后，他和几位战友躲在深山里，但被山上的一位缅甸人告发，随后遭到缅甸军方的围剿，死了好多兄弟，后来他的连长为了复仇，杀了那个缅甸人全家，朱长江觉得报复有些过了，太残忍，就去做了和尚。

对于回家，朱长江连连摇头。

张富鳞说，不久前一位高龄的中国人晕倒在曼德勒火车站，有热心的华侨将其送到当地的华人会馆，虽然这位老人说话已经含糊不清，但张富鳞看过之后确认，他肯定是当年的中国远征军，"有 90 岁左右，听口音又是多省籍（缅甸当地华人将云南、广东、福建三省之外的地方统称为多省）的人，像这么大年龄的多省籍的人，一般都是当年打仗流落到这里的”。

旅缅远征军暨后裔联谊会副会长王玉顺是老兵王之平的儿子，他说，原来留在缅甸的老兵有上千人，但是现在还有多少在世，谁也说不清楚。

居住在曼德勒的华侨王升鸿曾在缅甸北部的当阳县生活了28年，当地的老兵他都认识，最多时有30多位，有开赌场的，有镶牙的，有开汽车的，大概只有一半和家人取得了联系，回到国内探亲的也只有五六个。四川内江的老兵吴应光就是王升鸿帮他写信找到家的，但至死也没能回去。在当阳还有一位老兵叫赵孟秋，曾在军中任少将，贵州省盘江县人，金三角的著名毒枭“昆沙”曾聘其为政治部主任，晚年时以卖字帖为生。

在采访王升鸿时，他用遗憾中略带质问的口气对我说：“你怎么才来，当阳的老兵都死光了。”

五十三

韩天海有一个隐藏了半个多世纪的秘密。

见到韩天海，是在他位于曼德勒的家里，听到华侨对我的介绍，愣了一下，接着低下头陷入了沉思。后来，当他谈到自己作战的经历时，他突然停下了，贴着我的耳朵悄悄地说：我告诉你一个秘密。神秘中，有太多的纠结。

这个秘密，就是他曾经做过日军的战俘。说完这段经历，他突然失声痛哭。他说，他已经是一个快死的人了，这个秘密在他的心里一直隐藏了几十年，让他一生都感到压抑和自责，始终无法摆脱。

我拉着他的手，宽慰他，他没有做过对不起中国人的事情，他依然是这个国家的英雄。他又问我，他如果跟着我回家，回去后会不会有人因为他是俘虏看不起他？我坚定地说，不会的！听我这么说，韩天海略微有了一些释然。

居住在香港的老兵陈炳靖也做过日军的战俘。

1937 年，毕业于厦门海事学校的陈炳靖到上海实习，目睹了日本飞机对中国军民的欺凌，随即投考空军。之后，陈炳靖被送往美国受训，并在毕业后编入美国第十四航空队二十三大队七十五中队，成为一名准尉飞行员，驻防昆明。

1943 年 10 月 13 日，14 航空队 21 架 B–24 重型轰炸机奉命前往越南海防轰炸日军仓库，陈炳靖和其他 16 名驾驶员驾驶 P–40 战机护航。任务结束返回途中，遭到日军战机拦截，陈炳靖击落了一架敌机，但自己的飞机亦被击中，自己也受了伤，最终在靠近中国边境的越南境内坠落，陈炳靖跳伞落入一片原始森林里，在原始森林里步行六天，后被法国巡逻兵发现。

就在法军试图将其送回中国时，在此驻防的日军获得消息，根据国际公法，法军只好将陈炳靖引渡给日军。之后不久，日军将其送到上海的江湾美军战俘营，该战俘营里有 800 名左右的美军战俘，全是在菲律宾威克岛被俘的美军战俘。被关押在江湾战俘营的美国准将 Wright 告诉陈炳靖，如果日军审讯，一定要说自己是美国飞行员，不要说是中国空军。因为根据国际公约，美国已经宣战，日军不会滥杀美国战俘。

抗战爆发四年多后的 1941 年底，国民党政府才正式对日宣战，而日军占领南京后，便发表声明“今后不以国民党政府为对手”，不承认蒋介石的国民党政府代表中国。之后又推出汪精卫傀儡政权，视作中国政府，并与之建立了“外交关系”。所以，日本政府发动了太平洋战争后，向英、美宣战时，也没有对中国宣战。

陈炳靖被俘 3 天后，日军提审，问的第一个问题就是“哪国人”，陈炳靖坚定地回答：中国空军。日军很诧异，再问一遍，回答还是“中国空军”。Wright 还曾告诫陈炳靖，如果在紧急关头，他甚至可以透露一些无关紧要的军事机密给日本人，只要能活下来，这在美国军方是允许的。但在审问时，陈炳靖却没有这么做，差点激怒日军惹来杀身之祸。

在接受采访时，陈炳靖解释说，他当时加入的是美军部队，完全可以说自己是美国人，之所以那么回答，是因为身为一名中国军人，应该有一名军人的骨气。当时他甚至还觉得不可思议，美军还允许他透露军事机密给敌人。事隔多年之后，已逾 90 岁的陈炳靖对“骨气”有了新的认识：对于一个人来说，生命才是最重要的。让他至今感慨的一件事情是，当年他被俘后，他在福建的家人未接到任何通知，以为他已牺牲，已按家乡的风俗给他办了丧事。而他在美国学习期间认的干妈，则收到了来自美国军方的明确通知，说他在战斗中失踪。

因为精神高度紧张，加之身体受伤失血过多，陈炳靖开始神志不清。有一天，他醒过来后才知道，在战俘营里的美国军医用极其简陋的设备给他输血抢救，才使他活了过来。

身体渐渐康复后，陈炳靖再次受到日军的审问，他依然坚持自己是中国空军。因此，他被送到了被称为人间地狱的南京老虎桥监狱。

老虎桥监狱关了近千名中国军人战俘，有很多还是十四五岁的孩子，因为食物短缺且医药全无，几乎每天都有战俘死于饥饿或者疾病。有一天，他亲眼看到有 40 多名中国军人入狱，每个人的胸前都是血迹斑斑，了解后才知道，这批战俘本来有数百人，日军抓获他们后，往每位战俘的身上刺了两刀，没有死的，就送到了这里。

陈炳靖说，管理老虎桥监狱的，有 15 位来自台湾的日本兵，其中两个对战俘特别残忍，这两名日本兵，战争结束回到台湾后，被后来赴台的国民党军人找到杀掉。而另一位台湾兵，在他重病时，冒着被枪毙的危险偷偷找来针筒帮他打针。后来，他还在台湾登报找这个恩人，但一无所获。

1945 年 8 月的一天，陈炳靖和另两名国军上校军官接到释放通知，陈炳靖觉得自己死期到了，和大家一一告别，此前，有很多战俘都是以“释放”的名义被拉到雨花台枪毙。出了监狱大门，陈炳靖发现有一辆黑色小汽车来接他们，上了车，司机转身说：日本投降了，你们自由了。

车上的 3 个人，先是惊愕，然后泪流满面。

不论是韩天海还是陈炳靖，深受中国传统文化影响的他们，在内心里，身为战俘就应该宁死不屈。这让我想起上学时的一篇课文《刘胡兰》，让我至今难以忘记的一个细节是，在老师讲解这篇课文时，我内心里感到异常的自卑，因为我觉得，如果是自己面对敌人的铡刀，一定是会表现出来畏惧的。

五十四

谈到战俘，很多人都会想到一张和美国战俘有关的照片。二战结束后，美国上将麦克阿瑟和两名将军热情相拥，一位是英军的帕西瓦尔中将，一位是美军的温赖特中将，前者在新加坡被日军围困后，率领13万名英军向日军投降，后者在菲律宾的一个小岛上向日军投降。更引人关注的是，温赖特回国后受到英雄般的欢迎，不仅晋升为上将，杜鲁门总统还亲自主持仪式授予温赖特将军国会荣誉勋章。

据公开的资料，在朝鲜战争中，美军官兵上衣口袋里都装有一块黄色尼龙绸，大意是：我是美国人，请不要杀我，并设法把我送回去，我会通过美国政府交涉，给你们报答。

收集了大量二战文物的樊建川专门为抗战中的俘虏建了一个纪念馆。

樊建川的父亲曾是一名士兵，在解放战争中立下战功并升任炮兵连长，参加过开国大典，之后又赴朝抗美3年。上小学的时候，有一次和同学发生争执，对方没占到便宜，结果攻击樊建川的爸爸是“俘虏”，引得其他伙伴的嘲笑。回家后，樊建川问父亲，父亲不语。长大之后，樊建川才知道，他的父亲 13 岁时被国民党抓了壮丁，后来被解放军俘虏。

父亲这段“不光彩”的经历让樊建川印象深刻，不仅让他在和同学交往中有了阴影，而且在历次政治运动中，殃及全家。

樊建川入伍后，曾目睹团长和政委的一次吵架，政委当众骂团长：“你个俘虏，神气什么呢？”团长气得脸色发青，徒步去找师长告状。入伍不久，樊的部队调往前线参加对越自卫反击战，每一个人都可能成为战俘，大家议论怎么办，樊毫不犹豫地说：“自杀！”

收集了越来越多的抗战图片后，樊建川发现，因传统文化造就的偏见必须要改变，就有了修建中国抗俘馆的想法，他希望为这些不幸和不屈的人们抗辩，为他们讨回历史的公道和人格尊严。

中国抗俘馆里展览了樊建川从日本收集来的很多照片。

照片中有很多便衣俘虏，其中有一名叫成本华，20 岁，穿着农家冬棉装，她是在安徽和县被捕的，日方摄影师为她拍了两张照，都是双手交叉在胸前，面带笑容。有一张照片是在武汉会战中被俘的一名娃娃兵，他的双手被反绑，一脸的稚气，面对一群荷枪实弹的日军，没有丝毫的恐惧。

还有一些让人心生感慨的照片，其中一张照片，上面是一座墓，碑上写着中华民国无名战士之墓，几名中国战俘跪在墓前祭拜，日军士兵也列队站立，左手举枪，右手行军礼。

2012 年 3 月，我在台湾访问老兵时见到一位参加抗美援朝时的中国战俘，战争结束后，他选择去了台湾，如今住在台湾一家荣民之家养老院，每月约有相当于 3000 元人民币的退休金，过着安逸的生活。如果你了解回到大陆的战俘的坎坷命运的话，你或许会为他的选择而庆幸；但如果你知道他一辈子都背负着战俘的骂名，而至今孤身一人仍不敢回老家探亲，不敢面对亲人爱恨交加的目光时，你是否又会纠结。

曾在预备二师任营长的程杰在回忆文章中也提到，在攻打腾冲时，他们俘获了13名俘虏，但没有一个是日本人，除了朝鲜兵外，都是来自中国东北和台湾。很多参加入缅作战的老兵都遇到这样的事情：日军发起进攻时，冲在最前面的经常是喊着中国话“冲呀”。

很多历史的细节，常常会让人陷入关于人性的纠结。

五十五

就在我即将离开曼德勒的前一天，一位满头银发个头矮小的老人突然找上门来，没等询问，他就语无伦次地说：我想回家。接着他说，他也是一名中国远征军老兵，他听说有中国来的人准备接老兵回家，专程从腊戍赶来。

这位老人名叫刘召回，当年系三十六师106团第3营机枪3连重机枪手，打过高黎贡山、腾冲等战役。腾冲收复后，刘召回留在当地农村娶妻生子，也曾写信给家里，但却没收到回信。20世纪50年代，刘召回携家迁往缅甸腊戍的深山里，卖苦力为生，并在晚年摆地摊卖鞋求生。

或许是害怕我不相信他的述说，刘召回小心翼翼地从贴身的口袋里掏出一个方便面袋子，打开，取出一张已经泛黄的写满缅文的纸，上面贴着一张黑白照片。那是几十年前缅甸政府发给刘召回的外侨证，每年他需要缴纳一定数额的缅币，就可以获得暂时的居留权。

刘召回就是用这一纸证明，在缅北的深山里生活了半个多世纪。在那里，刘召回甚至遗忘了自己的年龄，最后回国后，在同村玩伴的回忆下，才确定其出生于1923年。

根据刘召回提供的线索，他的家在四川省岳池县一个叫“义民乡”的地方，网友们经过查询，岳池县有一个裕民乡，乡里的干部打问多天，找到了刘召回的弟媳周维芬，他是刘召回的三弟刘召容的妻子。周维芬确认，家人曾收到过刘召回的信，后来回了信，但都被退回。周维芬说，她的丈夫生前一直惦记着这个当兵的哥哥，曾想去云南寻找，因没有确切信息，就放弃了。

村里的老人刘建国依稀记得当年刘召回从军时的情景，那时他才八九岁，在河边玩耍时，看到村里几个人身上披着红带子路过，后来才知道他们是去参军打日本鬼子。刘建国回忆，当年和刘召回一起参军的，还有冯东娃、肖谷娃和肖四娃，这三个人后来一点音讯都没有。而这三个人的下落，唯有刘召回清楚，在他们还没有抵达战场之前，还没有穿上军装之前，还没有来得及给家人写回第一封报平安的信之前，就在路上因病离去了。

史学家估计，在抗战期间，亡于从军路上的壮丁，要远远多于死在战场上的人，他们或许还没有进入部队的名册，还没有隶属的部队番号和配备枪弹，却因饥饿、疾病，或者试图逃跑而被处决。

他们的名字，无人记得。

听到哥哥的消息，周维芬不敢相信，甚至看到了刘召回的照片，依然满心狐疑。等待得太久，喜悦来得太过突然。

刘召回说，在腊戌，最多的时候有20多位老兵，除他之外，目前还剩下一位河南籍老兵，眼睛已经瞎了，也没有回过家。

刘召回所说的这位老兵，名叫刘忠仁，隶属七十一军工兵营，打过松山战役。他的老家在河南洛阳，战后曾和家人有过联系，但因身份问题，还是于1960年远走缅甸。刘忠仁唯一的心愿，就是找到国内的家属，能和他们通上电话，写写信，就知足了，至于相见，他从来不敢奢望。因为有较为详细的地址，刘忠仁的亲人很快被找到了，他的侄子听到叔叔还在世的消息，又惊又喜，并立即前往缅甸与叔叔见面。

在曼德勒明德学校副校长番体惠的帮助下，我们又在腊戍找到两位老兵，一位叫赵自颜，一个叫罗顺发，两位老兵和刘忠仁一样，都参加过松山战役，也都是因为身份的原因，于1959年逃亡缅甸。两位老兵的老家都在云南，另一个共同之外，是在逃亡缅甸之前，均在老家有了妻儿，到了缅甸之后，又重新娶妻生子。

对于这场异域之战来说，腊戍是一个至关重要的地方。很大一部分援华物资，从美国海运到仰光之后，再由铁路运抵这里，再中转昆明。1942年4月28日晚，腊戍失守，囤积于该地区的大批战略物资落入日军之手，远征军回国的主要通道也被切断。中国远征军第一次入缅作战由此逆转，走上了总溃败的道路，也导致了数万中国远征军战士在逃亡途中魂断野人山的惨剧。

日本防卫厅防卫研究所战史室《缅甸作战》里曾写道：在腊戍缴获的援蒋物资，数量极为庞大，隐匿在附近丛林中的燃料也为数不少。

线索越来越多。华侨王荣森说，他在缅印边境的格力谬做生意时，经常和那里的老兵一起吸烟打牌，那里曾有20多位老兵，目前可能还有一位叫经明清的江苏籍老兵在世。经过打探，经明清的身体还很好，这位一生都在攒钱回家但却屡遭噩运的老兵，在听说有人来接他回家时，忍不住失声痛哭。

在《现代快报》记者刘向红的报道下，我们联系上了经明清的家人。他的外甥张庶明已是 70 岁的老人，在他还未出生时，舅舅就离家走了。直到张庶明已经长大成人，他的母亲才偷偷告诉了他还有一个舅舅，当年当兵后一去不返，并叮嘱他不要声张，以免家人受牵连。

在江苏句容老家，经明清 96 岁的大嫂赵伦英还在世，只是已病重，卧床不起。赵伦英的女儿经世兰说，就在得知叔叔经明清消息的前两天，母亲突然开始念叨起弟弟经明清来。看到报纸上叔叔寻找亲人且将要回家探亲的消息后，经世兰立即将这一消息告诉了母亲，已陷入昏迷的母亲突然颤抖起来，吐字清晰地说：我知道了，我知道了。

一个和经明清有关的插曲是，经明清回国探亲结束返回缅甸后，因为通讯不便，和家人再次失去联系。他在江苏的亲人心急如焚，多方打探没有消息，以为经明清已经去世。2015 年 9 月，他们突然在微信上看到老兵回家公益项目介绍里使用的是经明清的照片，遂联系到深圳市龙越慈善基金会，和老人终于取得了联系。而经明清，也托付缅甸的华侨向基金会转来一张纸条，上面写着：我是战士经明清，我想在没死之前，回国看一眼乡亲。

一个月后，已经百岁的经明清再次回到江苏老家，与亲人团聚。

五十六

张望是居住在缅甸九谷的华侨，九谷与云南瑞丽隔河相望。张望原籍河南洛阳，他的岳父就是一名中国远征军战士，当年参军后一去不返。20 世纪 80 年代的一天，张望受家人之托，前往缅甸寻找岳父，这一去，张望连自己也留在了缅甸。虽然没有找到岳父，但张望迷上了这段历史，他寻访了 100 多名流落缅甸的中国远征军老兵，并记录下大量的口述。2006 年禹志云主编的《远征路上话今昔——中国远征军老兵在缅甸》一书中，大量的资料都来自张望。而如今，这些老兵大部分均已离世，张望抢救性地整理的这些资料，更彰显其价值。

张望向我提供了三名老兵的信息，一个是住在缅甸棒赛的蔡振基，一个是住在缅甸木姐的王子安，一个是住在缅甸木邦的张浩东。

意想不到的是，就在老兵回国寻亲活动结束不到两个月的 2009 年 8 月 1 日，张望被发现死在了其位于缅甸九谷的住所，被发现时，躺在地上，遗体已经腐烂，死因不明。一个多星期后，我收到了张望从云南姐告口岸寄给我的关于老兵的资料，其中有向中央有关部门递交的关于老兵参加新中国成立 60 周年庆典的请愿书，以及在缅甸密支那为中国远征军战士修建纪念碑的倡议书，修建纪念碑的申请已获得缅甸官方批准，但因缺少资助，纪念碑一直建立不起来。倡议书说：抗战胜利已经六十余载，我无主忠骨仍散落四野八荒，无依英魂似游离于风雨寒林，于心何忍，情又何堪？日本人早已立慰灵塔、安魂寺等于斯地。身为我华夏后裔，怎能视而不见，听而不闻呢？……

邮戳显示，这封信是7月27日寄出的，那天，张望还和我有过电话联系，没想到，这竟然是永别。

王子安原籍湖北武汉。在他14岁那年，就同两名伙伴，杀过一位日本浪人。那是在日军发动全面侵华前夕，其时武汉已有不少日本浪人四处招摇。在武汉十四中学上学的王子安，经常去汉口黄陂街一个黄陂老乡开的酒楼玩，在那里，他经常碰到一个日本浪人饭后不付钱，稍有不快就砸东西，酒楼的老板敢怒不敢言。有一天晚上，王子安又看到这位浪人喝得酩酊大醉，他立即约来两名小伙伴，趁着客人散去的时机，用装着火灰的麻袋套住浪人的头，并迅速用绳子捆住。日本浪人不断挣扎，但因为麻袋里有火灰，他喊不出声来。酒楼里的一位大师傅随后赶来，将这位浪人扛起来，丢到了路边的阴沟里。

17岁那年，王子安入伍，经过一段医务知识的培训后，前往印度，并成为新三十八师野战医院的一位少尉军医，后来又被调往总指挥部骡马辎重兵第一团任中尉军医。

就在王子安征战疆场的时候，他的母亲，在武汉失守之后的第二年，死于日本人枪下。这一消息，直到日本投降之后他才知道。

而母亲的葬身之地，至今没有找到。当其他回国的老兵都在父母的坟前跪拜不起泪水长流的时候，王子安的迷茫更让人心碎，他为保全这个国家出力，却没能保护自己的母亲。

缅甸木姐与云南瑞丽一江之隔。

谁也说不清，当年究竟有多少中国远征军战士，在1945年这个关键年头离开部队之后，和祖国隔江而居。随着另一场兄弟之间的鏖战，隔断他们回国的，已不仅仅是一条十来米宽的瑞丽江。在这个异域的边缘，在这个更多地使用着人民币，说着汉语，甚至连通信也用着中国电信的地方，他们或许多多少少能找到一些心灵的安慰和归属。

这一条被当作界碑的江，隔断了回家的路，但有时候，也是一种保护。

在抗战结束后，蔡振基本已回到国内定居，但在1949年之后，他不得不再次逃亡异域，来到云南瑞丽对岸的缅甸棒赛安家。

在陕西北部的宜川县，我曾采访过一位名叫宋志刚的老兵，他响应蒋介石发出的“一寸山河一寸血，十万青年十万军”的号召，毅然加入青年远征军，为国征战，但在解放后却因此被定为“反革命分子”，先是受了5年牢狱，后来又因“挖社会主义墙脚”等罪名再次被判刑5年。出狱后，宋志刚谋划从云南跨过瑞丽江逃往缅甸，但就在离边境仅有几十公里时被当地民兵抓获。

1968年8月14日，中国人民解放军成都市公安机关军事管制委员会作出判决书，被判处死刑，缓期两年执行。

直到后来多次减刑获释时，宋志刚已经整整60岁了。一条瑞丽江，让命运也截然不同。

对于抗战老兵陈庆珍来说，这条被定为国界的瑞丽江，隔断的，还有刻骨铭心的爱情。

1920 年出生的陈庆珍，在 19 岁那年，成为军医大学的一名学生，在学校里，她爱上了来自马来西亚的华侨、中校军医伍启伦。1942 年，两人同时加入中国远征军，成为一九六医院的医生。在位于缅甸八莫飞机制造厂的战地医院里，两人举行了简单的战地婚礼。

1949 年年底，曾为国军高级军官的伍启伦不得不抛下妻儿，逃亡缅甸，从此，再无音讯。陈庆珍带着四个幼儿，受尽苦难。直至 2010 年去世，她都未等到丈夫回家。她告诉孩子们，不要埋怨爸爸，伍启伦是爱她的，他如果活着，一定会设法回家的。

居住在缅甸木邦的张浩东原名张进忠，14 岁那年，在上蔡一家店铺当童工的张浩东和店老板发生冲突，一气之下离家出走。走的时候，他将父亲给他的一块银圆给了姐姐，那时姐姐正怀有身孕，他告诉姐姐，如果生个男孩就用它给孩子买一把银锁戴上。

之后的记忆已经有些模糊，张浩东只知道，在外面闯荡没几年，他就去当了兵。记忆中，他看见一群敲锣打鼓的人，上前去问，得知是在征兵。张浩东甚至不知道当兵去做什么，只知道，当了兵就可以吃饱肚子了。在饥饿的驱使下，他毫不犹豫地报了名。

在寻访老兵的过程中，许多老兵并不掩饰：当初去当兵，只是讨口饭吃。他们的坦诚，更显可爱和可敬。

报名参军之后，张浩东还第一次坐上了飞机，去了印度，并成为一名驾驶兵，也吃到了从来没有吃过的牛肉罐头和饼干。印象深刻的事情是，他有一次做面条给美国兵吃，美国兵吃后觉得很好吃，就经常请他去做面条。

反攻缅甸时，张浩东是新一军战车三营补给连给养组驾驶员，负责给前方部队送汽油等物资，“部队开到哪里，汽油管就要接到哪里”。战争结束后，张浩东留在缅甸，娶了一位缅甸姑娘，开了一家杂货铺维生，育有7个孩子。因为他生活的地方处于傣族的势力范围之内，为了避免受到欺辱，张浩东不得不在胳膊上刻上傣族的文字，他自己不敢讲中文，也不敢让孩子学习中文。

在瑞丽江南岸，在这个和自己的祖国一江之隔的地方，有很多老兵，一生都在遥望家乡，直至终老。

五十七

“走吧，我带你们回家！”当我用麦克风大声喊出这句话时，现场掌声如雷。

这是在2009年5月28日晚，在缅甸曼德勒一家酒店，当地华侨为即将启程回家的老兵组织了一场欢送晚宴。在经过了长达3个月的筹备之后，我再一次来到缅甸，将带领9位老兵踏上回家之路。在这期间，有多位老兵已经通过媒体的报道或者志愿者的实地寻访找到了家人。

“走吧，我带你们回家”，这句源自正在热播的电视连续剧《我的团长我的团》中的一句台词，用得恰是地方。几年后，我在北京见到了饰演团长的影星段奕宏，谈到这句台词，他依然激动不已，在残酷的战争中，激起那帮溃军斗志的，正是这句充满人性的承诺。

而这部电视连续剧，最大的作用，则是对公众完成了关于这段历史的启蒙教育。

正是因为社会关注度的骤升，在筹备9位老兵回家事宜时，得知消息的陕西扶贫培训集团董事长任永敏一口答应负责整个活动的所有费用。

一已之力是无法完成这项人数众多且跨越国境的回家之旅的。因为接回的老兵涉及多个省份，为了能让他们在途中得到细心的照料，凡是老兵所在的省份，我都会找一家报纸参与，他们不仅参与报道，而且负责老兵回到老家后的一切事宜。

和这些地方报纸接洽也是异常顺利，我先是给这些报纸的领导写了一封信，在信中，我说：

尊敬的同行及领导，作为此次活动的发起人，我深知仅凭我一人的能力和一腔热血，是难以让此次活动顺利开展的。所以，我希望这次活动能得到你们的全力支持。

过去的一年中，我深深地体会到了做一名记者的不易，但是我也体会到了，作为一名记者的光荣。光荣，来自于梦想，和对良知的坚守。

流落缅甸的中国远征军，只有当你面对他们时，你才会知道，他们内心的呼喊是那般地充满期盼而又细弱，每一位面对者，都难以回避和漠视。

这次活动，是一次纯粹的公益活动。我想做的，就是让那些真正的英雄，在迟暮之年，能感受到这个他们用生命和鲜血庇护过的国家的子民，对他们的礼遇和尊重。

虽然，这些礼遇来得已经太晚。

……

江苏的《现代快报》、湖北的《长江商报》、河南的《东方今报》、四川的《华西都市报》、广东的《南方都市报》、广西的《南国早报》、云南的《云南信息报》等，在我联系的第一时间均回复，全力支持此项活动。

中共云南省瑞丽市委副书记卫岗，在听取了活动介绍后，不仅安排了相关欢迎仪式和接待工作，还建议老兵入境时走畹町口岸，因为当年他们就是在这里出征。

卫岗还当场答应去协助我的一个请求：在老兵跨入国门的那一刻，安排守卫国门的武警战士向老兵行军礼。

和这些老兵交流时我常常感觉到，他们最需要的，不是路费，而是尊重与体面。事后也证明，这个特意安排的细节，不仅让整个活动达到了最高潮，也让老兵们心中隐藏了半个多世纪的芥蒂和委屈，在那一刻得以释然。

而在活动筹备期间，缅甸密支那的老兵李广钿已经等不及了，一个人跨越国境，回到云南。在《云南信息报》的帮助下，他很快找到了家，热心读者还为其发起捐款。当地的一位警察在听说其想办张身份证时，也通过特殊审批，实现了他的愿望。

本来答应回家的张家长，则突然变卦，不想回去了，态度非常坚定，理由是身体不好。在曼德勒的老兵里面，张家长的年龄最小，且身体状况是最好的。在我的逼问之下，张家长终于说出了实情，他说，他觉得自己的日子过得不是太好，这样回去会被家乡人看不起。我再三保证，一定会让他一路风风光光地回家。但无论怎么劝说，都无济于事。

韩天海的家还没有找到，加之近期他的身体状况特别差，手脚浮肿，言语不清，我就暂时拒绝了他回家的请求，安慰他等帮他找到家之后再来接他。没想到，这次轻率的决定，让韩天海失去了最后一次回家的机会，让我内疚至今。

同样没有找到家的还有张浩东，本来也没有计划带他回家，但他不听劝说，一个人背着行李就强行上车。我向他解释，能否等下次，等家找到后一定接他回去。张浩东不容置疑地说：你把我送到我们乡里，我就能找到回家的路。

无法拒绝。

五十八

经明清，林峰，张浩东，王子安、杨子臣，钟云清，刘召回，蔡振基，王之平。

2009 年 5 月 30 日下午 1 时，在乘坐大巴车经过十多个小时的长途颠簸之后，9 位老兵在家人及志愿者的陪同下，终于抵达中缅边境的瑞丽口岸。跨过畹町桥，就是祖国。67 年前，有 10 万名中国远征军官兵从这里出征异域。有很多人，再也没有回来。

桥的这边，云南省瑞丽市委、市政府组织了盛大的欢迎仪式。

就在这时，担心的事情还是出现了。因为 9 名老兵大多没有合法的身份证件，驻守口岸的缅方移民局不愿意为老兵办理通行手续。

大家看着我，有人开始埋怨和指责，为什么提前不把这些手续办好？我不知道该如何解释，在此之前，有华侨曾对风险作出分析，按正常程序申报，需要经过非常烦琐和漫长的过程，有的老兵或许已等不到这一天的到来；如果到了口岸再补办手续，或许不会被批准。

我选择了后者，这是一次冒险的尝试。

包括在后来，有随行的记者埋怨，这次老兵回家活动没有一个确切的日程安排，活动组织得并不严谨。但他们不清楚的是，有太多未知的障碍是无法逾越的，这群老人特殊的身份，让活动充满了太多不确定性。按现有的法律规定和社会认知，他们很难获得一个合法通行的证件。

一群 90 岁上下、贴着国民党标签、没有任何身份证件、分不清国籍的老人，要从一个国家回到另一个国家，谈何容易！

所有的人都望着我，不知道该怎么办。甚至有人提议，让这些老兵先回缅甸，等办理好手续再过境。我劝阻，再想想办法，一定会有办法的。

在畹町桥上，我往往返返很多次，寻找当地的华侨社团与缅甸移民局沟通，但依然无济于事。站在桥头，我一脸无奈，在心里长叹，难道他们真的在离自己的祖国只有一步之遥的时候，就要折返吗？

就在这时，有一位住在边境上的老兵将我悄悄拉到一边，说在旁边有一条小路，从这条小路上可以过境，两国的边民经常在这条路上往返，不会有任何的问题。

我摇了摇头，说不行。

这位老兵又说，真的不会有问题。

我有些恼怒地说：不行！我说，你们已经寄人篱下生活了半个多世纪，受了那么多的委屈，你们当年是为国去打仗，现在要回到自己的国家，难道还要用这种偷偷摸摸的方式吗？我说，我一定要让你们光明正大地回家！

因为我清楚，对于这些流落历史之外的老兵，他们需要的是什么。衣锦还乡，是每一个士兵的梦想，但衣锦，不仅仅指有光鲜的外表，还有内心的体面和尊严。我做好打算，就在口岸等，已经等了 60 多年，还在乎多耽搁一两天吗？

在后来老兵们回到国内的每一时每一刻，我也都会刻意安排一些细节，让他们享受这种本应得到的荣光和礼遇。在航班上，机长会向同舱的乘客广播这群特殊的客人，全体乘客均会以热烈的掌声向他们致敬，一些老兵还会被机长安排到头等舱；在昆明举办的新闻发布会上，所有的媒体记者起立鼓掌，欢迎老兵入场；在老兵各自的家乡，有大批的志愿者，在机场、酒店拉起红色的条幅，手捧鲜花，夹道欢迎……

时间在一分一秒地过去，交涉一时陷入僵局。而畹町桥的这边，两位着装整齐的武警礼兵已经就位，媒体记者的长枪短炮已经对准了桥头，上百名前来欢迎的群众望眼欲穿。

让人激动的消息还是传来了，在当地侨领的不懈努力下，缅方终于答应为老兵们办理出境手续。所有的人都长长地出了一口气。

这一路，正如老兵们的一生，充满了悬念、曲折和变幻，但一定，会等来光明。

当天下午 4 时 15 分，9 位老兵在子女的搀扶下，列队跨过畹町桥。这支东倒西歪的队伍，已经没有了当年出征时的气势和豪迈，甚至，还有一些慌乱和疲惫。

60 多年前的 1942 年，10 万名中国远征军战士就是顺这条路，一直抵达异域的腹地，走上战场，一路上，无数鲜活的生命戛然而止，永远留在了异域；60 多年后，9 名老兵，顺着来时的路，终于回到了自己的家乡。

出征的时候，还是孩子，而回家时，已过耄耋。

在桥的这一边，两位武警礼兵已经随着一声号令，抬起手臂，敬标准的军礼。让人敬佩的是，这些年迈的老兵，也还以军人至高的礼节，军礼。

这是历史性的一刻！这是中国现役军人，向曾经保卫这个国家的抗战老兵的致敬。跨越了党派，跨越了半个多世纪的隔阂。

另一个让人激动的消息是，当地公安部门在得知这些老兵入境后，因为没有合法的证件无法回家时，打破原有的规定，采取特事特办的方式，以最快的速度和最简化的程序为老兵们办理通行手续。

官方的通道，在老兵回家的最后一刻，豁然开启。

好消息也一个接一个地传来。在入境的第三天，在广东打工的一位读者，看到了《南方都市报》记者袁小兵采写的老兵张浩东寻找家人的消息后，认出了这是他的邻居张富林的堂哥。

五十九

张浩东是家里的独生子，小名叫进忠，当年离家出走后，父母就开始四处打听他的下落，并一再追问堂弟张富林。被逼急了，张富林就想了一招，找了个信封，装了两张纸，说是张浩东寄来报平安的信，还装模作样地把“信”念给张浩东的父母听。张浩东的父母不识字，信以为真，有一天拿出信封竟然发现里面装的是白纸，断然与张富林翻脸。

张浩东的母亲早在20世纪60年代就去世了，在世时经常念叨儿子，那时河南闹饥荒，她经常会给家人说：“不知道那个娃还活着没有？”家人也托付去台湾的亲戚及邻居打听过消息，没有得到任何线索。

本来就已经揭不开锅，张浩东的母亲依然会把家里仅有的一点吃的拿给算卦先生，让算算自己的孩子是否还活着。每一次算完，她都会高兴好几天，算卦先生都会告诉他，他的儿子禄马还没倒，人还在，迟早会回家。为此，张浩东的母亲常常站在村口等儿子，只要有背包的人经过，就会追上去看是不是张浩东。

这位母亲，就在希望与失望的交织变幻中度过了自己的后半生。

张浩东的母亲去世后，他的姐姐继承了母亲的遗愿，每年清明节，都会按照当地的迷信，抱着家门前捣米的石臼大声哭喊：“进忠，回来吧！进忠，回来吧！”年年如此，直到十多年前去世。

母亲走了，姐姐也走了，那个被称作进忠的孩子终于回来了。只可惜，他再也看不到娘的身影，他再也听不到姐姐的呼喊。

在母亲的坟前，张浩东眼泪吧嗒吧嗒直掉，尔后喃喃自语：想爸爸妈妈。他清晰地记得，小的时候，妈妈就是在屋后的那个水塘里，给他洗衣服。那个淤满青泥的水塘还在，回家的那几天，张浩东天天都会站在水塘前，凝视无语。

在父母的坟前磕一个头，这是滞留异域的老兵最后的梦想。他们为国家尽忠，却难以为父母尽孝。

经明清在母亲的坟前双膝跪地，一声“妈妈”，宛如一个犯了错误在乞求父母原谅的孩子，更为遗憾的是，他的大嫂赵伦英，终究没能等得他归来，就在他入境的那一天撒手人寰。

没有找到母亲葬身之地的王子安，只好伫立在长江边上默默地啜泣，他哭自己的母亲，更哭自己命运的卑微。

……

刘召回的弟媳周维芬，依然不敢相信这就是他失散 60 多年的哥哥。后来，刘召回的外甥代明金把手伸到刘召回的后脑勺，拨开他花白的头发，找到了一条三寸长的疤痕，“没错，是我们小时候去河里洗澡时，你摔到石头上留下的”。刘召回记忆的闸门由此打开。

而老兵钟云清，是依靠村口的一棵龙眼树，认出了回家的路。

在为老兵找家的过程中，志愿者们不厌其烦地在双方之间不停地核对着一个又一个细节。双方都不敢相信，是因为期盼得太久太深。

祭拜过父母，和亲人们相聚一个多星期后，老兵们又要返程回到缅甸了。在缅甸，依然有他们的血脉。

返回缅甸时，老兵王之平告诉他的亲人，他希望带上一瓶黄河的水和一包家乡的黄土。拿到黄土时，王之平做出一个让所有人惊讶的动作，抓起一把土塞进嘴中，边嚼边嘟囔："好东西呀，好东西呀。"旁边的人连忙拿来一瓶矿泉水让老人漱口，谁知老人喝了一大口水，带着嘴里的黄土，"咕咚"一声咽下肚去。

王子安带走的仅是两张楚剧的光碟，乡音的调子，或许可以让他思念家乡和亲人的怅然得到些许慰藉。那次回家，王子安还说，他希望自己死后，骨灰能撒进长江。

让我至今难以忘记的一件事情是，就在老兵们结束探亲返回缅甸的前夜，当大家坐在瑞丽的一家宾馆里兴高采烈地畅谈此次回家的感受时，一直没有发言的王子安突然放声大哭，一边哭一边含糊不清地说着话。陪同他回家的儿子说，爸爸说他这一辈子过得很累，在这个不属于自己的国家，受尽了折磨，受尽了恐惧，这种寄人篱下的日子，他实在受不了了。

这番话突然让本来热闹的一个座谈会鸦雀无声，所有的老兵突然变得黯然神伤，座谈会由此结束。这次回国的旅程，就在这样一个压抑的气氛中结束了。

半年多后的 1 月 20 日晚上，我接到了瑞丽市侨联主席邓庆飞的电话，她告诉我，王子安当天下午 3 点在木姐的家里去世。几天后，我接到了王子安儿媳的电话，告诉了我同样的消息，她说，爸爸安葬在木姐北面的山坡上，面朝中国。

而至今让我内疚的事情是，韩天海终究未能实现回家的愿望。

就在回国寻亲团抵达国内的第一天，因为没有找到亲人而未能随行的韩天海突然精神大作，提着行李找到华侨王玉顺的家里，说是要回国找家人。得知这个消息后，我立即托付四川的媒体朋友重点报道韩天海找家的事，《成都晚报》的一则消息最终发挥了关键性的作用，韩天海的一位外甥看到了报道，联系上了报道此事的记者向勤，并准备了 8 包温江特产酥糖和一封信，托付返回缅甸的老兵带给韩天海。信中说，他们全家期待这位失散多年的亲人能尽快回家。

仅仅一个月后，吃着从家乡带来的酥糖的韩天海，与世长辞。

韩天海曾经告诉我，等我有时间了，他给我从头到尾讲一遍他的经历，他的经历可以写一本书。我终究没能挤出足够的时间听他去讲。而如今，当我们意识到这段历史弥足珍贵，想去倾听时，却再也无法听到他的讲述了。

曼德勒的老兵张家长，因为顾虑太多没有参与这次老兵集体回家的活动，当他看到回家的老兵向他炫耀一路上的风光与礼遇时，终于忍不住了，提出回家探亲的愿望。那是 2010 年 7 月，缅甸最热的季节。他说，等天凉了，他就启程。

而他，最终没能等到秋天的到来。

六十

很多人记住杨剑达，是从电视上。陈晓楠主持的《冷暖人生》或者是柴静主持的《看见》都制作了《老兵回家》的专题节目，也都用了他唱《松花江上》的一段视频。这首歌，唱的人忧伤，听的人心碎。尤其最后那句“爹娘啊，什么时候才能欢聚在一堂”，老人因为哽咽再也无法唱出，歌声就此戛然而止时，观众的眼泪顷刻决堤。

那段让观众泪飙的视频，拍摄于2009年5月。当时正在组织流落缅甸的老兵回家探亲，杨剑达说，他因为骑自行车摔断了腿，“回不去了”。言语中，有着无奈和悲伤。接着，杨剑达给我们唱了这首歌。

这首歌被传到网络上后，有很多年轻人不解地问我，杨剑达的家又不在东北，他为什么要唱这道歌呢？我一时无语。

《松花江上》这首歌，是在九一八事变后，东北军流落西安街头时，兴起的一首歌。那时，我们的国土开始沦陷。在后来，很多的年轻人就是唱着这首歌走上了战场。

2011年8月，杨剑达终于忍不住了，说：“我也想回家看看。”

在缅甸，杨剑达拿的是一张破旧的外侨证，每年，他需要向当地政府交纳一定的费用，获得居留的权利。

后来，当我接杨剑达回家，在云南省公安厅为他办理了可以前往广东梅县老家探亲的外国人通行证时，杨剑达突然有些凄凄地说：“缅甸认为我是中国人，中国把我当成外国人。”

“你说，我是哪个国家的人？”杨剑达有些伤心地问我。

杨剑达居住在缅甸北部的密支那，靠近云南腾冲。他说，偶然在街头看到一辆中国牌照的车辆，也会让他激动半天。

在杨剑达的坚持下，他的女儿杨玲玲终于学会了中文，他还教会了女儿唱《松花江上》，他说这是他留给孩子唯一的东西。

其实让杨玲玲印象最深的，是爸爸告诉她老家的情况，“住的房子是什么样子的，院子里有龙眼树，养猪的地方在哪里，说得很细”。玲玲跟着爸爸也学会了做咸菜焖猪肉，地道的客家菜。

所以，当 2011 年 9 月 3 日，杨玲玲陪着爸爸终于回到魂牵梦萦的广东梅县老家时，玲玲并不感觉陌生，“这是一个在梦里出现了无数次的地方，和爸爸描述得一模一样”。

从云南腾冲入境的第一天，杨剑达就因为发烧被救护车连夜送到了腾冲县人民医院。后来抵达深圳机场，老人的血压又突然升高。回到老家梅县的第二天，老人又住进了医院。那次住院，杨剑达被检查出食道癌晚期。

老人的病情，让志愿者很担心，如果一旦出现意外，怎么办？我甚至有些懊悔，不应该冒着这么大的风险接他回家。但想到老人一路上的激动和开心，我又一次觉得自己的坚持并没有错。那时，我已经隐隐预感，这或许是老人最后一次回家了。

在腾冲入境时，看着年轻的中国军人向自己行军礼，杨剑达竟然做出一个让人惊讶的举动：扶着轮椅，颤巍巍地站起身来，还了一个标准的军礼。

当我问他，为什么要坚持站起来时，他说："我是一名中国军人，军人就要有军人的气质。"

那个魂牵梦萦的家，还保留着原来的模样。院子里的龙眼树已经长得很老了，枝头的果实已经成熟。每天，杨剑达都会吃几颗龙眼，咂吧着嘴巴，无比甜蜜。而老宅的墙上，竟然还留着杨剑达 14 岁时写下的一行字："民国二十五年，七月十六日，中央飞机三架到访散发传单。"

那时，全面抗战一触即发。

但很多东西再也找不回来了。父母早已不在人世，当年和他长途跋涉，带他到印度做生意的姐姐，也已于 2006 年去世。

还有阿满，从小就定下婚约的远房小表妹，一直没有打听到消息。当年他从军后一时难归，就写信给家人，给小表妹阿满自由。

结束探亲，准备返回缅甸的前一天晚上，杨剑达将我一个人叫到身边，拉着我的手，很平静地给我说，这次回家，见到失散多年的亲人，还有这么多的人欢迎他，他今生再无遗憾。那时，他的身体已经很弱很弱，但他竟然不停地给我说了 20 多分钟。他还说，他是把我当作他的儿子来看待。

那种不祥的预感越来越强烈。

2011 年 10 月 8 日晚上，我接到玲玲的电话，说爸爸已经昏迷好几天了。她说，爸爸清醒的时候，让她转告我，在缅甸，当年牺牲了几万名战友，他们的遗骸也需要回家，他们也需要有一个纪念碑。我让玲玲把电话放在爸爸的耳边，我坚定地说，请放心，这些遗愿我一定会做到。令人惊讶的是，杨剑达竟然弱弱地说了一声“好”。

10 月 9 日下午 5 点，离回家仅仅一个多月后，中国远征军老兵杨剑达于缅甸密支那去世，终年 90 岁。和很多实现了心愿的老兵一样，走得突然而又平静。

三年多之后，杨剑达的遗愿，在历经重重困难之后，终于得以启动。

六十一

2008年7月，广西民族大学的三位学生被派往缅甸曼德勒大学留学，他们是刘雅馨、韦彩琼和李秋明。

这片异域对他们来说十分陌生，上网搜了突然发现，在缅甸竟然生活有很多中国远征军老兵。临行前，他们得知有一家名叫广西抗战在线的民间组织一直在做关爱老兵的事情，取得联系之后，对方托他们带来一些自己制作的纪念章送给老兵。

刘雅馨坦承，她的历史学得不好，对抗战这段历史更是有些模糊，但接触了这些老兵之后，她发现以前所学的有一些不同。更触动他们的是，他们给老兵送去纪念章的时候，竟然发现他们是那么的激动。林峰拿着纪念章，一边用手抚摩着，一边不停地说："好，好，好，这比什么都好！"老兵李彤的生活已经不能自理，戴上纪念章后再也不让取下来。而张富鳞，在听着他们读附在纪念章里的一个小册子时，竟然泪流满面。

小册子里写着这么几句话：今天的我们无法对战争感同身受，是因为你们已独自承载了疼痛。尽管岁月无情，但夕阳下，你们的身姿依然挺拔。你们是光荣的缔造者，你们是活着的历史。我们只是普通的民众，我们也许不能为你们做很多，但我们必须表达我们的敬意！请让我们向你们大声说——我们永远感激你们，我们永远记得你们……

越来越多的民间力量开始行动起来，加入到这场和时间赛跑的公益活动中。

2009 年 6 月，关爱抗战老兵网负责人李明晖和云南腾冲国殇墓园管理所副所长龙济存等人，帮我整理出一份在战争结束后滞留滇西未能回家的中国远征军老兵名单，共有 22 位老兵。我开始通过媒体、志愿者等帮助他们寻找亲人，这场以人性关怀为根本的民间活动，触动了公众内心最柔软的地方。

居住在云南腾冲的李华生是贵州人，《贵州都市报》的报道帮他找到了亲人。

李华生在腾冲成家后，有三个孩子，但前两个早早去世，三儿子又经常酗酒，儿媳患中风瘫痪在床，家中一贫如洗。因和儿子经常吵架，李华生在路边盖了一间茅草房，一个人住。这条路是通往腾冲著名景点热海的必经之地，常常会有路过的游客被这间破旧的茅草屋吸引，停下车来看个究竟，一问还是位抗战老兵的住所，心肠软的人就会留下一些财物接济李华生。

找到家之后，李华生才知道，他的原名叫黎华仙，贵州凤冈县绥阳镇人。因为他不认识字，后来的名字就被记成了李华生。

整个抗战史中，有太多这样的阴差阳错。

相比贵州籍的这两位老兵，山西籍老兵路珍楼找家就容易了许多。居住在云南腾冲的路珍楼的老家在山西省高平县路家村，1934

年离开山西到河南谋生，后加入中国远征军五十四军，曾是军长霍揆彰的保健医生。

《山西晚报》记者李旭东拿着路珍楼的照片，前往路家村实地寻找。一个叫路高楼的老人看到照片，突然大喊："这就是我的亲哥哥呀！"双方再次核对，父亲的名字叫路双六。

当天晚上，路高楼拨通了远在云南腾冲的哥哥路珍楼的电话，"你是我哥哥呀！"刚说了一句话，路高楼就哽咽着说不下去了。

路高楼称，他刚出生不久，他的哥哥就走了，后来家人四处打听，得知哥哥去部队当了一名军医，再后来就没有了消息。改革开放后，路高楼一度猜想大哥可能去了台湾，曾托人问询，但毫无线索。

据路珍楼回忆，他到了河南后，报考了南京军医大学并被录取，后来又到长沙军医学校继续学业。1938 年，他被分配到国民革命军第五十四军四十一师野战医院，成了一名中尉军官。在五十四军期间，由于珍楼的业务和品质都很好，被时任五十四军军长霍揆彰看中，路珍楼成为霍揆彰的随身军医。腾冲收复后，路珍楼晋升少校。之后因妻子有孕待产，全家滞留腾冲。

帮助山东籍老兵薛广杰找家最简单，我通过 114 查到他老家的村委会的电话，打过去，就直接打问到了他亲人的消息。这么简单的事情，这么多年来为什么就没有人帮助他们去做呢？

相比来说，寻找四川籍老兵饶广林的家就费了较多的周折。饶广林原名杨国清，是八十八师的一名战士，负责向前线运送粮食，战后改名饶广林入赘云南龙陵。1949 年后，饶广林被认定为国民党残渣余孽，村子里年长一些的人，都亲眼见过饶广林被吊起来打。这段经历给老人留下了阴影，每有志愿者向他了解过去的经历，他总会紧张地说：“我什么也没有做过，我什么也没有做过……”

而苦难并不止这些。在“文革”期间，老人因不堪折磨，带着老伴和四个儿子逃到缅甸腊戌，其中三个儿子又在缅甸死于非命。“文革”结束后，老人回到云南龙陵，而其唯一的儿子，又因贩毒入狱。

四川省邮政总公司得知消息后，立即委派西充县邮政局展开排查，有30多位职工和家属参与了这次爱心寻亲，有的负责走访县城社区，查找70岁以上老人；有的负责到派出所查找户籍，询问当地老民警；有的负责到民政局查找地名。经过半个多月的努力，寻访组获得了一条有价值的线索，观音乡以前有过一个叫“齐水沟”（音）的地方，这和饶广林老人提供的“七水沟”地名较吻合。于是，寻亲队伍和提供线索的两名群众立即冒雨赶往齐水沟，并在那里找到了饶广林的侄子杨芝平。

六十二

从军 70 年之后，四川兵龙永地终于回到了家乡。连自己出生年月都忘记了的龙永地，清晰地记得自己当兵是在 1940 年，那一年，他的父母刚刚把麦子种到了地里，未能等到收割，就因病双双去世。

抓兵的来了，16 岁的龙永地被抓，又偷偷跑掉。第二次，保长带着一群人，扛着枪，又来抓他。他没敢跑，他知道，如果敢跑，对方就敢开枪。被带走前，龙永地在人群中看见了妹妹龙永兰，妹妹偷偷地抹着眼泪，不知所措。

父母去世后，照顾妹妹的责任落在了龙永地身上，这一去，妹妹如何是好？龙永地大声喊道：兰兰，照顾好自己，哥哥会回来的。

先是在四川泸州训练，后来又被送到贵州，再到云南，并于 1944 年参加腾冲反攻。之后，龙永地留在腾冲，到一户何姓人家当了上门女婿，遂改名何绍从。

2010 年 8 月中旬，我在微博上发布了龙永地寻找四川亲人的消息，一时，引发公众的广泛参与，很快，他的外甥找到了。遗憾的是，他的妹妹龙永兰，已在 10 年前去世。

2010 年 9 月 15 日，离家整整 70 年的龙永地终于回到了四川宜宾，他带给家人的，除了云南的特产，还有一封写给妹妹的信。

写给天堂的妹妹龙永兰

妹子，我回家了，回宜宾了！五十四年了，从五六年我们断了联系到今天，已经过了五十四年了。还记得五十多年前我给大姐龙永珍、二伯龙季何、堂兄龙永青和你都写过信，还寄去了大女儿的照片，那时她才刚满两岁，现在她都已经当外婆了，这次回宜宾她也陪我去了，要是你见了肯定也认不出了吧。

宜宾和我记忆中的不一样了，变化太大了，以前的房子都是草房、土墙房，最好的也不过是瓦房的，现在到处都是十多二十层的高楼，都不认识了。记得以前最好的路叫大马路，是石头铺的，说是大马路也还是坑坑洼洼的，一下大雨山垮了把路堵了，保长、乡长就组织老百姓去挖，我和父亲就去挖过，肩挑背扛的，很是辛苦。那时候去老家要翻好几座山，现在拖拉机都可以开到家门口了，真是不一样了。

说是回家，可哪有家呀，以前我们都是靠租田租地种，房子、土地都是租来的，哪还找得到呢……但我见到了你的孩子和孙子，他们对我都很好，你的孙子还陪我一起回腾冲了，认认家门，以后好常走动。龙氏家族的老人知道我回去还特意赶来宜宾看我，寨子里的亲朋好友来了十多桌，又是放炮又是送花的，很是隆重，真是感动啊。

我年纪大了，记性不好，一路上帮助我们的人我也没能一一记住他们的名字，但真的感谢他们呀，要不是他们我这辈子肯定是回不去了，这在心里埋了六十多年的念想今天算是实现了，也没啥遗憾了，你在泉下有知的话也会为我高兴吧。

……

兄妹情深。

留在云南德宏的抗战老兵曾辉，是在离家整整 80 年之后，才在志愿者的帮助下回到老家湖南平江，见到了自己的两个妹妹。那年曾辉已经 98 岁，两个妹妹曾佳玉和曾佳美分别 91 岁、87 岁。

更令人唏嘘的是，曾辉出征前，已经有一个刚刚出生的儿子。回家时，他的儿子已经 81 岁了。父子两个，一别，几近一生，再见时，都已暮年。父子两个，相对而立，身为父子，却无言以对。

难得的长寿，得以让他们在有生之年，等来了团圆。

留在云南腾冲的抗战老兵张金正，家在河南新乡，曾参与腾冲反攻，战斗中负伤，等伤好了，部队已经去了芒市，他便留在当地做了上门女婿。身体中的弹片，至死未能取出，每到雨天，隐隐作痛，也让他一生都无法摆脱那段九死一生如噩梦般的经历。

历史专家余戈去探访张金正时，为了安慰老人，用河南话和他交谈。告别时，张金正突然扑倒在余戈的怀里，抱着他说："亲人啊，你不要走！"

2010 年 11 月，志愿者帮助张金正找到了河南的弟弟，但就在准备启程回家的前一天，张金正因突然便血入院，等出院时，身体还是十分虚弱。

情况紧急。

等在老家的弟弟心里着急，就决定前往云南看望哥哥。弟弟坐飞机到昆明，再转乘汽车往腾冲，大约有10个小时的车程。车到中途，前方传来消息，张金正已陷入昏迷，随时都有可能咽气。志愿者找了辆出租车等在汽车站，等弟弟到了，快速拉着他赶到家中。到了家里，弟弟拉着哥哥的手，说了句："哥，我来了。"

听到这句家乡的问候，张金正竟然奇迹般地睁开了眼睛。

而之后的几天里，张金正的精神越来越好，还陪着弟弟坐在院子里聊天，还吃了弟弟从老家带来的道口烧鸡。他的弟弟其实是在他离家后才出生的，兄弟俩从来没有见过面，但血脉相连。张金正问弟弟最多的，是关于母亲，这个生养他的女人，在他成人之后，却没有了机会去报答。

兄弟俩团聚一个星期之后，弟弟要回河南了，问哥哥还有什么心愿。张金正说："我想回家。"弟弟宽慰他说，那就安心养病，等病好了再回家。张金正说，他回家，是希望给母亲上个坟。

弟弟离开一个星期之后，张金正去世。

六十三

老兵回家活动得到了越来越多的人参与，也有越来越多的老兵实现了多年的夙愿。

2011 年 5 月中旬，分别有七位老兵回到阔别 70 年的家乡。5 月 11 日，居留缅甸南目丁的老兵刘辉回到江西樟树；5 月 12 日，居住云南保山的老兵杨良平回到浙江新昌；5 月 14 日，居留云南德宏的老兵余恰明和黄成海分别回到重庆长寿和四川合江；5 月 15 日，居留云南德宏的老兵屈绍里回到贵州大方；同一天，居留缅甸仰光的老兵陈华回到云南昆明；5 月 16 日，居留缅甸仰光的老兵刘大江回到安徽合肥。

居留缅甸仰光的陈华，最终还是未能得到台湾的“授田补偿金”，日益衰弱的身体，让他再也不去想要“衣锦还乡”了。2011 年 3 月，我们再次前往缅甸探望老兵时，陈华告诉我：我要回家。

我现场拨通了陈华在云南昆明的儿子的电话，然后将电话递给陈华，陈华激动地对着电话喊着儿子的小名，然后告诉对方“我是爸爸”，对方没有应答，陈华连续说了三次，对方一直沉默不语。

气氛一时显得有些尴尬。

无奈之下，陈华说："我现在年龄大了，落叶归根，我要回中国去定居。"这时，对方冷冰冰地答了一句："我们年龄也大了，自己行动都不方便，你回来谁照顾你呢？"

陈华有些不知所措。

两个月后，陈华怀着忐忑的心情乘坐飞机，从缅甸仰光回到云南昆明，就在他走出机场时，他发现在机场到达口有很多的志愿者来欢迎他，拉着横幅，抱着鲜花，在那一刻，他突然找到了英雄荣归的自豪，不禁热泪盈眶。

而他的儿子，也正是看到这个场景，才终于明白，自己的父亲虽然不是一个合格的父亲，但他是这个国家的英雄，而自己误会了父亲一辈子。所以，让陈华更为激动的是，当他走出机场时，正在为儿子是否愿意和他相认而纠结时，他看到儿子一个箭步冲上前来，抱着他，喊了一声：爸爸。

后来，我在一次会议上遇到老兵和他的儿子。他的儿子告诉我，小时候，因为父亲的身份问题，他们全家受了很多苦，他自己也认为，父亲是一个反动派，是一个"坏人"，从来没有人给过他好眼色。直到有一天，有两位志愿者上门，给他的父亲送来一个红包，说他的父亲是抗战老兵，是这个国家的英雄。儿子说到这里，泣不成声，说："志愿者的话，让我突然惊醒，改变了我从小以来对父亲的偏见。我现在几乎天天都陪着父亲，算是对他的补偿。"

历史，造就了太多的悲剧离合。

居留缅甸东枝的老兵刘明甫，和陈华有着几乎同样的经历。我们通过当地的公安局，查找到了他在云南的女儿的电话。为了不显得太突然，我给他的女儿发了一个短信，问她是不是刘明甫的女儿。我猜想，如果她看到这个名字，一定会惊讶，一定会主动联系我，我再慢慢告诉她情况。没想到，等了一天，她都没有回复。我纳闷，手机停机了？我拨了电话，通了，问对方是不是刘明甫的女儿，对方回答是。我激动地说，我们在缅甸找到了你的父亲，他希望回家来看你们。

没想到，这个女儿非常激动地说："我不认这个父亲！"

我愣住了。

接着，她情绪有些失控，边说边哭："我一岁的时候，他去打仗了，再也没有管过我们母女一天，我的母亲守了一辈子寡，受尽歧视，因为他的身份，我上不了大学，入不了党，参军也没有资格。我的母亲前两年才去世，临死都没有等到他回来，连个音讯也没有。现在，他老了，需要有人照顾了，要回来了，你说，让我怎么认他"。

听了这位女儿的话，我忽然理解了她内心的愤怒。太多的个体，为这段历史作出了巨大的牺牲，但至今，他们内心的伤痕依然无法得到愈合。

等她冷静下来，我问她："如果你的爸爸很早前就回来了，他会是什么结果呢？"

刘明甫的女儿听了这话，说："我理解，他也很无奈。"终于，她答应去机场接他的爸爸回家。

2012 年 3 月 24 日，广州机场，当刘明甫的女儿听到父亲乘坐的航班降落的消息时，开始不停地流泪。当她终于看到满头白发的父亲颤颤巍巍地走出来时，她再也忍不住，冲上去抱着失散整整 70 年的父亲，撕心裂肺地喊道："爸爸。"

六十四

陈华回到云南昆明后，给我打来一个电话，说他希望能去四川内江看看他的原配妻子。我随口答应，马上帮他买机票。陈华却说，不是的，我不是要你帮订机票。接着，他支支吾吾半天，说不明白到底要干什么。

我明白陈华需要什么，告诉他让他放心，我会安排好的。

陈华又问，你真的会？我说，一定会的。

1990 年，陈华在接到儿子的寻亲信后，曾经回过一次家，回到家后，他得知妻子早已改嫁，也拒绝了他前往会见的请求。陈华觉得，妻子不愿意见的原因，不仅仅是因为改嫁，还有，在妻子的内心里，他一直是“国民党反动派”。

在四川，我们组织了 20 多位志愿者，策划了一场盛大的欢迎仪式，有横幅，有鲜花。这场仪式，就选在陈华的原配妻子的楼下。

这对曾经挚爱的夫妻，终于在这样的氛围下，聚在了一起。

陈华见到自己原配妻子的时候，从云南保山回到浙江新昌的抗战老兵杨良平也见到了自己的原配妻子。

杨良平参加过淞沪会战、南京保卫战、台儿庄战役，在战斗中从班长升到排长，并于 1942 年调往滇西，参加了后来的松山战役。滇缅战役结束后，已是少校军官的杨良平离开部队，到南京浦口的铁路局任职。1947 年的一天，生病的杨良平来到泰和堂药铺抓药，接待他的是掌柜的女儿，那年他 29 岁，英俊潇洒，她 21 岁，清秀妩媚。与所有浪漫的爱情故事一样，一见钟情的他们开始相恋了，并且在 1949 年结婚。

1951 年，杨良平的工作调动，他和妻子一起前往山西临汾。不久后，灾难降临，领导找杨良平谈话，称他属于工人阶级，而他的妻子是资产阶级小姐，必须离婚。杨良平未从。一天深夜，杨良平被强行带走，关押几个月后，被发配到煤矿当矿工。

形势日益紧张，杨良平借机逃往云南边境，这里曾经是他战斗的地方，有很多命运相连的战友，更为重要的是，他随时可以从这里逃往缅甸。

一逃，几近一生。

回到浙江新昌老家之后，杨良平吞吞吐吐地告诉了陪同他回家的二战史研究专家李正这段往事，李正心里清楚，老人的期待是什么，他立即在微博上发布了帮助杨良平寻找原配妻子的消息，在网友的帮助下，杨良平的原配妻子陈恂有了消息。当年杨良平失去消息后，孤身一人的陈恂又惊又怕，后来在父亲的建议下，回到南京，重新成家。

得知消息的杨良平，马上前往南京，和陈恂见面。

60 多年前，他们在这个城市相遇相爱；60 多年后，在两人均已两鬓斑白之际，再度聚首。

“我是来道歉的，为当年的不辞而别。”杨良平告诉陈恂。

“这是历史原因啊！”陈恂回答。无奈中，亦有原谅。

两对夫妻，同样的遭遇。在他们重逢时，他已另娶，她亦另嫁，相对无言。

六十五

对于陈华和杨良平来说，他们能找到失散多年的妻儿，且能在有生之年得以再会，已算是幸运的了。

这，也曾是赵南翔临终时最大的愿望。

淞沪会战爆发时，赵南翔只有16岁。家乡沦陷，他将母亲安置到后方，参加了淞沪别动队，走上保家卫国的前线。别动队的主要任务是暗杀，对象包括日本商人和汉奸。赵南翔说，当时别动队里还有女队员，执行任务时就在脚趾上夹上雷管，如有意外就当场引爆。

不久后，别动队改为国民党军事委员会苏浙皖忠义救国军，赵南翔被派到苏嘉沪区挺进纵队，和队员们打游击，参与了多次伏击鬼子的战斗，自己的头部和腹部两次被刺刀捅伤。他也两次被俘，一次在苏州，一次在广德，都是被汪伪汉奸抓到，被戴上脚链和手铐。后经青帮头子营救，才得以获释。

抗战胜利后，赵南翔随队到上海接收日军驻防。之后裁军，忠义救国军转为交警总队，赵南翔成了一名铁路警察，到广西参与铁路的修建。

国没有亡，家却没有了。赵南翔回乡去找母亲，却不见母亲踪影。

1949 年之后的经历，赵南翔和其他抗战老兵并没有多少不同，背着历史反革命的罪名，被送往农场参加劳改。劳改结束后，赵南翔留在了广西，也再未成家，做了一世的孤儿。

2012 年 6 月，已 92 岁高龄的赵南翔病重住院，刚开始不愿意接受医生治疗，只是一个劲地喃喃：送我回南翔、送我回南翔。志愿者劝他，只有身体养好了，才能回家呀。赵南翔很听话，身体也渐渐恢复。

得知志愿者要帮他找家，赵南翔才说，他本名冷磊，老家在上海南翔，具体为北四川路四弄 4 号。他的本名，一直是他内心的一个秘密，不敢被外人知。这个名字，是和忠义救国军这个出现在一部样板戏里的部队紧密相连。

改名“赵南翔”，就是取了谐音“找南翔”。那时，赵南翔的听力已经很差，这些信息，都是他用粉笔写在一块小黑板上，与志愿者交流的。赵南翔说，他有两个弟弟，分别叫冷良士和冷良保。

查资料，北四川路曾是上海的商业中心。20 世纪 30 年代初出版的《上海风土杂记》中有这样的描述：“(自老靶子路以北起)北四川路跳舞场，中下等影戏院、粤菜馆、粤茶楼、粤妓院、日本菜馆、浴室、妓院、欧人妓院、美容院、按摩院甚多，星罗棋布，全上海除南京路、福州路以外，以北四川路为最繁盛，日夕车辆、行人拥挤。”

北四川路上原有 703 幢房屋，“八一三”前，日本人仅占 65 幢，战后华人业主逃离（有的被驱赶），日本人又占住600幢。日本人又将原门面改成日式店铺，到1942年，北四川路上有日本店铺、公司达326家，成为日本人的世界。

赵南翔临终的愿望让志愿者挂心，广西的《南国早报》和上海的《新闻晨报》联动，警方和街道办事处也全力参与，但并没有查到冷良士和冷良保的信息。志愿者实地寻访，找到了一个“山阴路二弄4号”的地方，将照片传回广西，赵南翔看了，眼睛亮了，说就在这附近，一排排的旧式三层洋房还像以前一样，只是外墙经过了翻新。

志愿者根据此信息，挨家挨户去打听，但没有找到一家姓冷的。

看着线索再次中断，赵南翔有些失望，而他又再次告诉志愿者一个秘密：在上海时他曾经结过婚，还有两个儿子。因为战乱，孩子一直由妻子独自照顾，他连孩子的名字都不记得了。

“我是个不负责任的爸爸。”赵南翔告诉志愿者。

16岁从军，历经八年抗战，这个为国出征的士兵，为保卫国家出了力，却丢掉了母亲和妻儿。而最终，家已不知何处，只能取一个家乡的名字，聊以慰藉。

志愿者通过媒体报道、公安户籍查询以及实地寻访等多种方式，帮其找家，但希望渺茫。在希望与等待中坚持了两年之后，赵南翔还是撒手西去。至死，没找到亲人，也未能回得故乡。

很多人都知道忠义救国军，是因为样板戏《沙家浜》。这支由军统建立的队伍，在抗战期间立下了汗马功劳，不过，在《沙家浜》里，其被说成是一支汉奸队伍。

2009 年 5 月，志愿者探访赵南翔时，他的一段心里话或许可以让我们对这位抗战老兵有更多的了解。他说："我这一生没有对付过自己人，我对得起良心。当时我加入忠义救国军也是因为他们有后方根据地，可以让我母亲安身，让我可以无忧杀寇，可是战乱还是把我母亲冲散了，让我做了一世的孤儿。我只是想打日本鬼子，当时并不是我们选择要战，而是当时日本鬼子逼得我们不得不战。后来和我同个大队的人去做了土匪，湖匪，我成了铁路警察，一直是在为人民服务。崇左到凭祥这段铁路是我带人修的，抗美援朝我做动员报告，我动员了 80 人参军。后来到了农场，虽然是背着历史'反革命'罪名进去的，我依然得到了农场领导的信任。我这一生受了很多苦，只因我说实话。不过，日本人归根到底还是被我们消灭了。"

赵南翔背负着汉奸与反革命的罪名，在劳改农场失去自由 20 年。而这之后的余生，依然是在这个给他带来屈辱的地方度过。甚至他的追悼会，也是由农场来主持。农场原本不计划开追悼会的，觉得他没有亲人，这个仪式没有意义。但广西的志愿者坚持，农场领导被打动，最终决定举行一场高规格的追悼会。

追悼会没有什么特殊，但有两个细节让参加的人印象深刻。一个是志愿者在现场为赵南翔唱了两首歌，《中国不会亡》和《大刀进行曲》；另外，在现场本来应该是亲人站立的位置上，站满了胸戴白花的志愿者。

志愿者说，我们都是赵老的亲人。

六十六

你们号称“忠义救国军”，
为什么见日寇不发一枪？
我问你救的是哪一国？
为什么不救中国助东洋？
为什么专门袭击共产党？
你忠在哪里？义在何方？
你们是汉奸走狗卖国贼，
少廉无耻，丧尽天良！
……

革命样板戏《沙家浜》里的这段唱词，家喻户晓。忠义救国军，也因此成为众人唾弃的汉奸部队。

甚至去世前，连张季高自己，都觉得自己是一个“汉奸”，是这个国家的罪人。

浙江上虞人张季高，出身于一个殷实的家庭，他的父亲在上海有好几个钱庄，是当地著名的乡绅。抗战爆发时，张季高已经是一个热血青年，日军的侵袭让他“少爷”的滋润生活一去不复返，仇恨加上无奈，张季高投奔忠义救国军。他在日本航空士官学校学习的二哥，则奔赴延安。

抗战胜利后，张季高的部队归并新六军，开赴东北。辽沈战役中，身为少校军需的张季高随同部队投诚，并选择留在黑龙江开荒。张季高所在的九三农场，大多是当年的投诚部队，而九三农场的名称由来，就是取了抗战胜利纪念日来命名。

当年的北大荒，人少狼多，生活异常艰苦，养的家畜，基本上都成了狼的食物。到了冬天，常常是零下 40 度，一下雪，半截屋子就被埋在了雪里，门被堵，出屋要从窗户上爬出去。

留在北大荒之后，张季高写了一封信给在老家的妻子，让妻子带着孩子来到农场，妻子没有犹豫，背着铺盖卷就来了。全家由此在北大荒安家，住的地方，则是当年日军驻扎时修建的一个厕所。

身为“反动军官”，张季高对共产党的不杀之恩万分感激，玩命地干活。有了成绩，别人会当着他的面把功劳抢走，他则笑笑；事情做砸了，别人训斥，他则毕恭毕敬照单全收。在他的内心里，他一直觉得，自己对人民是有罪的，他应该用一生去赎罪。

巧的是，张季高当年投奔延安的二哥，同样到了黑龙江工作，做了哈尔滨飞机制造厂的厂长。二哥希望调弟弟到哈尔滨去工作，张季高坚决拒绝，甚至他很少去哈尔滨见二哥。他始终觉得，他是一个罪人，需要老老实实改造，只要自己肯干，终究有一天会有出头之日。

因为工作卖力，张季高很快被提拔为农场的干部。“文革”前的一天，张季高陪同黑龙江省农垦总局领导到另一个农场视察，在那里，他看到一个熟悉的面孔正在地下捡烟头抽，走近了才认出来，居然是当年新六军时的老团长。张季高强忍着泪水，掏出身上的钱和烟，塞给了这位老长官。相比之下，张季高觉得自己很幸运，工作也更加卖力了。

“文革”中，张季高被关进了牛棚。作为一个国民党王牌军的少校，一个在“汉奸部队”忠义救国军做过事的人，当然是人民的公敌。而在牛棚里，他的尾椎骨被打裂，因下放砖窑劳改，他的双手被新烧出来的砖烫掉了皮。

即使受到这么多的磨难，但张季高依然没有半点抱怨，他觉得这是一个“罪人”应该去受的惩罚。那时，他给被划为右派的三哥写信，在信里常常会说一句话：我们现在是在做狗，但我们要争取做成人。

张季高所在的农场，效益不好，即使在他退休之后，工资也很少能发下来，只有离休人员可以按时发钱。按规定，在1949年10月1日之前参加工作的，算离休，之后参加工作的，算退休。妻子和朋友都劝张季高去找找单位，因为他在解放前就参加了工作，应该享受离休待遇。但张季高摇了摇头说，我是俘虏，俘虏，哪里会有离休的资格！

在“文革”期间，因为张季高的身份，他的子女也受到了很多影响。

有一次，他的儿子到牛棚来给他送东西，看守闲着没事，就逗他，让他谈谈对父亲罪行的认识，结果这位儿子很倔，一个字都不愿意说。这件事被反馈到了学校，学校将其开除。直到一年之后才得以重回学校读书。

这位被学校开除的儿子，后来成了中国一位著名的学者，他就是中国人民大学国际关系学院教授张鸣。

张鸣说，在父亲的内心里，他一生都认为自己是新中国的罪人、反动军官。人家把他抗战那段抹掉了，他自己也抹掉了。尽管他作为军人参与内战，只是前一段投身抗战的自然延续，但是，他却在内心认为自己就是一个反动军官，永远也赎不完罪的反动军官。

让张鸣记忆深刻的一件事情是，有一次他去台湾访问，带回来一些关于忠义救国军的资料，拿给父亲看，父亲在那上面看到了好多老长官老同袍的名字，父亲告诉他，他们中的好些，在抗战期间就已经血洒疆场了。

谈到此时，张季高老泪纵横。

直到近年来，随着历史的解密，很多国人才知道，忠义救国军这支背负了半个多世纪“汉奸”污名的部队，在抗战期间，功绩卓越。

晚年的时候，张季高随同儿子张鸣居住北京，直到去世，再也没有回过家乡，这距他当年从军已逾 70 年。这位含垢忍辱大半生的“反动军官”，始终不愿意面见家乡的父老，甚至连早已化身黄土的父母，也未能去祭拜。只是在一个人的时候，他会拿着儿子回乡时拍的照片，端详许久。

而直至生命的终结，张季高心里的“罪”，似乎并没有赎完。抗战胜利 50 周年时，他没有等到任何慰问；60 周年，依然没有。2015

年，抗战胜利70周年纪念，但张季高没有等到。

张鸣说，像父亲这样的人，原本就没有意识形态的那根弦，跟谁走，原本不是问题。从来没有想过在国共之间站队。仅仅因为国破家亡，才成了国民党军队的一员。有谁知道，这个抉择，最后却进了反动阵营。令人想不到的是，这些人在进入一个新世界之后，很快就接受了新世界对历史的所有解释，别的人无论怎么重说历史，实际上都无济于事。身为一名著名学者，张鸣曾多次试图向父亲重述这段历史，但依然无法解开他心中反动军官的结。

“过去这半个多世纪的中国，有着太多的这样的人，国共都握手言和了，他们却依然在意识形态的旋涡里挣扎，不是他们想挣扎，而是旋涡还在，他们出不来。”

六十七

滞留云南盈江的贵州籍抗战老兵屈绍里，一生中有过两次较长的旅程。

一次是在他15岁的时候，他被国民党抓了壮丁，编入国民革命军预备二师第六团直属部队，从家乡贵州省大方县，送往省会贵阳，再送往云南昆明，再送往滇西前线打仗。屈绍里参加过攻打龙陵、收复腾冲等抗击日寇的战斗。抗战结束后，屈绍里留在云南盈江，当了上门女婿，以帮人看牛为生。

另一次是在他88岁的时候，他终于得到了一笔回家的路费，顺着来时的路，从云南盈江的大山深处，乘坐一个小时的三轮车到乡上，再乘坐两个小时的汽车到芒市机场，坐飞机到昆明，再换乘飞机到贵阳，再乘坐五个小时的汽车到大方县的老家。

这也是73年前从军后的第一次返程。

在贵州大方县的老家，屈绍里有九个哥哥和一个姐姐。1964年，屈绍里通过书信和家人取得了联系，那时父母还在世，听说最小的儿子还活着，便回信说，希望能在有生之年，再见儿子一面。收到信，对父母魂牵梦萦的屈绍里万分着急，把家里值钱的家当全卖了，但别人告诉他，那点钱，连到昆明的路费都不够。自此，屈绍里打消了回家的念头。

屈绍里本名李福喜，留在云南后为了躲避一些政治上的麻烦，隐姓埋名。但他依然让自己的孩子姓李，以便将来有一天回乡认祖。他的儿子李家德说，他能感觉到父亲对家乡的思念，不过父亲从来不说。家里唯一的经济来源就是种地，连孩子们上学的学费都不够，日子过得紧紧巴巴，根本没有多余的钱。

贵州大方和云南盈江，均为国家级贫困县。不管是老家，还是新家，均一贫如洗。亲人两相望，却遥不可及。

2011 年 5 月，在网友的资助下，屈绍里才得以返乡。这距他离家，已逾 73 年。而父母已无法等到这个牵挂一生的“老幺”儿子回家，已化为一堆黄土。为父母上坟，成为屈绍里此行唯一的心愿。

那时，年近九旬的屈绍里的身体已经相当虚弱了，因排尿困难，随身需要带着排尿袋。但思乡心切的屈绍里已顾不得这些，坚持要回家。没想到回家后第一天，病情加重，被连夜用 120 救护车送到贵州毕节地区医院急救，医院检查后发现，屈绍里患有前列腺增生和结石性膀胱炎，且伴有尿血。到医院时，血块堵塞尿道，他已经无法排尿了，情况十分紧急。院方得知屈绍里的情况后，将其安置到高干病房，调配最权威的医生进行会诊，最终帮助屈绍里渡过了难关。

屈绍里回家后，激动万分，记者采访他，让他谈谈回家的感受，他叹了一声说：“在滇西，那些到死都没有回家的老兵，数都数不清啊！”言语里，有太多的庆幸。

屈绍里回家的事得到了很多热心人士的关注，一位名叫浦湘的诗人专门为此写了一首诗：举头怅望月华幽，老卒思家七十秋。岁值青春戎马疾，人当斑鬓异乡愁。知还倦鸟风抟翅，就死衰狐首枕丘。最是伤心唯一事，先坟久未奠新笃。

让陪同他回家的志愿者难忘的一个细节是，在云南昆明巫家坝机场候机时，只要机场的广播一响，屈绍里就会急切地站起来，眼巴巴地询问："是不是该登机了？"

在抗战期间，约有 80 万名贵州兵为国出征，因装备简陋，多穿着草鞋，被称为"草鞋兵"。

2009 年 6 月，居住在云南保山的老兵陈金刘希望找到贵州的老家。陈金刘不认识字，只说自己的家在贵州定风柏京区早狼乡刘娇坡（音），原名刘国强。

查询贵州地名，没有一个叫定风的地方，没有柏京区，没有早狼乡，没有刘娇坡。

贵州的志愿者团队负责人李建华查阅了很多资料，发现惠水县在解放前曾叫作定番县，定风会不会是定番？顺着这条思路，再查惠水县，有一个摆金镇，该镇有一个乡叫甲浪乡，乡里有一个地名叫牛角坡。

抱着试试看的想法，志愿者前往牛角坡实地调查，了解到当地有好几个人曾参加了远征军，其中刘姓有两个，不过没有叫刘国强的人，只有一个人叫刘国民。

线索中断。

当年国庆节，贵州志愿者前往云南看望老兵，见到陈金刘，李建华再次询问他的原名叫什么，陈金刘说叫刘国强，没有错，也再没有其他名字。

志愿者有些失望。无奈之下，李建华只好问陈金刘：“你认识一个叫刘国民的人吗？”老人听了，一下子愣住了，随后哈哈大笑起来，笑够了，用手擦了擦眼角的泪花说：“我就是刘国民嘛！我怎么连我的名字都忘记了。”

说完，又是一边擦着眼泪，一边哈哈大笑。

一个人要经过多少苦难，才能把父母给自己起的名字忘掉。

陈金刘当兵的时候，孩子已经8岁。遗憾的是，孩子就在他当兵那年夭折。陈金刘已经记不得自己部队的番号，只记得部队到了云南畹町，准备入缅作战时，前方的部队已经溃败而返，日军紧追而来，他们也作鸟兽散。根据口述，老人说的应该是1942年初中国远征军第一次入缅作战的事情。

为了讨生活，陈金刘逃到云南保山隆阳区潞江乡石梯寨给人做帮工，也目睹了日军的残暴。有三个村民，被日军认为是远征军的探子，逼着自己挖坑，挖好后将他们活埋，等土埋到脖子时，日军用刀将他们的头一刀砍下。

确认了老家的信息，但因身体原因，陈金刘已无法回家探亲。他怯怯地对志愿者说，能不能让他的亲人去看看他。

2010年国庆节，贵州志愿者再次组团前往云南看望老兵时，带去了陈金刘的侄子刘志富。到了陈金刘的家门口，刘志富顾不得和别人寒暄，径直穿过人群走进堂屋，当志愿者跟进去之后，被眼前的一幕深深地打动了：已94岁高龄的抗战老兵陈金刘把头埋在侄子刘志富的胸前，两人手握着手，相拥而泣。

过了很久很久，陈金刘抬起头来，打量着这位从未谋面、只有血脉相连的侄子，哽咽着说：“你要再晚来看我，就只能看见土堆堆了！”

六十八

守望的，何止只是老兵。

樊忠义是山西兴县人，有兄弟 13 人，因为家里太穷，父母给孩子们立了一个规矩，长大到 15 岁，就必须外出自谋生路。樊忠义也不例外，1940 年，樊忠义正好 15 岁，他先是去做了几个月的矿工，后来到阎锡山的部队当了兵，打过八路军，也打过日本鬼子。

有一次和日本鬼子交战时，部队被打散，他又跟着对方去当了伪军。没多长时间，和八路军的一次交战中，又被八路军捉去当了俘虏。八路军给他做思想工作，他又成了一名八路军战士，时间大概是在 1942 年。

和平解放北平时，樊忠义曾和部队包围天津，并在随后进驻北平。安稳日子没过两年，朝鲜战争爆发，樊忠义又被派往朝鲜战场，直到 1953 年回国，并在不久之后转业到四川宜宾。

樊忠义前后当了十几年的兵，参加过国民党的部队，中间又当过伪军，后来成了八路，打过共产党，也打过国民党，又打过日本人，还打过美国人。全身受了七处伤，肩膀被子弹在同一个地方打断过两次，在朝鲜战场，脸颊被美军的子弹洞穿，全口的牙齿被打掉，后来换的全是假牙。

让樊忠义至死难忘的，是在朝鲜战场，他一个连的兄弟就剩下 3 个人，他们 3 个人在死人堆里抵抗了十几天。

在宜宾参加工作后，这日子才算安稳下来。樊忠义将母亲接到四川宜宾，母子终于相见，这距他离家已过去十多年时间了。

樊忠义告诉母亲，他在打仗时曾见到过一个哥哥和一个弟弟。

樊忠义是在当八路时碰上弟弟的，那时他已是一个排长，弟弟就跟着他一起参加了八路，在 1944 年的一次对日作战中，弟弟负伤，因为没有药，弟弟连续高烧不退，而当时日军不停扫荡，情况十分危急。无奈之下，弟弟对他说，希望哥哥能让他早日解脱。樊忠义下不了手，就把手枪抵上子弹，放在弟弟的头旁边，转身刚一出门，身后就响起枪声。

另一个哥哥是在 1948 年见到的。1948 年攻打太原，有一次战斗结束后清理战场，在敌军的阵地上，他看到了倒在血泊中已经断气的哥哥。

母亲听了樊忠义的讲述，悲凄地说：日子苦了，命就贱。按 15 岁就要出门自力更生的家规，樊忠义的 13 个兄弟，有 10 个出门，但最后回去的，只有樊忠义一人，除过他知道下落的两个兄弟，其余的，均不知所终。

多年以后，樊忠义喝多酒时经常会给孩子们讲到这段经历，他常常会说：“对面有我的兄弟，或许就是我打死的。”

“文革”开始时，樊忠义未能逃脱，被批斗。母亲受了惊吓，拐着小脚回到山西，半年之后，郁郁而终。

樊忠义最终也是英年早逝，1984 年，查出肝癌晚期。有一天夜里，趁着孩子们不在身边，他把身上的输液管、导尿管、氧气管全部拔掉，决绝而去。从 15 岁离家，到不足花甲之年离世，这中间从来没有回过山西老家。

樊忠义并不被众人所知，但他的儿子很有出息，当过宜宾市的常务副市长，后来下海经商，赚了一大笔钱之后，开始修建博物馆，至今已建了和抗战以及“文革”等相关的 20 多个博物馆，涉及正面战场、战俘、侵华日军罪行、汉奸等多个方面。

他的儿子叫樊建川。

樊建川说，苦难其实也是我们这个民族的财富，这些东西你一定得面对。

很多年长的人都清楚地记得一个至生难忘的场面，三四十年前，农村里经常放露天电影，如果有关于内战的电影，每每看到国共双方激战、有无数士兵倒下的场面时，在银幕下面，总会听到有很多年长的母亲，在嘤嘤地哭泣。

六十九

战争造就了太多的妻离子散。

湖南兵龙学成，1939 年参加抗战，之后在内战中被俘，随后加入解放军，于 1950 年被派往朝鲜战场，两年后回国，复员回湖南老家务农，娶妻生子。

2013 年，龙学成的妻子去世后，他告诉自己的孩子，在解放战争时，他曾娶了一位名叫郭云秋的河北秦皇岛女子，并且有一个女儿。平津战役时，他因公务去秦皇岛出差，就将妻子接到天津，当时天津正在打仗，他只好将妻子藏在天津城北的防空洞里。六天六夜的激战结束后，他去找妻女，但已无踪影。

之后，他被送往朝鲜战场，等 1952 年回国时，他去秦皇岛寻找妻子，也没有消息。无奈之下，他只好回到湖南老家。

在他的老伴去世之后，他终于向孩子们说出了这个隐藏半个多世纪的秘密。

他的孩子理解父亲的心思，多方打听，帮助父亲寻找前妻，但至今没有消息。

贵州有一位老兵叫谢庆昌。他的老家在四川成都，14 岁那年，正值国家存亡关头，他被抓了壮丁去参加抗战，母亲抱着他不松手，抓兵的人一脚踢开他的母亲，强行将他带走。从此，他再也没有见过母亲。

他甚至连母亲的名字都记不起来了，但他永远忘不了当年离开母亲时，母亲疯了一样的哭声。他说，小时候，他很淘气，惹了事，母亲会用竹竿打他，但每次，都是轻轻地敲屁股。

谢庆昌的部队曾在湖北和日军有一场血战，100 多人的队伍只剩 20 多人，他自己也受了伤。之后，他又随同部队前往滇西参加抗战。

抗战结束后，谢庆昌留在了云南祥云，和一位心爱的姑娘成家，并且有了自己的孩子。一家人，过起了幸福的日子。但是，就在孩子刚刚出生不久，他再一次被抓壮丁，这一次，是去打内战。有一天，部队行进到了贵州习水，长官突然宣布，国家解放了，全体缴械投诚。时间应该是在 1949 年秋天。

因为属于起义投诚人员，当地政府为他安排了工作。但好日子依然没能持续几年，另一场浩劫再次降临，因为被定为“历史反革命”，他被送去劳改，这一去，将近 30 年。平反后，谢庆昌孤身一人生活在贵州遵义，再也没有成家，他觉得，自己被抓去当兵，妻儿或许会原谅，但再成家，他们知道了会埋怨，会觉得他是一个不负责任的人。

2012 年，我去访问谢庆昌，问他，可以帮他做些什么事情？他有些激动地说，我想找到我的妻子和孩子。我问他孩子叫什么名字，谢庆昌看着我沉默了许久，我能从他的眼睛里看到，他正在努力地回忆。足足盯着我有一分钟之后，他轻轻地说：“叫宝宝。”

我又问，或许妻子已经改嫁，找到她准备怎么办呢？谢庆昌很真诚地说，我只想给他们说一句："对不起！"

对不起三个字，肯定无法让这位丈夫和父亲释怀隐藏于内心近乎一生的愧疚，但即使如此，他依然无从表白。

后来，我们通过媒体找到了谢庆昌在云南的家，但遗憾的是，他的妻子在他当兵走的第二年，就改嫁广西，再也没有音讯。

一位老兵，两度从军，先是告别母亲，再与妻儿离别，与生命中最重要的两个女人，生离死别。

而志愿者没有放弃努力，经过大规模的排查，终于在广西找到了疑似谢庆昌妻子的户籍，资料显示，这位疑似谢庆昌妻子的女人已经过世，留有一个儿子，和谢庆昌所说的孩子的年龄相仿。

根据户籍资料上的电话，志愿者打过去，说明了原因，本想对方会很激动地回应，结果对方却说："我不认这个父亲。"随即挂断了电话。再拨，对方已不再接听。

这位叫作宝宝的孩子，至今不愿意与父亲相认。我也再没有勇气去见谢庆昌，我不知道该如何告诉他这个消息。

陈学良和谢庆昌有同样的遭遇。

陈学良的家在重庆合川，被抓壮丁时，还正在乡亲家里做着木工活，母亲看着儿子被抓走，哭喊着追了几里路。陈学良的部队是中国远征军第11集团军71军，他清楚地记得自己是在87师261团2营6连3排。在云南龙陵的收复战中，排长战死，身为副排长的陈学良继任排长。提到当兵，陈学良一直感叹"真惨"，有一件事情让他终生难忘，他们排里的几个士兵去乡下抢粮食吃，被保长抓住枪毙掉了。

战争结束后，陈学良留在了云南腾冲，在当地成家。

2010 年 8 月 17 日，志愿者找到了他在重庆合川的家人，他的两个弟弟和一个妹妹还在。兄妹三人拿着哥哥的照片，老泪纵横，这距哥哥被抓壮丁已经 72 年了。其时，陈学良卧病在床，双目已经失明，回家探亲几乎没有可能。经商定，计划让家人去云南看望他。

为了尽快完成陈学良的心愿，重庆的志愿者熊熊与他的家人取得联系，但对方却开始犹豫。志愿者分析，可能是因为路费的问题。志愿者说，路费可以去帮他们募集，只要他们能尽快成行。毕竟陈学良已经 90 多岁，又多病，不能因为一点小事情而让老人抱憾而去。

但对方却一拖再拖。从他们家人的话语中，可以听出对这位亲人的抱怨，因为在“文革”期间，全家人都因为他而受到牵连。

我去云南腾冲出差时，专程去看望了陈学良，见到我，他第一句话就问我：“我的家人什么时候来看我？”我骗他说：“陈爷爷，您安心养病，我们会尽快让您的家人来看您。”

这句模棱两可的话，让陈学良有些失望。

2012 年 8 月 17 日，陈学良去世。两年前的这一天，他知道了亲人的消息，但至死未能相见。

七十

在抗战期间，被抓的娃娃兵很多，尤其是川军。有好多是从课堂上直接抓走，连向父母告别的时间都没有。

黄成海兄弟两人，哥哥大他 10 多岁。乡上来抓丁，兄弟两个必须有一个上战场。正在学校操场玩耍的黄成海说，哥哥已经成家了，还是我去吧！

那年，黄成海只有 12 岁。出征的时候，有很多学生自发地为他们送行，送上手工缝制的手帕，向他们表示致敬。那里面，有很多是他的同学。那是黄成海一生中最为激动的时刻。

12 岁，稚气未脱。但是国难当头，前方士兵损伤惨重，抓兵的人不得不抓些娃娃兵充数。在关于二战的老照片中，出现很多娃娃兵的身影，有惊恐，亦有一脸的稚嫩。

对于战争，黄成海记忆最深的一个场景是拼刺刀。那次是在深夜，近距离遭遇日军，双方操起刺刀一阵乱戳。黄成海的小腿中了一刀，断了三根筋，最后是美国医生用羊肠将其接起来。

黄成海曾与战友一起活捉过几名日本兵。在被编入中国远征军的时候，黄成海已经是一名老兵了。他的长官叫杜聿明，熟悉这段历史的人都知道，杜聿明率领的第五军，在第一次入缅作战失利后，因指挥失误，误入野人山，上万人殒命原始森林。能活着回到中国，对于黄成海来说，已是万分幸运。

回到国内后，黄成海滞留云南盈江县的一个偏僻的小山村，娶妻生子，拮据度日。对于回到家乡四川，这位入赘的外乡人，从未有奢望。

2010 年，“老兵回家”活动的影响已越来越大，身在云南盈江的黄成海找到志愿者，有些惴惴不安地说：我也想回家看看！

黄成海的家在四川合江，但是更为详细的情况，他并不记得，只记得家离县城只有一两公里，哥哥叫黄成良。

《泸州晚报》对此做了报道，合江县民政局得知情况后，在好多个乡政府贴了寻亲告示，赶集的人看了，一传十十传百，很快，收集到了很多线索。

其中有一条线索吻合度很高，但是还存疑。两边的志愿者，反反复复对接了无数次，依然无法确认。两边亲人的心，始终悬着。无奈之下，老人决定回去当面核实。

2011 年 5 月 13 日，黄成海飞抵重庆江北机场，当地志愿者熊熊组织了一大批志愿者前来接机，拉着“欢迎远征军老兵黄成海回家”的横幅，捧着鲜花。这个热烈的场面，让黄成海想起了 70 多年前出征的那一刻。

一腔热血为国出征，终得体面归来。

认亲会在乡政府召开，最终有四点契合：1. 兄弟两个，哥哥比他大 10 多岁；2. 黄家有个遗传病，耳朵比较背，黄成海的耳朵不好使，他的儿子耳朵也背，而且黄成海的哥哥在世时，曾说过弟弟的耳朵不好；3. 黄成海能回忆起家门口有条河；4. 黄成海说自己是在家附近的操场被抓壮丁的，而黄家门口的确有个操场。

认亲会的气氛越来越热烈和融洽，双方的亲人也越来越激动。就在这时，黄成海又提供了一个信息，他的母亲姓刘，他走的时候，父母都还在世。

这个消息，让黄家的后人突然沉默了，气氛一时陷入了尴尬。这两点异常关键的信息，和黄家人掌握的情况不符。

双方不知所措。有年轻人说，可以做个 DNA 鉴定，但被老一辈否定，他们觉得，用这种方式认亲，显得生疏了。黄家的一位长辈出来打圆场，说，总归是我们黄家人，是我们白米乡的前辈，我们都会像亲人一样对待。他们提议，回来了，就先回老宅看看吧。

老宅早就变了样子，老房子被拆，修建了新的楼房。站在新建的楼房前，黄成海一脸迷茫。

突然，他指着脚下的一段石板路说：我小时候在这里玩过。

这句话，让黄家的后人泪流满面，他们抱住黄成海，失声痛哭。因为他们知道，这段石板路，是这个老宅唯一留下的 70 年前的东西。

这除了是那个当年 12 岁出征的黄家的孩子，还能是谁呢？

黄成海的记忆开始复苏，他指着眼前的青山，说这是金宝山，又指着远处的竹林说，他的哥哥以前就用这片竹子编篮子。

这一切均毫无差错。双方的亲人相拥而泣。

2013 年 7 月，黄成海病故。就在去世前不久，黄成海找到了被埋在地里的钢盔，那是当年参加远征军时的装备。1949 年之后，这顶跟随他从多个战场幸存归来的钢盔，曾成了他的一块心病，只好深埋土里，不见天日。

晚年的时候，他不停地念叨这顶钢盔，甚至在晚上做梦都会说：我的帽子呢？我的帽子呢？

深埋地下的帽子终于找到了，锈迹斑斑，上面的青天白日徽已经蚀掉了。

看到自己的钢盔，已重病在身的黄成海激动地一下子抓过来，戴在头上，敬了一个标准的军礼。

七十一

重庆朝天门码头 133 号，家门口有一对石狮子。这是王民兴对家园最清晰的记忆。从军 67 年之后的 2010 年 12 月，王民兴从云南回到重庆寻找亲人。

被抓壮丁时，王民兴只有 14 岁，在他的印象中，家门口的石狮子，比他的个头还高。和他一起被抓的，还有 5 位娃娃兵，而只有他一个，得以活着回来。

位于两江枢纽的朝天门，是重庆最大的水码头，自古江面樯帆林立，舟楫穿梭。今天，这里仍是城内最繁华的商业区。

回家寻亲之前，重庆的志愿者多方打听，没能获得王民兴的亲人的任何消息。当志愿者把这个令人沮丧的消息告诉王民兴时，他没有一丝犹豫地说，我回去找找吧，怎么可能找不到自己的家。

抗战老兵王民兴寻亲的消息，在媒体的报道下，引起众多热心市民的关注。

资深民俗文化专家肖能铸当起向导，带着王民兴到朝天门、千厮门一带转悠。被称为重庆通的肖能铸，一条街一条街地介绍，王民兴则边听边沉思。记忆的阀门慢慢打开，王民兴说，小时候自己到河边砍竹子，编了背篼卖，河边有一片沙滩较缓，父母还在水坑里种过芋头，而河的对面常常看到有成群结队拄着拐杖的伤兵。

肖能铸分析，根据王民兴的描述，他的家很有可能是在临江门至洪崖洞一段，河边曾经是竹木市场，江边有沙滩，江对面建有荣军院和伤兵医院。志愿者带着王民兴来到洪崖洞附近，在沧白路上，一座清代的大炮台引起了王民兴的注意，走近去看，王民兴突然激动地哭起来，他说，小时候，他经常到这个铁炮台来玩，从他的家上一个陡坎，再走一段平街就到这里了。

坐在炮台前，王民兴久久不愿意离去。他甚至已经感觉到，他站的地方，就是当年家的位置，但是，当年的吊脚楼，早已荡然无存。取而代之的，是林立的高楼。

只有滔滔江水，依然如昨。

重庆警方通过户籍档案，没有查询到王民兴的哥哥“王民勤”的任何消息。在经过众多热心人士一个多星期的努力之后，王民兴仍然没有获得亲人的任何线索，不得不黯然返回云南。

居住在云南施甸县太平镇的老兵董赵朝，是当地的贫困户。2009 年 8 月，关爱老兵网负责人李明晖给我发来了他的照片，看得让人心酸。老兵住的房子，四面透风，床上的被褥破烂不堪。老兵最大的心愿，就是能找到四川三台县的亲人，能在有生之年回家探亲。

从照片中老兵的眼神里，甚至能看到这种渴望。

董赵朝原名刘黎剑，老家在四川省三台县石庄堰邱家湾。查阅地名，三台县并没有邱家湾，寻亲一时陷入僵局。我在当地的网站上发布了消息，有志愿者经过多方查找，依然没有任何消息。

近一年后，有一天在翻看照片时，无意中看到了董赵朝的照片，他的眼神再一次刺痛了我。那时，新浪微博刚刚兴起，我在微博上发布了董赵朝找家的消息，姚晨、黄健翔等明星参与转发。

很快，四川一位研究地名的专家，经过查找资料，邱家湾可能是今天的高堰乡石桩村四社。当地的一帮摩托车爱好者开始挨家挨户实地寻访，终于在一家刘姓家谱上，找到了刘黎剑的名字，后面写着：参加抗战后，定居云南，后人已失去联系。

听到这个消息，我激动万分，且如释重负，立马联系云南的志愿者，计划接老兵回家。一个多小时后，志愿者给我打来电话，说，董老已经去世好几个月了。

在电话这头，我半晌说不出一句话来。

至今，想起这位老人，我的内心里都充满了内疚。如果我能早点帮他找到亲人，或许他可以完成有生之年的最后一个心愿。

所有参与到这个公益活动的志愿者都知道，这是一场和时间赛跑的公益活动。

2011 年 5 月，纠结很久之后，我终于下定决心，辞去了《瞭望东方周刊》总编辑助理的职务，计划去筹办一家基金会，希望能有一个更好的平台，去聚集更多的资源，帮助更多的老兵。

半年之后的 11 月 11 日，深圳市龙越慈善基金会诞生。

前者，是我曾经愿意一生不离不弃的职业；但后者，是我不得不去做的一件事情。

这一天，后来成为中国的狂欢购物节，或者光棍节，也是西方多个国家的“国殇日”，这个为纪念第一次世界大战阵亡官兵的节日，已经成为他们的狂欢节，老兵会佩戴勋章上街游行，不论是首相还是平民，甚至王室，都会佩戴血红的罂粟花标志，纪念那些为国家逝去的生命。

七十二

流落泰国北部美斯乐的广西老兵刘世尧，在2009年的一天中午，在家门口休息时，突然听到有人在说久违的白话。定睛望去，不远处，是几位来自中国的游客。刘世尧眼睛都舍不得眨，眼巴巴地盯着他们。游客中一位姓陈的先生感觉到异样，看到这位黄皮肤的老人，好奇地上前来询问，一说，竟然是老乡。

刘世尧有些激动地对陈先生说：回国后能不能帮我找找我的亲人。接着，他用不停颤抖的手，工工整整地写下自己的家乡和弟弟的姓名：广西绥禄县（今扶绥县）旧城南门，刘世明。边写边喃喃地说："肯定不在了，不在了的，还能找到吗？"

热心的陈先生回国后，在网络上发帖《我从金三角出来……》，帮助刘世尧寻亲。当地的网友"碧玉2276"看到消息，碰巧有一位旧城村的亲戚，一打听，竟然找到了刘世尧的亲妹妹。

但是，没有加入泰国国籍的刘世尧无法申办护照，虽然找到了亲人，却无法回家探亲。直到2011年，刘世尧的后人找到深圳市龙越慈善基金会，在基金会的协助下，中国驻泰国清迈总领事馆为刘世尧办理了一份旅行证，离家70多年的刘世尧，终于得以回家。

回到家后，侄子刘永达将叔叔刘世荛领到一座坟前，告诉叔叔，家人以为他早已不在人世，就在家族的墓地里，给他修了一座坟。

“我们年年在坟前给你烧纸，都烧了 20 多年了，你现在回来了。”侄子刘永达给叔叔刘世荛开玩笑说。

连续给广西恭城的家人写了几封信后，因为没有收到回信，流落在越南富国岛的余集年终于放弃了寻找亲人的努力。位于越南最南端的富国岛，旅游开发刚刚开始，岛内的基础设施建设还较为落后。余集年的家在岛中心的杨东集镇，从他家到镇上，是被疯狂生长的热带植物掩映的乡村土路，每到雨季，路上全是泥泞，出行就显得特别困难。

其实，余集年很少离开家，更多的时候，他就一个人坐在屋子门前，任随时光一点点流逝。生活所迫，他学会了说一些基本的越语，而子女不会说一点中文。

直到 2011 年 4 月，一位中国人找到余集年，听到久违的母语，余集年有些错愕。

这位中国人叫缇晓娜，在荷兰工作。在此前，缇晓娜看到老兵回家的相关报告，联系到我，愿意自费前往缅甸帮助寻找老兵。缇晓娜喜欢一个人旅行。那时，我正在看龙应台的书《大江大海1949》，里面提到中国军队撤退到越南富国岛的这段历史，我猜测，几万人的队伍滞留于此长达三年，一定还会有遗落的老兵。我建议缇晓娜去越南富国岛，适合背包客旅行，还可以看看是否有老兵。

缇晓娜通过当地的华侨，找到了余集年。缇晓娜说，当她告诉余集年，她是专门来这里寻找中国的老兵时，余集年已经激动得说不出话来。

很快，余集年的资料传回国内，志愿者马上行动起来，经过实地寻访，找到了他在广西恭城县的亲人。他的弟弟还在，听说当年出征的哥哥还活着，当即老泪纵横。从那天起，弟弟就天天坐在家门口，等着哥哥回家。

还在富国岛寻访老兵的缇晓娜将这个消息告诉余集年，提出愿意帮助他回家探亲。余集年有些讪讪地说，年龄太大了，就不回去了。缇晓娜看懂了老人的心思，告诉他，他回家的路费，国内有人愿意给他出。老人抬头望着缇晓娜说：真的吗？

2011 年 7 月，在骆驼服饰的资助下，我前往越南接余集年回家。这次老兵回家活动，受到了很大的质疑，有多位志愿者提出，余集年没有参加过抗战，是一位仅仅参加内战的老兵，为什么要去帮助他。在接余集年回家的过程中，好多志愿者拒绝参与。

这样的质疑让我很忐忑，我心里也在嘀咕，到底做得对不对！在进行微博直播时，我也在回避着余集年的身份。在回家的路上，我给余集年开玩笑说，如果早当兵几年，参加了抗战，这次回家可就不一样了，会有很多人来欢迎，那可真是民族英雄。余集年听了，叹了一口气，说："我参军时，国民党的部队就是国家的部队，我是为国家去当兵，我哪能分得清国民党和共产党。"

余集年的回答让我心里一愣。

从富国岛坐飞机到胡志明市，再由胡志明市转机到广州，再从广州转机到桂林，再由桂林乘坐汽车到恭城县。这条回家的路，太过周折。对于以种植胡椒为生的余集年来说，他根本就不敢想会有这么一天。

弟弟已经站在公路边上等候，看到离家 62 年的哥哥归来，踉踉跄跄地上前，兄弟两个紧紧地拥抱在一起，相拥而泣。

当看到这一幕的时候，我终于明白，老兵回家，关注的不应该是战争的胜利与失败，更无关乎党派，而是只有人性。

对于这些个体士兵来说，无论是战胜者还是战败者，他们都不应该承受这些历史的包袱，不应该承受因为党派和政治分歧带来的灾难，更不应该至今还生活在被扭曲的历史所带来的偏见里。

在富国岛，我去了当年黄杰修建的“中华民国留越国军病故纪念碑”，碑的周围堆满了垃圾，没有人管理。在富国岛上，当时幸存有三名老兵，除余集年之外，有一位老兵跟随女儿去了美国，另一位名叫莫兴业的老兵，已经办理好了护照，计划近期回家。

但在我们离开仅仅三天后，莫兴业去世。

七十三

居住在台湾宜兰县三星乡尚武村的汪呈松，已年逾百岁。每年生日，都会收到马英九“总统”托人送来的百岁礼包。这位“双面战俘”，内心的纠结没有人能够理解，虽然新的时代已经没人去追究历史的纠葛，他的左邻右舍，也已经没有人知晓他曾经的经历，但在他内心里，依然无法放下世俗的包袱。

他是一个无法衣锦还乡的士兵。如果他回家，他必须面对一个疑问：身为登陆金门的一名解放军战士，他怎么还活着？

特殊的经历，让他始终以回避抑或怀疑的态度面对每一个人，这也让他的性格变得更为孤僻和暴躁。每次出门，他都要把两道门全锁上，而且会在外面的那道门上，锁上两根铁链，再用 10 多根绑丝，一根一根地把门框和铁链缠在一起。

汪呈松居住在公路旁边的一间低矮的小房子里，房子没有卫生间，也没有窗户，房间里堆满了捡来的破烂。

2012 年，尚武村村长陈慧琳给汪呈松送来百岁礼包时，他犹豫再三，终于鼓起勇气，告诉村长，希望能找到在大陆的女儿。被抓壮丁时，女儿只有两岁，算起来，现在也接近 70 岁了。村长找来

《联合报》记者廖雅欣，报道了此事，但未在大陆发行的《联合报》的报道，并没有带来任何消息。

一年后，《联合报》再次作了汪呈松寻亲的报道。这份报道被热心的读者发布到了新浪微博上，很多网友将此信息私信深圳市龙越慈善基金会。收到消息后，深圳市龙越慈善基金会立即启动为台湾老兵寻亲活动，在当天晚上联系到了村长陈慧琳，进一步核实了相关信息：老人出生在江苏省姜堰市曲塘镇王垛村，妻子叫邵秀贞，女儿叫王秀兰，大哥叫王成根，二哥叫王成盐，三哥叫王成进。

网友提供资料，说原来的曲塘镇王垛村，应该是现在的海安县雅周镇王垛村。

工作人员立即联系到王垛村警务室的陈璐警官，陈警官查询了相关户籍资料，当地有上百个名叫王秀兰的人，其中王垛村有三个王秀兰，其中有一位 68 岁的王秀兰很有可能就是老兵的女儿。户籍资料显示，王秀兰的父亲是王成进，和老兵的三哥名字一样。

工作人员拨通警方提供的王秀兰的电话，说明情况后，电话那头沉默了足足有半分钟，突然号啕大哭，边哭边说：“我两岁的时候，父亲就被抓壮丁，后来说是死在了战场，我逢年过节还烧纸钱给父亲，怎么父亲就有消息了？”

王秀兰有些不敢相信，她说，当地政府还给她发有烈士证，说她的父亲在解放战争期间牺牲了，她每月还能领到 200 块钱的抚恤金。工作人员告诉了她三个伯父的名字，完全符合。

疑惑的地方是，她的父亲叫王成松，但台湾传来的信息却是汪呈松；还有，父亲只有 87 岁，台湾的信息却说是 102 岁。两岸的志愿者经过多次的信息核对，依然无法确认。

半年多之后的 2014 年 6 月，王秀兰参加由深圳市龙越慈善基金会组织的“跨越海峡的团聚”中国大陆民间访问团，前往台湾认亲。

认亲会安排在汪成松家隔壁的社区活动中心，王秀兰等了足足半个多小时，才看到驼着背的汪呈松出现，手里提着一把椅子。第一眼看到汪呈松，王秀兰就觉得，这一定是她的父亲。她上前去牵父亲的手，却被对方一手摔开：还没确认你是不是我的女儿，你拉我干什么?

王秀兰有些尴尬。

坐定后，汪呈松让退辅会的工作人员记录，他开始发问：“这位大陆来的女子，我请问你，你的伯父叫什么? ”王秀兰不假思索地回答上来，汪呈松却把手一摆，说：“这个不算，这个媒体报道了，大家都知道。”

“我再问你，你奶奶的名字叫什么? ”汪呈松又问。王秀兰很紧张地说她不知道，因为她出生的时候奶奶早就过世了。没想到，汪呈松有些恼怒地提醒旁边的工作人员：“你记下来，她说得不对。”

王秀兰知道说错了，立马补充说：“您问的奶奶，如果是您的母亲，她早就过世了；你问的是不是当时养你长大的大妈，我也叫奶奶。”

汪呈松停顿了一下，没有回应，接着问：“我再问你，你的母亲，她的娘家是哪里的? ”王秀兰作了回答。对方又接着问，家里吃的水是从哪里来? 家里种的地在什么地方，并在地上用手指比画。

汪呈松不停地问了一个多小时，始终不做任何表态。

王秀兰不停地抹着眼泪，她盯着对面离她有两米远的爸爸，不敢错过一句询问。陪同她来的女婿不停地提醒她，用家乡话说，用家乡话说！

气氛越来越紧张。有很多询问，王秀兰根本答不上来。被逼问得无奈的王秀兰有些失望，她沉默了一会，问了汪呈松一句话："你当年打仗走的时候，是不是托别人给我带回来两块洋钱（银圆）？"王秀兰 7 岁的时候，母亲改嫁，她被过继给三伯父。等到她长大懂事时，养母从箱底拿出了两块银圆，说这是她的父亲从战场上托人带回来的。这成了父亲唯一的遗物，即使在最为困难时，王秀兰也没舍得变卖，至今依然保存。

听到王秀兰的问话，汪呈松愣了一下，回答是的，语气随之开始缓和，他转身对旁边的退辅会的工作人员说："午饭怎么安排，我请他们吃饭。"

王秀兰继续说出了给她带回来银圆的人的名字，汪呈松终于确定，这肯定是她的女儿，嘴里不停地讷讷："我要补偿你，我要补偿你。"

王秀兰一下子扑倒在汪呈松的怀里，失声痛哭，她说："我不要你补偿，我只要你回家。"

在父女相认之后，汪呈松才知道，他的名字，其实是叫王成松，因为不识字，当年打仗时，连长登记姓名，就按音写成汪呈松，一错就是一生；而年龄，也只有 87 岁。之后进行的 DNA 鉴定，也用科学的方式证实了父女的关系。

一个让王秀兰意想不到的事情是，父亲却不愿意立马回家："我要找马英九，让他补偿我一些钱，带着钱回去，我要补偿你。”家境富裕的王秀兰再三劝说，都无济于事。

这或许是他唯一可以衣锦还乡的方式。

2015 年 4 月 1 日，“双面战俘”王成松终于启程回家。这一天是“愚人节”，但这个玩笑，戏弄了他的一生。当地政府部门，在王成松回家之前，已经收回了他的烈士证，并停止了每月 200 元的抚恤金。

王成松回家后第一件事，是在女儿的带领下，去寻找母亲的坟。坟早已被平掉，找不到任何痕迹。站在田埂上，面对一望无际的油菜花，王成松撕心裂肺地一句接一句地喊：娘啊！

七十四

对于很多赴台老兵来说，他们“娘啊”的呼唤，只能对着浩渺的海峡。

钱自立是台湾花莲县新城乡的乡长，2012 年 3 月，我去台湾访问，朋友介绍了他的情况，我就专程去拜访了他。本来，两个素不相识的陌生人，而且分别来自海峡两岸，这种会见有太多的客套和隔阂，但是当我谈到此行的目的，是希望帮助那些因为战争而流落他乡的老兵回家时，钱自立突然抹起眼泪，说：“我就知道你一定会来，我就知道终归有一天，会有人来做这些事情。”

身为民选的乡长，钱自立做了一件或许会丢选票的事情：他专门修了一个祠堂，把葬在公墓里没有后人的那些老兵的遗骨收起来，火化后统一放置到祠堂里供起来，每天派人为他们上香。

这些老兵 1949 年到了台湾后，终生未能成家，去世的时候，都是同乡或者荣民之家帮他们入土立碑。

钱自立说，这些没有后人的老兵，从来没有人前来祭祀，坟头的荒草一年年长，墓碑上的字经风吹雨打日益斑驳，他看着心里很难受。

“你知道吗？他们临终时的愿望，就是有一天能把他们的骨灰送回家乡安葬。”钱自立有些激动地说。钱自立的父亲，是1949年赴台的一位老兵。

那次去台湾，我曾访问1949年赴台的山东籍老兵高秉涵，从1988年台湾开放老兵返乡开始，他一个人，从台湾背回了100多坛山东老乡的骨灰。高秉涵说，很多老兵临死的时候，都会将他喊到身边，等他答应去世后会将骨灰带回大陆交给他们的亲人时，对方才会撒手而去。

台湾的朋友说，在台湾的老兵，有的去世得特别早，感觉回家无望，早早就郁郁而终，有的很长寿，他们期待着有一天能与亲人相聚。在大陆的抗战老兵，也有这种情况，去世早的，是因为受了过多的委屈和惊吓，而长寿的，是期待着一份承认。

回到大陆后，我收到了钱自立的一份邮件，他整理出了265名单身亡故老兵的信息，希望我所供职的深圳市龙越慈善基金会能帮这些老兵找到家人，让他们早日魂归故里。这份根据墓碑上的信息整理出的名单，只有名字、生卒年月、籍贯，有一位老兵的籍贯还写着察哈尔省。

后来，我们将这份名单公布在网上，多家媒体跟踪报道，帮助10余位老兵找到了他们的亲人。

其中有一位女儿说，她在这份名单上看到了父亲的名字，那是父亲失踪60多年来，她第一次知道父亲的消息，遗憾的是，她自己年迈多病，已无力将父亲接回家。

山东青岛的王胜梅说，名单里的王奎礼是她的二爷爷，他的爷爷在世时，一直在找这个兄弟，至死都没有消息。直到1989年，同村的老兵王振国从台湾回来，带回了二爷爷的死亡证明。这位老兵说，二爷爷在台湾一直没成家，想家时就喝酒，后来因为酗酒引起心血管病去世。王胜梅说，再次看到二爷爷的消息，全家人很激动，希望能早日将他接回家。

而媒体接到更多的寻亲电话，则不在这份名单之内，有的可以明确去了台湾，有的则是在从军后就没有了消息。

这份残缺不全的名单，还有很多不确定因素。当年从军的士兵，有很多人不会写字，留下的名字，有很多和本名并不相符。他们，如何找到亲人？

七十五

在 1949 年放弃去台湾的湖南老兵吴淞，在 65 年之后的 2014 年 6 月，终于在深圳市龙越慈善基金会的组织下，参加“跨越海峡的团聚”中国大陆民间访问团前往台湾，和他同行的，还有湖南抗战老兵张默坚。

吴淞此行的目的，是与 71 年前的战友赵清福团聚。71 年前的常德会战中，他所在的营仅有三名士兵幸存，除他之外，一个是在美国的唐振南，一个是在台湾的赵清福。

71 年的战友相聚，并不是想象中的那样激动。赵清福对于那段历史，不愿意多提，他一再提醒吴淞：“你为此坐了 23 年的牢，还谈这个干什么？”

吴淞有些一厢情愿地说：“我是为国家去打仗的！”对方脸上露出些许轻蔑，没有回应。

山西人赵清福和吴淞一样，参加了常德会战、第四次长沙会战等多个重大战役。他的弟弟参加了共产党的部队，后来死在了解放战争之中。

这场跨越 71 年的战友相聚，台湾媒体没有给予任何的关注。一位记者说，台湾的第二代、第三代，对这段历史根本没有兴趣。

当随行的志愿者告诉赵清福，在大陆，有很多关爱抗战老兵的年轻志愿者，代表他们向您表示致敬时，赵清福略感诧异，随即有些激动。

对于两位大陆老兵来说，前往台湾不可缺少的一个环节是前往忠烈祠祭拜。

据公开资料介绍，国民政府于全面对日本抗战之前，即有设祠奉祀烈士的规划。1936 年，国民政府军事委员会公布《历次阵亡残废受伤革命军人特别优续办法全案》，其中正式提出《各县设置忠烈祠办法》。

1946 年，全台各县市开始设置忠烈祠。两岸关系缓和后，忠烈祠定位逐渐转型，将殉职警员、消防、民防等人员，以及相关公务殉职人员也列入可以申请入祀对象。

从进入忠烈祠开始，两位高龄老人就坚决不坐轮椅，全程步行以表示对战友的尊重。在忠烈祠正厅的国民革命烈士灵位前，张默坚失声痛哭。后来在接受媒体记者采访时，他说，他虽然后来在大陆经历了 19 年的牢狱，但毕竟是活下来了，现在生活很好，而那些在民族危亡之际牺牲在战场的战友，他们当时还很年轻，想到他们，心里很痛。

张默坚说，我们一定不能忘记历史！

在供奉灵位的烈士祠里，抗战老兵吴淞在工作人员的指引下，找到了张灵甫的灵位，在灵位前，吴淞静静地看着灵位，沉默很久。

在内战中阵亡于孟良崮战役的张灵甫，在 1939 年参加南昌会战时右腿中炮弹负重伤，他不顾医生劝阻提前归队，带伤参加长沙会战，从此留下残疾，并在之后参加常德会战、长衡会战等。

吴淞的孪生哥哥吴赞先也是一位抗战老兵，在被日军抓获后，被日军注射了毒针，回家38天后死亡。在得知这一情况后，忠烈祠的工作人员立即在电脑前查询，遗憾的是并没有找到吴赞先的名字。

吴淞有些失望地说，没有也正常，他说，别说是早就死掉的哥哥，他曾致信台湾“国防部”，“国防部”的档案里，连他的资料都没有。吴淞说，大陆曾认为我是“历史反革命”，我因为“国军”的身份坐了23年牢，而台湾也没有我的档案，也不认可我，你说，我这仗是给谁打的？

七十六

同年11月，在深圳市龙越慈善基金会的支持下，已93岁高龄的张淑英，由重庆前往台北忠烈祠，看望自己的丈夫钟崇鑫。

14岁那年，张淑英与时任71军87师的少校参谋钟崇鑫成婚。成为新娘的那一天，张淑英一生都无法忘记。中式的大红旗袍，白色的长头纱，深色高跟皮鞋，40桌的酒席，由军车装饰而成的婚车。

当了兵，就是要随时准备为国捐躯。这是钟崇鑫经常给张淑英说的一句话。

1937年农历七月初七，匆匆回家的钟崇鑫告诉张淑英，他要去上海。一脸严肃的钟崇鑫，让张淑英感到别样的紧张。张淑英迅速给丈夫收拾了行李，送他到车站。不忍看到丈夫离开的背影，张淑英背过身去。这时，钟崇鑫突然从背后抱住她，她感觉到了丈夫的热泪打湿了她的头发。

"阿妹，我会回来的。"钟崇鑫说。

之后，每隔半月，张淑英都会收到丈夫从前线写回来的信。开始，都是喜讯，说他升迁为259旅中校参谋。但后来，每封信里，都会提到他们熟识的人在战场上牺牲的消息，这让张淑英有些心惊胆跳。甚至在一封信里，钟崇鑫告诉她，万一他在战场上牺牲，她还年轻，后半生就自己选择。

冬天到来之后，张淑英再也没有收到丈夫的来信。她去 87 师师部打听，师长说，二五九旅参加了南京保卫战，好多人都生死未明。

一个又一个冬天过去了，始终没有丈夫的消息。张淑英不停地写着信，但是没有任何回音。

直到 1944 年的一天，张淑英在大街上碰到了钟崇鑫的一位战友，经过这位战友多方打听，她终于得到消息，钟崇鑫已经在 7 年前的那个冬天于南京阵亡。

5 年之后，张淑英改嫁，生了两儿一女。直到丈夫去世孩子成人之后，她才将这段经历告诉自己的孩子，她说："我不甘心，崇鑫说是要回来的。"

在孩子们的努力下，终于在时任 87 师少校师部参谋仉广汉写的《淞沪抗战暨南京失守纪实》一书中查到这样一段话："城外部队苦战三日，打到十二月十二日上午，第七十一军第八十七师的三个旅已伤亡殆尽，二五九旅旅长易安华、参谋主任钟崇鑫和旅部直属部队官兵全部阵亡于雨花台阵地……"

2014 年 9 月，张淑英的儿子李长贵找到重庆关爱抗战老兵志愿者芳菲，希望志愿者能帮助他们寻找钟崇鑫的资料。

志愿者很快行动起来。

江苏志愿者四海在中国档案网上，查到了钟崇鑫的照片。有心的志愿者，将钟崇鑫的照片和张淑英年轻时的照片合成在一起，给他们做了一张合影。这张合影被张淑英放在床头，每天晚上睡觉前，她都会对着丈夫说几句话。

湖南志愿者晴天，在档案馆里查到了钟崇鑫的资料，里面注明他是牺牲于南京保卫战。

更让张淑英激动的是，在台北的忠烈祠里，志愿者找到了钟崇鑫的牌位。

“我想去台湾。”在得知这个消息后，张淑英说。“如果我在去台湾的路上走了，带着我的骨灰去见他也行；就算是回来的路上走了，这辈子我也满足了。”

2014 年 11 月 22 日，张淑英在儿子和志愿者的陪同下，前往台湾，直奔忠烈祠。摸着丈夫的牌位，张淑英哭着说：崇鑫啊，我来看你了，我终于找到你了，从此我们再也不分别。

在台北的六天时间里，张淑英天天都要去忠烈祠，站在丈夫的牌位前不停地说话。她唯一埋怨丈夫的一句话是：你说你一定会回来的，怎么就没回来呢？

七十七

1949 年，身为骑兵连长的湖南人易梓卿奉命撤台。出发前，他将妻子和两个年幼的孩子托付给自己的勤务兵庹长发，许诺等有了条件，就接妻儿到台湾。

勤务兵庹长发是重庆彭水人，跟随连长十多年，忠心耿耿。庹长发说："这么多年，承蒙连长您照顾有加，在我心里，早就把你当成亲大哥。连长放心，只要我在一日，嫂夫人和两个小侄子绝受不了欺负，你去一年，我照顾一年，你去十年，我照顾十年，你去一辈子，我就照顾他们一辈子。"

出生于 1924 年的庹长发，14 岁时被抓壮丁，一直跟随易梓卿左右。受连长之托时，庹长发正是成家立业的时候，但他为了长官的嘱咐，留在湖南，坚守承诺。

日子过得太艰难。好不容易找到一点吃的，庹长发总是留给连长的妻儿，而自己，经常是找些树皮、草根充饥。没有钱买鞋子，庹长发把自己的解放鞋套到孩子脚上，鞋子大很多，就用绳子绑到脚上。

十多年后，易梓卿托人从台湾捎来信，说自己已经在台湾另娶，一时无法回家，期望庹长发能与自己的老婆结为夫妻。庹长发答复：“我承诺过，只要您不回来，我就一直照顾嫂子和侄儿。我是您的勤务兵，我不能乱了规矩。”

“文革”期间，有人问庹长发，你一个外省人，而且是贫农出身，为什么要和旧军官的太太生活在一起？当地人要庹长发回四川去。庹长发不愿意，他想着，既然已经答应了连长，就不能把他们孤儿寡母留下。

1979 年，易梓卿经由香港转信给自己的儿子：“孩子，我对你母子没有尽到一点责任，这是我终身一件憾事。望吾儿能体谅母亲的辛劳与庹长发叔叔的养育之恩，盼你俩能好好侍奉母亲与善待庹叔叔。”

期待有一天能回家与亲人团聚的易梓卿终究未能等到这一天，在台湾开放老兵探亲的当年，易梓卿在台湾病逝。

2009 年，连长的夫人去世，两个孩子也已儿孙满堂。而庹长发依然终身未娶。

2015 年 10 月，湖南邵阳县义工联合会的志愿者去探望庹长发时，得知了这段经历，志愿者问庹长发，想不想家？已经 92 岁的庹长发突然哭起来，边哭边说：“想啊！我想家啊！我还有两个幺弟，我连他们长什么样子都不记得了，几十年没看见了，找不回来了，找不回来了！再不回去，我怕连他们的名字都忘记了，我死了都闭不落眼啊。”

志愿者立即发布消息，经过网络传播，重庆的志愿者很快帮助庹长发找到了他的侄子，遗憾的是，他的两个弟弟相继在一年前去世。

2015 年 11 月，为连长信守了一生承诺的庹长发，终于得以回到自己离别了 77 年的家乡。

同为湖南人的马鹤凌，在 1944 年投笔从戎，又于 1949 年前往台湾。直到 40 年后，台湾开放老兵回乡探亲，他才得以与心爱的妹妹相见。为了表达思乡之情，他写了一首诗：

割别家园四十年，乍观录影七情煎。
孤儿卓立谁呵护，节妇余生孰爱怜。
庐墓已为衰草蚀，江乡犹共古槐眠。
临安未许歌归去，老泪纵横感万千。

2000 年妹妹临终时，担心哥哥伤心，特叮嘱孩子，如果自己走了，不要把消息告诉身在台湾的哥哥。但哥哥总是打电话询问，孩子们实在瞒不住了，道出了实情，哥哥在电话里失声痛哭。

5 年后，哥哥马鹤凌追随妹妹而去。马鹤凌有一个儿子，名叫马英九。

2014 年初，我曾写信给马英九，“两岸已经开始隔空喊话、投桃报李，国共高官已经频频把酒言欢、其乐融融，但是，你们有没有想过，那些无数个体的士兵，依然在为当年的历史埋单，依然在彷徨与纠结中等待着生命的终结。

“这场不愿触及历史伤痕的和好，能走多远？如果我们不愿直面 1949，我们不愿去抚平那些个体在战争中所经受的创伤，那么，我们是否会有未来？

“让一个父亲见到自己的女儿，让一个亡灵回到自己的家乡，这比‘习马会’更让我们期待。”

半年后，我带领中国大陆民间访问团前往中国国民党党部访问，马英九派出中国国民党中央政策委员会专任委员兼大陆事务部副主任徐新生接待了访问团一行，在听取了大陆民间机构和志愿者关怀抗战老兵的情况介绍后，徐新生站起身来，深深地向大家鞠了三个躬。

七十八

王德修是在街头“捡”来的一位老兵。

2013 年 9 月 11 日，我到昆明出差，当地的志愿者周德蓉阿姨告诉我，她接到一个热心市民打来的电话，说是在昆明街头有一个流浪的老人，捡垃圾为生，是一名抗战老兵。

按照这位热心人士提供的地址，在马路旁边的一个商铺拐角，找到了这位名叫王德修的老兵和他的“家”。家不过是一堆破烂，有衣被，有各种包、鞋子，还有未开封的过期药品。见到我们，王德修很高兴，从箱底翻出一双女士鞋，用衣角擦了擦上面的灰尘，说送给周阿姨做礼物。周阿姨只好委婉地拒绝。

王德修讲，他已 96 岁，当了 10 多年兵，先是在 60 军，后来又到 26 军。

60 军是台儿庄战役的主力，有两万多名将士命殒沙场。不过王德修并未参加此役，据他解释，是他有一个大爹当时是师长，为了不让他去送死，将他转到了 26 军。对于中间的这段讲述，王德修显得有些遮遮掩掩。

为了核实他的身份，我再三追问，他才悄悄地告诉我，他当时参加了军统。不过他补充说："我没有杀过共产党。"

1950 年，王德修被判死缓入狱，罪名是"历史反革命"，直到 1982 年被释放。这或许和他加入军统有关。后来周阿姨曾到监狱去查询相关档案，对方告诉她的确有这么一个人，但是未提供判决书。

出狱后，王德修只身在昆明流浪，没有回过老家昭通，也未成家。以前他在郊区租住农民的房子，后来年龄大了，又没有人照顾，房主不愿意再租房给他，他只好露宿街头。

提到生活，96 岁的王德修显得很乐观，说他经常可以捡到手机、手表，养活两个人都没有问题。他还说，昆明的气候好，住在街头很舒服，唯一不好的，市容会经常赶他走，有时会被送进收容站，那肯定是要召开大型会议了。还有就是晚上经常会有一些痞子勒索他的钱，零零碎碎的毛钞也会被洗劫一空。

我问王德修，是否愿意去养老院，钱由我们龙越慈善基金会负责筹集。王老有些迟疑，反问我："是养老院吗？"我说是。他说，如果是收容站我不去，连肚子都吃不饱，还不如我待在外面。我再三向他申明，是养老院，还有专门的人照顾他。

听了这些，王德修依然有些狐疑地说，那就去吧。走的时候，还三步一回头，说很可惜他的一大堆家当，惹得路人直笑。在去养老院的路上，他又再三问我，你们对我这么好，是不是有什么目的？

办理入住手续遇到了问题，王德修没有身份证，也没有监护人。院长了解情况后，特事特办。养老院的房间不大，但卫生间，床铺都是新的，坐在上面，王德修看着我们高兴得合不拢嘴，握紧拳头不停地敲打着被子。入住养老院的费用，在微博上仅用了三天就募满了。

大概一个多月后我去看望过他，院长说，王德修有一天突然找她，说当年蒋介石离开时，留了一笔财宝让他保管，我们对他这么好，是不是打这个主意？

那时，我开始有预感，王德修的脑子已经有些糊涂了。

养老院住了 8 位老兵，经常会有志愿者去看望他们，给他们送钱送物，贵州的志愿者还给他们送去向抗战英雄致敬的锦旗。

11 月 29 日早晨，志愿者周阿姨急匆匆地打来电话，说王德修因突发脑溢血被送去了医院，医生会诊很不乐观，因年纪太大且出血较多，建议保守治疗，并暗示做好后事的安排。媒体在第二天也做了报道，有一些热心的市民亲自送钱到医院。

12 月 4 日凌晨，王德修去世，离他入住养老院不到 3 个月。也有人说，当初如果不送他去养老院，或许他会活得更久。我没去争辩。我无法估量，在他生命终点时，他享受到的三个月的快乐和体面，是否可以熨平他一生的创伤，抑或折抵他或许原本应有的生命长度。

后事的安排有条不紊，昆明金陵公墓提供了免费的墓地，养老院剩余的钱可以支付丧葬费用，唯一遇到的虽然可以逾越但让人悲凉的障碍是，因为没有身份证，且没有找到后人，他的遗体在公安机关刊登了“认尸启事”5 天后，才按无人认领尸体的相关规定得以火化。

12 月 19 日上午，抗战老兵王德修的告别会在昆明西郊殡仪馆进行。我专程前往参加。

96 岁的生命长度，不短，不过被战争和政治切割，前者十余载，后者让其三分之一时间身陷囹圄，并因此孤寡终生流浪街头。三个月前被志愿者发现，送养老院，始得体面，但这份体面过于短暂。告别会上，司仪问有无亲人讲话，答，他没亲人。志愿者齐歌一曲《老兵》为其送行。

昆明金陵公墓，为王德修免费提供了一块墓地。立碑时，陵园的工作人员问，落款写谁呢？大家面面相觑，最终一致决定，就写“关爱你的志愿者”。

七十九

类似王德修这样在街头乞讨或捡破烂为生的孤寡抗战老兵，志愿者发现了十多个，经历大都相同。2012 年，深圳市龙越慈善基金会曾对湖南的幸存抗战老兵做过一个统计，孤寡抗战老兵的比例竟然高达 5%。或是一生未能成家，或是成家后因各种政治运动而不得不离异，或是因贫困子女病殁。

湖南岳阳的老兵潘振华，是湖南老兵之家的志愿者较早发现的一个老兵，曾参加第三次长沙会战。志愿者晓航说，第一次见到老人时，老人破旧的帽子上粘满了灰尘，脚上的猪皮鞋已经裂开，脚指头都露出来了。不敢想象，独自一人生活的老人已经失明了 15 年。每次，老人出门砍柴时，带着一根长长的绳子，一头绑在家里，一头系在身上，摸爬向屋后百多米高陡峭的山坡。捡到柴火后，再顺着绳索轻轻地爬回来。

志愿者问起老人的心愿，老人说："想吃肉，一年多没有吃肉了。"一年后的冬天，老人和往常一样上山去砍柴，多日没有回家，后来村里的人发现，他已经死在了雪地里。

从 2012 年 4 月起，深圳市龙越慈善基金会启动针对幸存抗战老兵的老兵关怀计划项目，陆续在湖南、广西、陕西、贵州、云南、四川等抗战老兵较多的省份启动。截至 2015 年，共为 3000 余名抗战老兵每月发放 300—800 元不等的致敬礼金。很多老兵拿到这份微薄的生活补贴，喜极而泣，他们说得最多的一句话是“有人给我发工资了”。

这也是名为致敬礼金的含义，更多是一份来自公众的认可和补偿。

随着媒体越来越多的报道，这段历史一步步走向前台，而越来越多的公众也参与到了这场与时间赛跑的公益活动中来。这是一个让人欣慰的现象，同样，也让人悲哀。

而平均年龄已超过 90 岁的这个群体，每年的去世比例约在 20%。志愿者新发现老兵，在给他们送去致敬礼金的时候，经常参加的是他们的葬礼。这段悲壮的中国历史，正在以一种荒唐的结局谢幕。

2012 年 8 月 22 日，贵州老兵关怀计划项目启动。当天深夜，志愿者接到了贵州安顺一位老兵打来的电话，说他在街上捡破烂时，看到一张报纸上有一篇新闻，在寻找抗战老兵。第二天一大早，志愿者立即去登门核实，却发现家里没有人，等到傍晚，老人才一身疲惫地回来。问他去哪里了，老人说他白天去工地上干活，晚上去捡破烂。

这位老人名叫匡德明，时年 96 岁。在缅甸战场，这位老兵曾用冲锋枪一梭子放倒 6 名日本兵。老人的妻子约在 20 年前去世，没有子女，是当地的低保对象。志愿者很快将老人送到养老院，仅仅两个半月后，因病去世。

陕西有一名101岁的孤寡老兵叫何光奎，为了申请更多的生活补助，多次上访。申诉信里，他说：我生不逢辰，历经两次战乱，在抗日战争中为国为民做了一点好事，但在解放战争中对人民造下了不可宽恕的罪恶；他还说：1951年元月在清匪反霸土地改革、镇压反革命的高潮中，党的政策是坦白从宽，立功者奖。我蒙获宽大、不杀，耐心地教育我二十五年，恩比山高，德似海深。

在那个荒谬的历史年代，他们遭受了巨大的政治迫害，或身陷囹圄，或发配劳役。这也造就了他们后来生活的困顿、亲情的冷漠与隔阂。

2013年5月，我在香港参加一个会议时，碰到一位老兵的儿子，见到我，他激动地握着我的手说，他一直觉得他的父亲是国民党反动派，从小就没有给过他好脸。直到有一天，他看到志愿者上门来给他的父亲送钱，他才突然明白，他的父亲原来是这个国家的英雄。从此之后，他天天陪在父亲的身旁，无微不至地照顾他。

不仅如此，还有很多老兵至今依然生活在惶恐和不安之中。湖南的一位志愿者告诉我，他们新发现一位老兵，上门探望时遭到了拒绝，这位老兵有些惊恐地说：我的问题早就交代过了，现在怎么还要问呢？在陕西，一位贫困的老兵生病住院，志愿者去整理资料计划为他申请医疗补贴，问他参加抗战的经历时，他始终不愿意说，只是说自己参加过抗美援朝，最终在民政局的档案里，才查阅到他的抗战经历。

这段为了国家存亡出征的光辉历史，并未成为这些个体的荣光。

八十

2010年，在由网易和清华大学联合在北京举办的一个新媒体培训班上，同学们邀请我介绍了老兵回家的相关情况，没有想到，在座的很多同学均泣不成声。后来在同学王小山的介绍下，陆川、北京厨子、巴黎行等和我一起，在微博上发起“帮助老兵实现一个心愿”活动。

这个本来重点关注抗战老兵生活问题的公益活动，让人出乎意料的是，征集上来的老兵心愿，却有近半关乎精神需求。有一位老兵的心愿是希望媒体给他做一次报道；有一位老兵说，他希望给自己做一个墓碑，上面写上抗战老兵；还有更多的抗战老兵说，他们最大的心愿，是获得一枚由国家颁发的纪念章。

一位老兵说，生活再困难，我们也习惯了，对于我们这些已经入土的人来说，吃穿都不重要了，但能不能在即将盖棺定论时，给我们一个承认。

广西南宁的抗战老兵孙赞高，1941年从军，时年19岁，为31军188师391团1营的一名士兵。70多年过去了，孙赞高依然清晰地记得当年的长官的姓名，军长贺维祯，师长海竞强，团长陈则文，营长梁一董。但是，当有人问起他在1945年之后的经历，他就一句话：记不得了。对于绝大多数隶属于国民党的抗战老兵来说，1945以及之后的1949，这两个年份是他们人生中的致命节点。1945年之后的内战，已经完全背离了他们当年从军的目的，而1949之后，身为战败方的他们，开始背负一生的屈辱。

孙赞高是一位孤寡老人，因是五保户，政府每月会有300元的生活补贴，另外还有100元的高龄补贴。广西的志愿者莹莹和几位大学生去看他，发现大冬天的他还穿着印有“抗战老兵，民族英雄”的风衣，那是援助广西抗战老兵志愿者团队送给他的，黄色的风衣很单薄，外表已经很脏，能看出来已经好长时间没有换洗了。志愿者说，爷爷，您把衣服脱下来我给您洗洗吧。孙赞高却有些不舍地说，这件衣服是国家发给我的，因为我打过日本人。

志愿者听了，全都没有作声。直至离开，他们都不忍告诉老人这件衣服的来源。

一些关爱老兵的志愿者都会遇到同样的事情：他们给老兵送去的慰问品，即使是牛奶、饼干等食品，老兵也舍不得吃，而是整天把它放在最显眼的地方，逢人就说。

贵州遵义的老兵汪再祥，是贵州志愿者团队较早发现的一位中国远征军老兵，参加入缅作战。身为通讯兵，他也多次经历生死。有一次，日军的炮弹在他的身旁爆炸，他昏死于血泊之中。醒来时他发现，全身除胸口之外，都是弹片。抱着的无线电设备，救了他一命。

2012年7月，志愿者上门探访汪再祥时，他有些兴奋地告诉大家，他有一个隐藏了多年的秘密，以前不敢说，现在可以说了。说完，他带着大家拿着铁锨从院子旁边的地里刨出来一块自己的墓碑，上面写着："为国家民族足达印缅，为真理求解放踏遍神州，生性刚毅恃弱斥强，屡遭打击迫害五七迁居贵阳，'文革'遭磨难全家下放回乡……"

这块写着自己人生经历的墓碑，埋在地下16年之后，终于重见天日。

2005年，抗战胜利60周年时，中共中央、国务院、中央军委曾联合向抗战老兵发放纪念抗战胜利60周年纪念章。汪再祥为了得到这枚纪念章，前往北京上访，在辗转多个部门之后，终于有人接待了他，对方在得知他上访仅仅是为了一枚纪念章时，显得很诧异，然后说："老爷爷，您回去，我给你们自治区发个函，让他们帮您解决。"

汪再祥回到广西，这份函件又由自治区转给了市里，市里再转给县里。一年之后，县民政局答复汪再祥：纪念章发给人员是指参加过抗日战争的人民军队人员和国民党部队的将领级人员，你在抗日战争时期系国民党排职人员，不属发给纪念章人员。

汪再祥不服气："好不公平，都是冲锋陷阵，都是为国而拼命，为什么只有将军才有资格？"

八十一

在2010年底举办的“国家记忆2010·致敬历史记录者”活动中，我关于抗战老兵的一段讲述引起了参加此次会议的近代史独立学者章立凡的注意，他的另一个身份是全国政协委员。活动结束后，他向我索取了相关资料，在2011年“两会”期间递交关于优抚原国民党抗战老兵的议案。

章立凡查阅资料发现，根据现有法律，优抚对象仅限于中国人民解放军的现役军人、革命伤残军人、复员和带病回乡退伍军人、革命烈士家属、因公牺牲军人家属、病故军人家属、现役军人家属等。

民政部1984年《对国民党军队抗日致残官兵抚恤问题的批复》中规定：“对于确系对日作战负伤致残，残废后无重大民愤，本人主动提出申请并有可靠证明的，可经省、自治区、直辖市民政厅（局）审查批准，按有关革命残废军人的规定评残发证并给予抚恤优待。”此规定源自原内政部1951年、1958年的两个文件，带有海峡两岸敌对年代的印记，仅将原文件中“无反人民罪行”置换为“无重大民愤”。

“文件对‘重大民愤’亦无界定，给政策实施留下了自由解读空间。”章立凡说。

另据民政部1980年《关于贯彻执行〈革命烈士褒扬条例〉若干具体问题的解释》，“对抗日战争中阵亡的国民党官兵，自《革命烈士褒扬条例》发布之日起，不再为他们办理追认革命烈士的手续。过去已经办理的，不再变动”。

章立凡认为，为国捐躯身无荣典，让人情何以堪?

“各国反法西斯老战士，不分党派和政治立场均享有养老金和荣誉。对任何一个负责任的政府而言，让浴血奋战保卫国家的将士晚年不再流泪，是一种国家道义。无论从和平统一还是统战政策的角度，如何垂范于世取信于民，正在考验大陆当局的政治智慧。”章立凡呼吁。

这份提案未能得到明确的回复，但是通过“两会”渠道反映问题，以从根本上解决关于抗战老兵的历史遗留问题，不失为一个捷径。

全国政协委员、湖南省政协副主席刘晓是较早关注抗战老兵的“两会”代表，他的父亲刘公武曾任黄埔军校武冈分校少将政治部主任。让刘晓印象深刻的事情是，在他小时候，经常会有父亲当年的部下来家里，希望父亲能写证明材料，用来平反。

从穿着来看，这些部下的生活并不是很好。当这些部下告别时，都会立正，敬一个标准的军礼，他的父亲常常为此泪流满面。

2012年底，刘晓带着我一起前往民政部，向民政部领导汇报了关于抗战老兵的现状和需求。在谈到老兵们艰难的生活状况时，未曾想到的是，身为副部级领导的刘晓，竟然失声痛哭，这一幕感动了在场的人。

2013 年“两会”前夕，我在微博上发布消息，恳请全国人大代表、政协委员关注抗战老兵，得到香港的全国人大代表王敏刚的注意。在当年“两会”期间，全国政协委员刘晓、全国人大代表王敏刚等联合各自领域的委员和代表，提出优抚抗战老兵的提案和建议案。

当年 7 月初，王敏刚、刘晓等人接到民政部的回复，称大陆的原国民党抗日老兵不属于优抚对象范围，尽管如此，民政部还是从履行现有职能出发，于最近下发通知，要求各级民政部门做好原国民党抗战老兵的有关工作，及时将符合城乡低保、农村“五保”、医疗救助、临时生活救助以及社会福利保障条件的原国民党抗战老兵纳入相应的保障范围；借助社会养老服务体系，让符合条件的原国民党抗战老兵中的孤寡对象优先优惠进入敬老院、福利院供养。同时，支持、鼓励、引导社会组织，通过接受社会捐助等适当形式，对原国民党抗战老兵进行专项帮扶救助；在举办纪念抗战胜利等重大活动以及元旦春节等重要节日时，建议当地党委、政府邀请原国民党抗战老兵参加，并予以慰问。

这份回复还称，民政部支持深圳市龙越慈善基金会等社会组织和慈善机构在关爱抗战老兵活动中所做的工作，鼓励相关社会组织和慈善机构对抗战老兵提供帮助。

这份文件引发媒体和公众的强烈关注，毕竟这是多年来官方第一次直面原国民党抗战老兵的历史遗留问题，且给出了积极的态度。

一时间，国内媒体竞相报道，中国台湾、中国香港、美国等地的媒体也在显著位置报道此事。

众多媒体认为，这次民政部在红头文件中明确要求各级政府部门做好原国民党老兵的工作，肯定民间机构所做的工作，鼓励相关社会组织和慈善机构对抗战老兵提供帮助，这是一个民间组织推动政府支持的成功案例；其次，建议地方党委政府邀请原国民党抗战老兵参加纪念活动，这是一份得之不易的荣誉。

媒体报道这一消息的当天，我接到了一位抗战老兵的女儿打来的电话，在电话里，她异常伤心地哭着说，她终于看到了这一天，她的爸爸背负了一辈子“国民党反动派”的政治包袱，在亲戚朋友面前抬不起头来，现在，她终于看到来自于国家层面对这些抗战老兵的认可和关怀。话末，她说遗憾的是，她的爸爸去世已经两年多了，再也看不到这个文件。

还有很多抗战老兵的子女打来同样的电话，欣慰的同时，是无比沉痛的遗憾。

这一天，等得的确太久了。

八十二

2013 年 7 月 5 日，在长沙市民政局的指导下，长沙市慈善会和深圳市龙越慈善基金会联合启动“长沙幸存抗战老兵关怀计划”，为长沙市的抗战老兵提供每年 1 万元的生活补贴。敢为天下先的湖南人，再一次走在了全国的前列，长沙成为第一个落实民政部文件精神的城市。

《官民携手抚慰原国民党抗战老兵》成为新华社向全球播报的新闻通稿的标题。

对于政府来说，关怀原国民党抗战老兵的障碍在于老兵的身份认证存在困难，因为历史原因，老兵们能证明自己参加抗战的身份证件等大多被毁掉，档案资料也残缺不全，如果按官方的标准认定，势必绝大多数老兵无法通过。而民间机构拥有大量的志愿者和历史爱好者，依靠老兵的口述以及左邻右舍的佐证，基本上可以判定老兵的身份；此外，民间参与，可以让政府回避一些可能存在的风险。

而民间机构缺少的，正是资金。

以官民之间优势互补的“长沙模式”迅速在湖南全省陆续推广开来。

2013年12月，民政部再次下发《关于进一步做好原国民党抗战老兵救助和国民党抗战牺牲人员墓地及纪念设施保护管理工作的通知》，明确提出，对生活困难的原国民党抗战老兵，可采取与公益慈善类社会组织合作的方式，给予生活困难救助，救助标准可参照抗日时期入伍的在乡复员军人执行；经甄别，确系抗日战争中对日伪军作战牺牲的国民党人员墓地和纪念设施，无保护管理单位的，由所在地人民政府民政部门组织进行维修改造和保护管理，褒扬为抗战牺牲的国民党人员，加强爱国主义教育。

两个月后，民政部邀请湖南、广东、广西、四川、云南、陕西等地民政厅在长沙召开专题调研会议，邀请长沙市民政局和深圳市龙越慈善基金会介绍了相关情况，民政部领导介绍，中央领导多次就关怀原国民党抗战老兵的问题作出批示，各地要积极借鉴长沙模式，尽快做好相关工作。

半年多时间内，为一件事情下发多个文件，召开多次专题会议，对于一个国家部委来说足以显示出其对这件事情的重视。

2014年9月18日，在云南省民政厅支持下，云南省慈善总会与深圳市龙越慈善基金会召开新闻发布会，将由云南省财政出资，民间机构执行的方式，为云南省没有工作单位的抗战老兵每月发放500元的生活补贴。这是全国第一个由政府财政出资关怀原国民党抗战老兵的省份。

之后，陕西、广西、江苏等地陆续展开相关工作。

2014年9月19日，一年一度的中国慈善公益项目交流展示会在深圳举行，民政部部长李立国率队视察了深圳市龙越慈善基金会的展位，肯定了民间机构在关怀原国民党抗战老兵方面所做的工作，要求尽快展开抗战老兵的寻访工作。

在此前的 9 月 2 日，深圳市龙越慈善基金会联合 360 公司、深圳博时基金在北京召开了“寻找你身边的抗战老兵”新闻发布会，吹响最后一次集结号。

360 公司的参与，缘于其创始人周鸿祎参与的一次电视节目，这个名叫《小善大爱》的电视节目，要求他到成都寻找生活中的普通人，看他们如何做公益，而且每天只给他 20 元钱。周鸿祎碰到了四川的志愿者蒲寒，跟着身为抗战老兵女儿的蒲寒，周鸿祎去看望了几位抗战老兵，改变了他关于慈善的看法。

“之前我们提起公益，觉得捐钱就可以了，而且大家觉得都是有钱人在做，经过这次的活动，我发现有很多志愿者，可能真的不是有钱人，很多人自己生活也很艰难，但是很多人在默默地坚持做好事。这些好事说起来也没有什么惊天动地，就是经常看望老兵，然后送几份牛奶，送点简单的慰问品，但我觉得能够把这些非常朴素的小事坚持做下去，特别是普通人、普通志愿者在做，给我非常大的震撼。”周鸿祎说。

看望老兵的活动，让周鸿祎觉得历史并不遥远，老兵也不是符号，而是一个真实的活生生的人。

原博时基金董事长杨鶤有一次去英国考察时碰巧遇到每年 11 月 11 日的英国国殇日，这个举国致敬老兵的节日，让杨鶤感受颇多，而看到媒体关于国内抗战老兵的报道，杨鶤召集公司董事会，决定要大力支持民间机构展开关怀抗战老兵的工作，“通过慈善救助为抗战老兵送去更多的关怀，这也是向抗日老兵致敬的具体行动”。

经过一年多时间的寻找，“寻找你身边的抗战老兵”公益活动共寻访抗战老兵近万名。而在四年前，深圳市龙越慈善基金会刚刚成立时，由民间机构登记的抗战老兵人数仅为500名左右。这一成绩的取得，离不开那些整天奔波于偏乡僻壤的志愿者们。

关怀抗战老兵公益活动，引起了越来越多的社会关注。2015年，郑州宇通客车有限公司通过深圳市龙越慈善基金会向河南的抗战老兵捐赠2000万元，是当前最大的一笔捐赠。

八十三

直到年近花甲，王云龙终于得到了父亲萧竹青的消息。那天下午，他的女婿上气不接下气地回到家中，手里挥舞着一份报纸，激动地说："爸爸快看，这是不是爷爷？"

那是 1999 年 3 月 9 日的一份《工人日报》，上面有一则援引外电的消息，称印度阿隆查省部落农民在中、印交界处的茂密森林里发现一座公墓，其中一座坟墓的碑铭写着："中国驻印独立工兵部队十团二营二连连长萧楚卿。"

看到这则消息，王云龙颤抖着双手从箱底拿出母亲留下的一份材料，这份材料中写的他的父亲的名字为"萧竹青"，虽然与"萧楚卿"名字不同，但两个人的部队番号、军衔和死亡时间完全一致。

为了进一步核实，王云龙立即写信给《工人日报》，说明情况，查询这则报道的来源。对方很快回复，称这则报道是来自于外电翻译，名字只是根据音译。

这让王云龙更加相信，这就是他的父亲。

不久后，二战史研究专家戈叔亚前往印度实地考察，但该区属于冲突多发的边境地区，不允许外国人进入。当地朋友受托前往墓地，拍回照片，并且在墓上抓回一包泥土。照片显示，墓碑上的名字就是“萧竹青”。

此后，每年清明节时，王云龙都会在家门口捧着那把父亲坟上的土，为父亲烧纸钱。他期待着有一天，能把父亲的遗骨带回家。

有同样心愿的还有云南红河的中国远征军老兵缪焜，1944 年，他和同在一个部队的哥哥缪克勋参加密支那战役时，哥哥不幸牺牲。缪焜觉得，他和哥哥一起去打仗，在有生之年，他有责任去接哥哥的遗骸回来。

晚年的时候，身为中国地质大学教授的常安之常常想起自己的河南老乡四娃。1944 年，他们一起在缅甸八莫作战，双方曾约定，一方战死，另一方将其头发带回老家给老娘，以示为国尽忠但不能为母尽孝。四娃战死在了八莫，而常安之在后来颠沛为生，在自身难保的情况下，根本无暇顾及当年的约定。

有一天，常安之将这段经历告诉上大学的侄子常博，希望有机会的话，带他去缅甸八莫看看四娃。常博惊讶地问：“你是远征军？你们真的去缅甸打过日本人？”

常安之有些恼了，他抓起桌子上的一个矿石标本，狠狠地砸在墙上，之后用豫北方言声嘶力竭地喊：“你咋啥都不知道？”之后，面对墙壁，泪水长流。

常安之去世后，在整理伯父的遗物时，常博发现了一枚中国远征军纪念勋章。他想起了伯父晚年时的愿望。

2011 年 3 月，在常博的资助下，著名二战史研究专家戈叔亚、著名作家邓康延、摄影师黄睿、企业家高飞以及常博和我一起，前往缅甸考察中国远征军墓地。我们花费了一个多月时间，行程数千公里，这是战争结束60多年之后最大规模和最全面的一次历史考察。

让我们失望的是，在缅甸，所有中国远征军的墓地，均已荡然无存。

也唯有在八莫，我们找到了半块残碑。扒开荒草，隐约可以分辨出墓碑上的字“八师抗日阵亡将士公墓”，还原被毁掉的部分，应该是“新三十八师抗日阵亡将士公墓”。跪在这块被弃荒野的墓碑前，常博告慰伯父，他已帮他完成看望战友的心愿，同时，他期望有一天，能接四娃以及更多牺牲在缅甸的英烈回家。

几乎在同时，来自成都军区的全国人大代表裘山山，依据我们提供的资料，向全国人大常委会提交《关于搜寻远征军抗战烈士遗骸、迎接十万亡灵回国的建议》，裘山山说，过去由于历史的原因和局限，我们疏忽了这一工作，致使那些为国家和人民的利益英勇献身的抗日老兵不能魂归故里，不能得到应有的尊重和纪念。今天，我们作为一个在世界上日益强大的国家，很有必要尽快弥补过去的欠缺和遗憾，将这一工作进行完善，建议“以国家的名义，将10万亡灵迎接回国，举行一次隆重的庄严的迎接仪式”。

这份建议案在“两会”期间引起巨大反响，联合签名的有7名在任的将军，还有原总参一些已退休的部长以及师团级军官等，大概30人。

我们将缅甸考察的报告递交给了云南省委统战部，在部长黄毅的支持下，云南省归国华侨联合会于当年9月18日在密支那和西保两个墓地，运回国内19具远征军阵亡官兵遗骸。

2012 年，深圳市龙越慈善基金会在缅甸南坎提取了部分远征军遗骸样品，送往北京进行 DNA 鉴定，但因年代久远，且位于热带地区，未能检测出 DNA 信息。

2013 年，全国政协委员刘晓再次提出《关于修缮和保护有关中国抗日战争纪念性建筑的提案》，其中专门提到应该在缅甸修建中国远征军阵亡将士纪念设施和迎接遗骸归国。中共中央宣传部回复，对于入缅抗日远征军阵亡将士的纪念设施的修缮保护工作，纳入了境外烈士纪念设施的整体保护规划。目前，民政部正按照国家统一部署，有计划、有重点地推进。

这份回复还称，2013 年 4 月，中共中央办公厅、国务院办公厅、中央军委办公厅下发了《关于进一步加强烈士纪念工作的意见》，如湖南南岳忠烈祠、云南国殇墓园等属于文物、文化园林和军队等其他部门管理保护的烈士墓和设施，统一归口民政部门实施保护管理。

八十四

2011 年 12 月，美国国务卿希拉里访问缅甸，将寻找美国在二战时失踪的军人遗骸，作为一项重要议题。没想到，60 多年之后，美国重返缅甸，在隔绝了半个多世纪的高层会晤中，竟然没有忘记他们的普通士兵。

2012 年，我曾受托给一本名为《历年来美国总统在阿灵顿国家公墓前的讲话》的书写序，翻阅各个时代美国总统的发言，让人热血沸腾。

1993 年，美国就曾和中国达成协议，把在 1943 年驾驶货机坠毁喜马拉雅山的三名美国飞行员的遗骸运回美国本土，时任美国总统的克林顿告诉美国人："我知道我们的政府、我们的国家对失踪人员家属有一个庄严的义务，那就是尽我们所能帮助他们找到答案以及内心的平静。"

同样是克林顿，在 2000 年访问越南时，他再一次告诉美国人：我将成为 1969 年以来首次访问越南的美国总统。在过去的十年里，我们已经逐步与越南关系正常化，这个过程基于一个优先考虑的事项——尽可能充分掌握东南亚美国战俘和失踪美国人的情况。我本次之行日程的最重要问题是继续在这些议题上开展合作，同时开启与越南关系的新篇章。

在很多场合，美国总统都会阐述美国国家与士兵达成的神圣契约：如果他们被俘，在战斗中消失，或者战死沙场，我们要尽我们所能找到他们并且把他们带回家。

所以，当你知道了美国和朝鲜达成的唯一一个协议，是寻找朝鲜战争时失踪的美军遗骸时，你或许不会再感到惊讶。

“一个感激的国家永远铭记！”这句镌刻在发给上千名第一次世界大战美国退伍军人的奖章上的话，被多位总统在阿灵顿国家公墓前提及。

其实，美国对待军人的态度，也是有过很多的波折。

争议最大的当属越战。1974 年，总统福特在阿灵顿的讲话中就提到，“据说，越南冲突中被忘记的人就是服役的人。他们是那一代人中默默的英雄。往往那些未能尽责的人垄断了标题新闻，扭曲了他们那一代人的形象”。

但是，不管对战争本身的争议如何激烈，美国从国家层面对士兵的关注并没有停止。总统福特就明确表示：“我打算保证让默默的英雄——越战时期默默勇敢地服役的六百五十多万美国人——不会被忘记”。

在美国有 100 多个国家公墓，首都华盛顿波托马克河边的阿灵顿国家公墓最为著名，长眠于此被视为安息者的光荣。几乎每一个美国士兵，把死后能安葬于此看作是最大的希望和荣耀。

查阅阿灵顿国家公墓的资料会更惊奇地发现，下葬于此的第一位士兵，竟然是南军的一名战俘。战败方，战俘，在我们传统的价值观中，这些标记更多地是和耻辱联系在一起，更不会成为国家的英雄。

中国公众了解美国，更多的是从好莱坞，尤其是一些战争题材的影片。《拯救大兵瑞恩》就是这样一部片子。让中国公众感到惊讶的是，美军竟然为了找到一名在前线打仗的普通二等兵，把他送回母亲的身边，派出了 8 名士兵深入敌占区。

《集结号》则被称为中国版的《拯救大兵瑞恩》，47 名战士因为没有听到撤退的集结号，死守阵地全部阵亡，幸存的连长谷子地在多年之后为了给兄弟们讨个说法，开始艰难的寻找。

两部影片，一个让人感到的是温暖，一个则是辛酸。但之所以都引起了巨大的共鸣和反响，则因为他们展现了一个共同的东西：尊重人性，尊重生命。

强大的好莱坞，不仅把美国的价值观输送到全世界，影响了无数的人，还赚得盆满钵溢。我想，这其中的原因，不仅仅是因为好莱坞影片在技术手段上的成功，更重要的是，它所展现的这种尊重人性、尊重个体生命的价值，引起了人们的共鸣。

而这种价值，我们可以明显地发现，已经深深地植入美国的每一个细胞。“9·11”十周年时，美国在纪念活动中，逐一念出每一个遇难者的名字；而在废墟中发现的两根肋骨，经过 DNA 鉴定，确认属于当时遇难的一位空姐。

也正是这种对个体生命的尊重，造就了美国的强大。

美国影片《护送钱斯》讲述的是美国军方将牺牲在伊拉克战场

上的下士钱斯的遗骸运送回美国本土的故事，这具已经没有知觉的遗骸，在回家过程中所受到的礼遇，让人落泪。而钱斯的母亲，在看到已经牺牲的儿子回到家乡时，除了悲伤，还有一脸的荣耀。

“明白告诉自己的官兵，国家从来没有也不会忘记和抛弃你们。”这是影片中一句让人印象深刻的台词。

八十五

“我们从来没有忘记你们。哪怕只剩下一颗牙齿，我们也要接你们回家。”2015 年 4 月 10 日，由深圳市龙越慈善基金会发起的“中国远征军缅甸阵亡将士遗骸寻找与归葬”项目在缅甸密支那启动，在启动仪式上，项目负责人薛健饱含深情地说。薛健是一名 80 后的企业家，在听我谈到远征军墓地的现状之后，捐赠首笔资金 50 万元，并亲自参与项目的前期执行，最终让此项目得以顺利启动。

首期搜寻地址为原新一军阵亡将士墓地。

墓地所在地，是密支那达贡区居民诺岛家的院子里。诺岛称，他们于 20 世纪 70 年代搬迁到这里，当时这里还能看到很多土堆，在修建房子时，挖出了很多骨骸以及子弹、水壶等。诺岛说，看到这些亡灵终于要回到自己的家乡了，她特别高兴。诺岛的父亲曾经是一名缅甸的士兵，跟随英军一起与日军作战。

参与密支那作战的著名将领潘裕昆的后代晏伟权、晏欢合著的《密支那战役全记录》一书记载，在密支那战斗中，中国驻印军第三十师（隶属新一军）阵亡 1044 人、负伤 2256 人、失踪 51 人，合计：3351 人。

在美国斯坦福的胡佛研究所，有关于该墓地的部分档案资料，记录了该墓地坟墓数量为 895 个。

“中国远征军缅甸阵亡将士遗骸寻找与归葬”项目筹备长达四年之久，在启动之前，我们专程向民政部进行了汇报，得到了政府的肯定与支持。中国对待海外烈士遗骸传统的做法是就地安置。基于这一背景，以民间操作、政府支持的方式，将会避免可能存在的一些障碍，有效地解决历史遗留问题。

这次遗骸寻找，聘请了西北大学文化遗产学院副教授、人类骨骼学专家陈靓为遗骸发掘小组组长。陈靓副教授参与过很多古墓的考察与发掘，经验丰富。除了陈靓副教授，曾在缅甸留学的刘雅馨和滞留密支那的远征军老兵杨剑达的女儿杨玲玲都是发掘小组的核心成员。在缅甸接触了很多远征军老兵之后，刘雅馨成为一名坚定的志愿者，并在远征军遗骸寻找项目启动时，加盟深圳市龙越慈善基金会，全职投入这一事业。

杨玲玲原本是缅甸密支那育成中学的英语老师。在这一项目启动之后，主动请缨，要求参与。杨玲玲说，从小父亲就跟家里的孩子念叨“有的士兵死了就安葬在当地，他们的长官跟他们说过要带他们回中国的”。

很长一段时间里，杨玲玲并不理解父亲，她不爱听父亲说那些战场上的事，甚至跟父亲说，“家里有你一个当兵的就够了，别再影响我们下一代了”。可随着年龄的增长，以及和父亲交流的深入，她开始慢慢理解父亲，开始主动学中文以便能查找和阅读书籍中关于这段历史的记录。父亲临终前一再嘱托，“他们的长官跟他们说过要带他们回中国的，如果有人来做这个事，你一定要尽力去帮他们”。杨玲玲应下了。

得知远征军的遗骸要回家了，华侨刘秋达专程从外地赶来密支那，他的父亲刘龙是湖南邵阳人，参加密支那战役受伤后，受孙立人委任，成为密支那新一军阵亡将士公墓管理所主任。刘龙过世后，他的夫人曾致信台湾军方申领抚恤金，可根据《军人抚恤条例》，1995 年 8 月 10 日在缅甸病故的刘龙“因其已非属现役期间亡故人员之身份，无法办理军人抚恤事宜”。

守墓人至死都没有等到长官重回缅甸，身为守墓人的后人，刘龙觉得自己有义务接替父亲完成这项工作。

在国内，中国远征军缅甸阵亡将士遗骸寻找与归葬项目引发诸多关注。

为了定制棺木，我打电话给云南瑞丽千紫木业公司总经理赵胤宏，希望能以成本价格定制一批棺木。赵胤宏犹豫了一下，说等下午再回复。等到下午，赵胤宏回复说，他和公司的股东商量了，棺木全部由他们捐赠，而且采用上好的缅甸黄花梨。上海基玉投资管理有限公司总裁王翔是我们长期的捐助者了，他再三电话我，在遗骸回国时，一定由他们来负责运输环节的所有费用。郑州宇通客车有限公司称，他们愿意提供车辆支持。

在腾讯公益捐赠平台，有无数的网友，参与了这个项目的捐赠，他们和广大的志愿者一起，用身体力行的参与和微小的捐赠，垒起的是这个国家的良心。

八十六

第一天的发掘紧张而又激动。纵观缅甸所有的远征军墓地，诺岛家所在的原新一军阵亡将士墓地，有较多的历史资料佐证，如果这里找不到遗骸，那么整个项目将难以为继。

一个小时过去了，一无所获。又一个小时过去了，依然没有发现任何东西。项目组根据华侨的陈述，调整方向。终于，在诺岛家的猪圈下方，找到了第一具遗骸。更让人惊喜的是，遗骸里，发现一枚青天白日帽徽。看到这枚帽徽，发掘的人说，这一定是我们的人！在场的所有人，潸然泪下。

一具接一具的遗骸被发现，有的墓坑里，最多时会有四五具遗骸在一起。陈靓老师分析，这些遗骸下葬时没有棺木，而且大多是迁葬。这也符合当时的现实情况，在战斗中牺牲的人，只能就地暂时安置，也只有战斗结束打了胜仗之后，才有机会修建墓地统一重新安葬。

“我一点点将遗骸上方的泥土清理开，将夹杂在泥土里的塑料袋和垃圾愤怒地扔到一边。因为环境潮湿、遗骸保存很差，几乎和泥土融为一体，虽然骨头能看出形状，但非常酥脆、一碰就碎。空气中弥漫着小便间散发的异味，额头上的汗珠成排地滚落，顾不上擦，有的滑入眼睛，不疼，但夹着眼泪继续滚落下去，滴到坑里……”在发掘日记里，刘雅馨这样记录。

那是一个垃圾填埋坑，刨开垃圾，除去一层薄薄的土，收殓了十多具遗骸。

“现场也有用担架安葬的士兵，他们排成一排，有的只剩一条腿……

“葬坑的分布都是有规律的，比如1号现场全是尸体完全腐化后移葬的，遗骸码放在一起，有的头骨就放在肢骨上方；

“2、3、4号现场大部分为尸体未完全腐化时移葬的，能看到他们还穿着鞋子，同时还会出现一些未发射的子弹、手雷之类的物品。”

现场还发掘出好几个用铁箱安葬的遗骸。看到铁箱，诺岛回忆说，在多年前，曾有人来这里祭拜，说他当年将长官用铁箱安葬在这里，还问诺岛在修建房子时有没有看到铁箱。

随着发掘的进行，发现的随葬品越来越多。有戒指，有口红，还有一支16K派克金笔。我们只能猜测，有口红的是女兵？或者是打算送给妻子的礼物？还有那支锈迹斑斑的钢笔，在那个烽火连天的岁月里，他一定用它给自己的母亲写过信：打完仗之后一定回家！

在一具遗骸的胸口位置，我们还发现了一个小框和几块碎玻璃，拼接之后，可以看出是一个相框。照片已经看不见了，但放在胸口位置的相框里，一定是他最亲的亲人。

截至8月31日，发掘小组共发掘葬坑294座，收敛遗骸347具。其中有两座动物坑，出土部分大型动物的骸骨，猜测为用于辎重的骡马。

地处北纬22度—25度之间的密支那，属于热带、亚热带气候，一年分雨季和旱季，高温、湿热，土壤饱水量高，对人骨保存极为不利。其中头骨多残成碎块，完整的少见；四肢骨保存稍好，特别是下肢的股骨、胫骨；反映性别和年龄特征最有效的骨盆，特别是髋骨很少保存下来。

根据陈靓老师的统计，约有5%的墓坑遗骨完全酥粉化，无法收殓，最终只能将含有英烈骨粉的泥土收殓；能够部分观察到颅面部特征的有34例个体，约占所有出土遗骸的10%。

“这批能够观察到颅面部特征的遗骸，约2/3的个体眉弓发育弱，与烈士阵亡时年纪尚轻、生长发育未停止有关。”陈靓老师介绍，“远征军遗骸中可以具体鉴定出年龄段的个体有204例，占所有个体的58.8%。大多数个体是根据下颌左右侧的第一臼齿磨耗等级来判断年龄的，有些个体也参考第二臼齿或者下颌中门齿的磨耗来判断年龄。初步统计年龄在15岁—20岁的有15例，在20岁—25岁的有87例，在25岁—30岁的有42例，在30岁—35岁的有52例，在35岁—55岁的有7例，55岁以上的有1例。死亡年龄集中在20岁—25岁的青年段。”

发掘过程引起了很多缅甸人的注意，有一位缅甸人好奇地问：“我们以前修房子时，经常会看到完整的尸骨，现在过了这么多年，骨头都酥了。你们为什么不早点来呢？”

我们不知道该如何回答。

八十七

在遗骸收殓过程中，我们意外发现了一个布制的胸章，刷去上面的泥土，上面的字迹依然可以看清：陆军新编第三十师步兵九团第二营六连列兵陈海坤。

347 具不知名的遗骸，终于有了第一个名字。

在遗骸刚刚找到时，我们提取了部分样本，寻找国内的专业机构进行 DNA 鉴定。这个过程异常艰难，因为骨骼糖化特别严重，经过多家机构的多次试验，依然没能成功。

在经过无数次试验几近绝望的情况下，项目组的工作人员依然没有放弃。终于，复旦大学和深圳承启生物公司的试验取得了成功。鉴定结果显示，他们全部为中国人。这所有的一切，都是为了一个目标：为帮助他们寻找到亲人留下最后一丝希望。我们相信，那些用阿拉伯数字编号的遗骸，终究有一天会写上汉字，那是应该被我们以及被历史所永远铭记的名字。

深圳市龙越慈善基金会与复旦大学、深圳承启生物公司达成合作协议，将共同筹建中国无名抗战英烈 DNA 信息库，向全社会公开寻找英烈的亲人。

在项目启动之前，我们就向缅甸政府提出申请，希望能得到当地政府的支持。对于缅甸来说，当年中国军队是与英军一起与日军作战，而英国是缅甸的殖民者，在此背景下，缅甸对中国远征军有着和中国不一样的认知。但是，我们一定要光明正大地去接遗骸回家。

我们递交的申请书，是以部分英烈后代的名义，缅甸的官员看到这样的请求，说了一句让人眼热的话：我们没有理由不同意。这，就是人性的力量，人性的光辉一定可以穿透政治的雾霾；这，也是民间的优势。申请经过层层上报，最终，缅甸联邦政府同意我们将遗骸带走。

在国内，经过多方协调，边境口岸的边防武警答应，在遗骸归国时，他们会派出礼兵在口岸举行欢迎仪式。边防武警的首长还主动提出，礼兵持枪站岗。

云南省施甸县政府在得知这一消息后，主动联系我们，愿意提供上千亩的土地，为这些英烈提供一个安息之地。这块意向中的土地位于怒江上的惠通桥旁边，1942 年，日军由缅甸攻入滇西，因惠通桥已被炸毁，受阻于怒江西岸。中国远征军在这里与日军对峙三年之久，之后由这里发起反攻，最终取得整个滇缅战场的全面胜利。

这块位于惠通桥边上的土地，有一个让人眼热的名字：孩婆山。

根据项目规划，每一具遗骸将会有一块墓碑，或许碑上永远都无法刻上名字，但那一定是可以让我们下跪的地方。

“青山处处埋忠骨，何须马革裹尸还”，这是出于为国出征的士兵内心的豪迈与不惜一死的气概。但是受他们庇护的生者，一定要明白，让忠骨回家，是生者的责任，而且，一定要用至高的礼仪。

那些在70多年前埋骨异域的英烈，终于可以在国人的致敬中，回家了。

所有的这一切，不仅仅是为了让那些贫困的老兵老有所依，不仅仅是让那些横陈荒野的忠骨有一块丰碑，更重要的是用此告诉那些生者：当有那么一天，这个国家再需要共赴国难时，所有的男儿都如老兵们当年一般，马革裹尸仍无法回还依然能在所不惜。

八十八

2015年9月，贵州遵义的抗战老兵汪再祥打来电话，激动地说，当地政府给他送来了由中共中央、国务院、中央军委联合颁发的抗战胜利70周年纪念章，以及5000元的一次性生活补贴。我给他开玩笑说：“这下不用再去上访了！”

10年前，抗战胜利60周年，他为得到60周年的纪念章，赴北京上访，结果一无所获。5年前，抗战胜利65周年，政府向抗战老兵发放了一次性3000元生活补贴，原国民党抗战老兵未在其中。

和汪再祥一起获得这枚纪念章的，还有全国数千名原国民党抗战老兵。

就在半年前，深圳市龙越慈善基金会接到民政部一项秘密任务，提交全国幸存的原国民党抗战老兵名单。这份名单成为发放纪念章的重要依据之一，各地民政部门借此展开核查，落实了很多抗战老兵的身份。之后，我们又接到更为重要的任务：推荐部分抗战经历丰富、身体较好的老兵，到北京参加纪念抗战胜利70周年大阅兵。

在抗战胜利70周年之际，他们终于重沐国家荣誉。

河南的抗战老兵李占瑞，曾驾驶轰炸机奔赴印缅，和日军作战

200 多次。他是唯一一名接受习近平主席亲自授勋的原国民党抗战老兵。习主席把纪念章挂在他的脖子上，并附在耳朵旁边亲切地说话，有些耳聋的他非常清晰地听到习主席说：你们辛苦了。每每当人问起这段经历，他高兴得像个孩子。

2015 年 9 月 3 日上午，中国人民抗日战争暨世界反法西斯战争胜利 70 周年纪念大会在北京天安门广场举行，湖南的抗战老兵谢慈友和其他 300 余名抗战老兵、支前模范及英烈子女代表组成的抗战老兵方阵，在高规格摩托车礼宾方队护卫下率先通过天安门，接受检阅。这其中，有 30 多名原国民党抗战老兵。国共抗战老兵一起接受检阅的场面，让谢慈友激动地流下了泪水。当他们经过天安门城楼时，他看到习主席率先起立向抗战老兵挥手致意，他也情不自禁地抬起手臂，还了一个标准的军礼。

这是他一生中最为骄傲的时刻。

未能前往北京参加阅兵式的安徽黄山 102 岁的抗战老兵汪萍，双目失明，他侧耳对着电视机，听完了整个阅兵直播。

而河南郑州的抗战老兵田中玉，在阅兵仪式开始前去世，他的孩子抱着他的遗像，对着电视机看完了整个阅兵式。

滞留缅甸同古的中国远征军老兵杨伯方已于 2011 年去世，他的最大心愿，就是戴上军功勋章，在欢呼声中，列队走过天安门广场。或许他的在天之灵，能感受到这一刻的到来。

另一个期盼已久的事情是，2015 年 11 月 7 日下午，两岸领导人习近平、马英九在新加坡会面，这是 1949 年以来两岸最高领导人首次会面。习近平在致辞中说，我们应该以行动向世人表明，两岸中国人完全有能力、有智慧解决好自己的问题。

这，正是这个国家的进步！

历史日渐远去，政党交替，敌人可能成为盟友，但是对于为国出征的个体士兵来说，他们永远都应该是这个国家的英雄，我们可以反思战争，可以重新审视历史，但以服从命令为天职的个体士兵，不应该承担战争的罪与罚，不应该成为政治轮回的炮灰。

战争离不开政治，但如果仅仅成为政治的手段，那无疑是人类的灾难。当我们把视角放到那些大的战争背景下的个体士兵的命运的时候，我们对战争的反思和评价或许才会更加客观，我们或许才会以更高的格局来看待人类文明的进程。而缅怀这些为国牺牲的士兵的最好的方式，就是人类的永久和平。

八十九

2014年5月6日，滞留缅甸密支那的中国远征军老兵李锡全去世。得到消息后，我连夜由深圳飞往昆明，然后再转机到腾冲，之后在腾冲县公安局办好出入境证件，再乘坐汽车到猴桥口岸，然后换乘缅甸的汽车奔赴密支那。

这条路，对我来说，再也熟悉不过了。

赶到的时候，李锡全已经下葬。他的家人哭着对我说，李锡全在去世的前一天，还在念叨："孙春龙什么时候来看我？"

我再也忍不住自己的泪水。

2008年4月，我和他在缅甸密支那偶遇，他的夙愿得以实现，我的人生轨迹也由此转向。这位老人真正触动我内心的，不仅是他在战场上的英勇，更有在硝烟散去之后，他始终未曾搁下的对家乡与母亲的思念。这场由其始发的老兵回家公益活动，不仅仅是让诸多个体的老兵得到体面与尊严，同样是让一段被掩埋的历史重新回到公众视野，也更是对个体责任以及人性回家的呼唤。

在这期间，我遇到了很多有着同样机缘的人，他们和我一起，抱着内心里未曾泯灭的梦想，试图以蚍蜉之力，寻找这个国家文明的发端。

我所供职的深圳市龙越慈善基金会，每一个人都始终怀着这样一份初心，他们和无数捐助者、志愿者一起，用行动践行着一个个体之于国家的责任。我们也看到，来自体制内的力量对这场民间行为转化成国家行动的不可或缺。

这，无疑是抗战留给我们的最大财富。

2016 年 5 月完稿